Ob Drahtzieher, Salamikrämer oder Hausierer, Bänkelsänger, Kalfaterer oder Lebzelter: Viele Tätigkeiten, die unsere Groß- und Urgoßeltern ganz selbstverständlich ausgeübt haben, sind in Vergessenheit geraten oder gar restlos verschwunden. Und obwohl manches ein ungeahntes Revival erlebt, durch die Wiederbelebung des guten alten Handwerks und die Besinnung auf bewährte traditionelle Fertigkeiten, ist doch das kollektive Wissen um die meisten Berufe verlorengegangen. Rudi Palla bringt all das wieder in Erinnerung: hervorragend recherchiert und voller kurioser und überraschender Details – eine Schatz- und Wunderkammer, die die Welt der verschwundenen Berufe wiederauferstehen läßt.

Rudi Palla, 1941 in Wien geboren, studierte an der Wiener Filmhochschule. Heute arbeitet er als freier Schriftsteller und hat zahlreiche Bücher veröffentlicht, u. a. den inzwischen in mehreren, erweiterten Auflagen erschienenen Band *Verschwundene Arbeit. Das Buch der untergegangenen Berufe*, der zuerst 1994 von Hans Magnus Enzensberger in »Die Andere Bibliothek« herausgegeben wurde.

insel taschenbuch 4644
Rudi Palla
Die Welt der verschwundenen Berufe

RUDI PALLA

DIE WELT DER VERSCHWUNDENEN *Berufe*

VON BRIEFMALERN,
PLANETENVERKÄUFERN UND
LICHTPUTZERN

MIT PHOTOGRAPHIEN UND
ABBILDUNGEN

INSEL VERLAG

Der 2014 im Christian Brandstätter Verlag, Wien, erschienene
Originalband wurde für die Taschenbuchausgabe gekürzt.

FÜR LILLY

Erste Auflage 2018
insel taschenbuch 4644
Insel Verlag Berlin 2018
Copyright © 2014 by Christian Brandstätter Verlag, Wien
Lizenzausgabe mit freundlicher Genehmigung
Alle Rechte vorbehalten, insbesondere das des
öffentlichen Vortrags sowie der Übertragung durch Rundfunk
und Fernsehen, auch einzelner Teile.
Kein Teil des Werkes darf in irgendeiner Form
(durch Fotografie, Mikrofilm oder andere Verfahren)
ohne schriftliche Genehmigung des Verlages reproduziert
oder unter Verwendung elektronischer Systeme verarbeitet,
vervielfältigt oder verbreitet werden.
Vertrieb durch den Suhrkamp Taschenbuch Verlag
Umschlag: Schimmelpenninck. Gestaltung, Berlin
Druck: CPI – Ebner & Spiegel, Ulm
Printed in Germany
ISBN 978-3-458-36344-6

DIE WELT DER VERSCHWUNDENEN
Berufe

VORREDE

Eine Kultur lebt vor allem in der Mannigfaltigkeit ihrer Berufe. Jeder von ihnen bringt, abgekapselt in seiner Zelle, für sich Gesichtsausdrücke, Kleidung, Sprachen, Haltungen, rührende oder scherzhafte Anekdoten, eine Pädagogik, eine Moral hervor. Das waren die Werkstätten bis vor kurzem: Kulturgerinnsel, sich selbst genug; Königreiche, in denen der König »Mastro« genannt wurde, d. h. Meister des Hammers, der Axt, des Schustermessers, der Drehbank ... Historische Orte und geweihte Stätten, deren veraltete Techniken, deren edler Phalanstère-Geruch in keiner Enzyklopädie mehr aufgenommen werden wird.

GESUALDO BUFALINO, MUSEUM DER SCHATTEN (1982)

Die meisten unserer Vorfahren haben ihr Leben lang Tätigkeiten ausgeübt, von denen wir nichts mehr wissen. Die rapide Veränderung der Arbeitswelt hat Hunderte von ausgestorbenen Berufen hinterlassen. Wieviel hochspezialisiertes Wissen damit verlorengegangen ist, läßt sich kaum ermessen.

Ein gutes Beispiel für die Vielfalt der Tätigkeiten von einst bietet die Schilderung des Beschneidungsfests, welches Murad III. für seinen Sohn Mohammed ausrichten ließ und das am 1. Juli 1583 im Hippodrom von Konstantinopel feierlich begann. Überliefert hat es der österreichische Orientalist Joseph Freiherr von Hammer-Purgstall, der Anfang des 19. Jahrhunderts mehrere Jahre als Legationssekretär in Konstantinopel akkreditiert war, in seinem Werk *Geschichte des osmanischen Reiches* (1829). Es war, wie Hammer-Purgstall hervorhob, ein Schauspiel, das in der osmanischen Geschichte durch Glanz und Reichtum seinesgleichen suchte. Während einundzwanzig Tagen zogen in endlosen Kolonnen die Zünfte und Handwerker, begleitet von wirbelnden Derwischen, Feuerfressern, Gauklern und Taschenspielern, am Sultan und seinem Gefolge vorbei: Seidenspinner, Schnürmacher und Schlingenflechter mit seltsamen Hüten, Kappen und Hauben, mannigfaltig mit Seide ausgenäht, ausgezackt und ausgeschlungen; die Leinenweber boten dem Sultan die feinste Leinwand, die Lederpresser große, runde Tischdecken aus Leder, mit Gold durchnäht, und lederne Wasserflaschen ohne Naht zum Geschenk dar. Die Zwirnhändler und Schürzenmacher zogen vorbei, verdunkelt vom Glanz und der Pracht der ihnen folgenden Goldschmiede und Juweliere, die über dreihundert Knaben, in Goldstoff gekleidet, als die lebendige Unterlage ihrer Auslage vorführten. Die Spiegelmacher und Schalenmaler mit hundertfünfzig Knaben, vorn und hinten mit Spiegeln behangen. Dann traten auf die Wollstoff- und Leinwandfärber, die Speerschaftener und Lanzenmacher, die Rotgießer, Glasbläser, Lastträger, die Damastwirker hielten auf siebenunddreißig Stangen reiche Zeuge empor, die Verfertiger der eisernen Schuhbeschläge und der Kornschwingen, die Feil- und Beilhauer, die Bürstenbinder, Schuhflicker, Eisenhändler, griechischen Frauenschuster, Wäscher, Kesselschmiede, Sägehauer, Barbiere mit einer wandelnden Bude, in der sich kleine Knaben gegenseitig schoren; die Kopfbundverkäufer, Waagmacher, Gar-, Sudel- und Pastetenköche. Weiters die Biskottenbäcker, Roßhändler, Vogelsteller, ägyptischen Kaufleute, die Taglöhner, die dem Oberstbaumeister unterworfenen Bauleute: Maurer, Steinmetze, Zimmerleute, Brunnengräber, Gipsübertüncher, Wasserleiter, Kalkbrenner, Kahnmacher; Brillenverkäufer; dann die Maler, Kopfbundwinder, ägyptischen Schiffleute, Korbflechter – und viele mehr.

Das Verhältnis des Menschen zur Arbeit, vor allem zur Handarbeit, und ihr Stellenwert innerhalb der Gesellschaft erfuhren im Laufe der Geschichte tiefgreifende Veränderungen. Zu den ersten handwerklichen Tätigkeiten und Hauptkünsten der Zivilisation gehörten die Schmiedekunst, die Töpferei und Weberei. Denken wir an den griechischen Gott des Erdfeuers und der Schmiedekunst Hephaistos, Sohn des Zeus und der Hera, den Homer im achtzehnten Gesang seiner *Ilias* preist: »Unzerstörbares Erz und Zinn warf jetzt er ins Feuer / und setzte danach dann / Auf den Amboßhalter den großen Amboß, ergriff dann / rechts den wuchtigen Hammer und links die Zange fürs Feuer. / Und er macht zuerst den Schild, den großen und festen.« Bereits um 3600 v. Chr. führte der menschliche Einfallsreichtum in Mesopotamien und im Iran zur Entwicklung der frei rotierenden Töpferscheibe, neben dem schnurgetriebenen Bohrer (mit Fiedelbogen) das älteste mechanische Arbeitsgerät. Etwa um dieselbe Zeit wurde das erste Webgerät in Europa entwickelt, der senkrecht stehende Gewichtswebstuhl. Er bestand aus zwei aufrechtstehenden Stützen, die oben durch einen Querbaum verbunden waren, an dem die von Gewichten aus Stein oder Ton straff gehaltenen Kettfäden hingen. Mit Hilfe von Litzenstäben wurden die Webfächer gebildet und die Schußfäden manuell eingebracht und mit dem Webschwert nach oben angeschlagen.»Webe eng; mache gutes Tuch, mit zahlreichen Schußfäden auf einem kurzen Stück«, riet der antike Dichter Hesiod.

Machen wir einen Zeitsprung in die frühe Neuzeit, wo es zunehmend zur Arbeitsteilung und Spezialisierung der handwerklichen Tätigkeiten kam, was sich vor allem in der Entstehung neuer Berufe ausdrückte, nicht zuletzt als Folge der zunehmenden Verstädterung. Die Eisenschmiede, einst die Berufsbezeichnung für die gesamte Metallverarbeitung, differenzierten sich in Messer-, Klingen-, Bohrer-, Sägen-, Nagel-, Huf-, Zeug- und Zirkelschmiede sowie Schlosser. Von den Schlossern setzten sich die Uhrmacher ab, diese teilten sich dann selbst in Groß- und Kleinuhrmacher, je nachdem, ob sie sich auf Turmuhren oder Taschenuhren spezialisierten. Aus den Kleinuhrmachern entstanden neue Berufsgruppen, die sich auf die Verfertigung von Federwerken oder Uhrgehäusen konzentrierten. An die Stelle der Weber traten Leinen- und Baumwollweber, Tuchmacher oder Seidenweber, von den letzteren sonderten sich Samt- und Dünntuchmacher ab. Aus Bäckern wurden Weiß-, Schwarz- und Zuckerbäcker. Einzelne Berufe haben bereits früh ihren handwerklichen Charakter verloren, sind im Verlagssystem (Trennung von Produktion und Absatz) und in Manufaktur aufgegangen oder haben einen strukturellen Wandel (Übergang zu Reparatur, Kleinhandel, Dienstleistungen etc.) erfahren.

Handwerkliche Arbeit war vielfach Knochenarbeit; sie war auch teils widerwärtig (Abdecker, Färber), ekelerregend (Lederer, Lumpensammler), schmutzig (Papiermacher), gesundheitsschädlich (Glasbläser, Hutmacher), lebensgefährlich (Bergarbeiter, Flößer, Schiffleute) und oft mit todbringenden Krankheiten verbunden. Der Vater der Arbeitshygiene, der italienische Arzt Bernardino Ramazzini, veröffentlichte 1700 seine Schrift *De morbis artificum diatriba* (*Abhandlung von den Krankheiten der Künstler und Handwerker*), die erste umfassende Darstellung der Krankheitsursachen durch Schmutz, Staub, Bewegung und Haltung, Wasserarbeit oder Feuer.»Künstler und Handwerker müssen von gewissen eigenen Krankheiten mehr als andere befallen werden«, heißt es im Vorwort,»weil fast keine Arbeit von allem Nachteil, den sie der Gesundheit verursachen könnte, freigesprochen werden kann.«

Die Ausübung verschiedener Handwerksberufe wurde immer wieder mit konstitutiven Persönlichkeitsmerkmalen in Verbindung gebracht. Darauf hat Claude Lévi-Strauss in seinem Werk *Die eifersüchtige Töpferin* (1987) hingewiesen und sich dabei auf das Buch *Légendes et curiosités des métiers* (1895) des französischen Ethnologen Paul Sébillot berufen. Diese Merkmale sind von dreierlei Art, schreibt Lévi-Strauss: »Zunächst der körperliche Aspekt: Man stellte die Weber und Schneider, vielleicht deshalb, weil sie sitzend oder hockend arbeiten, als Krüppel oder Verwachsene dar. Die bretonischen Märchen verleihen dem Schneider mit Vorliebe das Aussehen eines schieläugigen Buckligen mit struppigem rotem Haar. Die Metzger dagegen galten als robust und gesund.

Darüber hinaus unterschied man die Berufe nach moralischen Kriterien. Praktisch einstimmig brandmarkte ein alter europäischer Volksglaube die Weber, die Schneider und die Müller als Diebe, die zu ihrer Berufsausübung einen Rohstoff – Garn, Tuch, Korn – bekommen, bei dem man argwöhnt, daß sie davon etwas für sich selbst abzweigen, bevor sie ihn, in Stoff, Kleidungsstück oder Mehl verwandelt, wieder in Umlauf bringen. Wenn diese drei Zünfte in dem Ruf standen, hinsichtlich der Quantität der Produkte zu betrügen, so verdächtigte man die Bäcker – die das Ansehen von Kupplern, ja sogar von Betreibern von

Stundenhotels hatten –, Waren von zweifelhafter, durch die Darbietungsform verfälschter Qualität zum Verkauf zu bringen.

Schließlich schrieb man jeder Kategorie von Handwerkern unterschiedliche psychologische Dispositionen zu: Die Schneider galten als prahlerisch und furchtsam, aber auch als gewitzt und als Glückspilze nach Art der Schuhmacher; diese wiederum als Possenreißer, Schlemmer und schalkhafte Vögel; die Metzger waren ungestüm und hoffärtig; die Schmiede eitel; die Holzfäller grob und verdrießlich; die Barbiere geschwätzig; die Anstreicher trinkfreudig und immer fröhlich usw.«

Eine der ereignisreichsten Perioden in der Geschichte der Technik war zweifellos jene zwischen 1750 und 1850, die in England begann und als »Industrielle Revolution« bekannt ist. Sie steht, wie Akos Paulinyi in *Vom Ursprung der modernen Technik* (1989) schreibt, »für die Entstehung des industriekapitalistischen Systems und für alle damit verbundenen Veränderungen«; eine tiefgreifende technische, ökonomische und gesellschaftliche Umwälzung. Als wichtigste Maschine der industriellen Revolution und zugleich ihr Symbol wird gemeinhin die Dampfmaschine angesehen. Die Erfindung der Spinnmaschine (zunächst Richard Arkwrights »Waterframe«, dann James Hargreaves' »Spinning Jenny« und schließlich Samuel Cromptons »Mule«), die das Handspinnrad ablöste, und des mechanischen Webstuhls schufen die Grundlage für das entstehende Fabriksystem. Die Textilindustrie gab Anstoß zur Entstehung und Entwicklung weiterer Industriezweige – mit katastrophalen Auswirkungen für die Legion der Handarbeiter, die ihren Broterwerb verloren und verarmten. Das Massenelend führte zu sozialen Unruhen und Maschinenstürmerei, nicht nur in England. So stürmten arbeitslose Drucker und Weber in den Märztagen des Jahres 1848 die Baumwolldruckfabriken in Wien und Umgebung und zerstörten die neuen Textildruckmaschinen. Karl Marx und Friedrich Engels veröffentlichten im Februar 1848 ihr *Kommunistisches Manifest*, darin heißt es zur Situation der neuen Klasse, der »Arbeiterklasse«: »Die Arbeit der Proletarier hat durch die Ausdehnung der Maschinerie und die Teilung der Arbeit allen selbständigen Charakter und damit allen Reiz für den Arbeiter verloren. Er wird ein bloßes Zubehör der Maschine, von dem nur der einfachste, eintönigste, am leichtesten erlernbare Handgriff verlangt wird. Die Kosten, die der Arbeiter verursacht, beschränken sich daher fast nur auf die Lebensmittel, die er zu seinem Unterhalt und zur Fortpflanzung seiner Race bedarf.«

Die Veränderung der Arbeitswelt durch neue Technologien, verbunden mit der zunehmenden Rationalisierung von Arbeitsprozessen im 19. und 20. Jahrhundert, hatte ebenfalls weitreichende Auswirkungen. Am Beispiel des Buchdrucks, der »Schwarzen Kunst«, eines mehr als fünfhundert Jahre alten, durch Johannes Gutenberg begründeten Gewerbes, läßt sich dessen Mechanisierung und Ende anschaulich darlegen. Die erste einschneidende Veränderung fand beim Drucken mit der Einführung der Schnellpresse seit 1814 statt. Sie löste die Handpresse ab und machte die gutbezahlten Drucker nahezu entbehrlich. Die Mechanisierung des Druckes verstärkte die Bestrebungen, auch den Satz zu mechanisieren. Der Einsatz von leistungsfähigen Setzmaschinen ab 1890, insbesondere der Zeilensetz- und Gießmaschine »Linotype« (von »lines of types«), womit die Leistung um rund das Vierfache eines Handsetzers gesteigert werden konnte, bedeutete für viele dieser Fachkräfte den Verlust ihrer anspruchsvollen Arbeit. Mit den Handsetzern verschwanden zusehends auch die Schriftgießer, welche die Lettern oder Typen für die Setzkästen herstellten. Der Einsatz des Photo- oder Lichtsatzes zur Satzherstellung (photomechanisch oder photoelektronisch) ab Mitte der 1950er Jahre verdrängte nicht nur die Maschinensetzer, sondern auch andere hochqualifizierte Facharbeiter im graphischen Gewerbe. Zum Beispiel die Korrektoren, welche die Korrekturabzüge (Fahnen) auf Satzfehler durchsahen. Oder die Chemigraphen, deren Aufgabe darin bestand, die vom Reprophotographen (der durch die digitale Scanner-Technologie ebenfalls überflüssig wurde) gelieferten Filme phototechnisch auf präparierte Zinkplatten zu übertragen und aus ihnen die nicht zu druckenden Teile herauszuätzen. Das Endprodukt bezeichnete man als Klischee, das als Druckstock verwendet wurde. Oder die Metteure, die den Umbruch gestalteten, Satz und graphische Bestandteile zu einem Seitenlayout zusammenfügten. Oder die Stereotypeure, die Druckformen in Matrizen aus Pappmaché preßten, die anschließend mit einer Bleilegierung abgegossen wurden;

~14~

diese so gewonnenen zylindrischen Bleiabgüsse wurden in Rotations-
druckmaschinen für den Buch- und Zeitungsdruck eingesetzt.

Aber nicht nur das graphische Gewerbe wurde vom technischen Fortschritt überrollt; viele andere Berufszweige waren ebenso davon be-
troffen. Inzwischen ist die Arbeit zu einem Gut geworden, um das die
Menschen mehr und mehr bangen.

Dieses Buch ist ein Streifzug durch die Sedimente menschlicher Anstrengung; es versammelt neben handwerklichen Tätigkeiten auch solche der Dienstleistungen, der Unterhaltung, des Kleinhandels und der
Beförderung; es ist reich an Details, Anekdoten und Kuriosa.

Die Arbeit ist immer mehr wert als der Preis, den man für sie zahlt. Das Geld verschwindet, die Arbeit aber bleibt.

Maxim Gorki

Abdecker (auch Freiknechte, Fall-, Wasen- oder Feldmeister, Kafiller, Schinder, Abstreifer) nannte man jene Personen, die mit der Beseitigung und Verwertung (abdecken – abhäuten) von Tierkadavern beschäftigt waren. Die wichtigsten Produkte der Verwertung waren Fette, Leim, Knochenmehl, Seife, Salmiak, Bleichmittel und Viehfutter.

Im allgemeinen waren → Scharfrichter die Besitzer oder Pächter von Abdeckereien, die meist ihre Knechte die ekelhafte Arbeit verrichten ließen. Das Gewerbe galt lange Zeit als anrüchig und unehrlich. Für unehrlich wurde auch erachtet, wer mit einem Abdecker – wie übrigens auch mit einem Scharfrichter –, ohne es zu wissen, getrunken oder gegessen hatte, gegangen oder gefahren war. Gleichfalls als unwürdig galt, wenn jemand Aas anrührte oder ein totes Vieh oder Haustier selbst vergrub. Erfuhr der Abdecker davon, durfte er zur Beschimpfung eines solchen Bürgers ein Messer in dessen Türe stecken, um ihn zu zwingen, sich mit Geld loszukaufen. Sein Handwerkszeug war der »bloße Meichel« (Schindermesser), mit dem er beim »Fetzen« (Abdecken) dem »Kuffert« (Tier) den »Sturz« (Fell) ablöste und den »Schmuck« (Fett) »abfäberte«. Die für gewöhnlich »befooschte Plautze« (blutige Haut) kam in den »Fetzsack« und wurde später in der »Schinderschupfe« gesäubert, das »Bossert« (Fleisch, Aas) vergrub er. Das Vokabular der Abdeckersprache entstammte vielfach der Gaunersprache, dem Rotwelsch.

Abdecker mußten außerhalb der Stadt wohnen, und um die Quartiere lag oft abgehäutetes, verwesendes Vieh herum, das scheußlich stank und Schwärme von Fliegen und Raben anlockte. Der Weg durch ein solches Quartier wurde häufig Rabengasse genannt.

~

ABTRITTANBIETER waren Männer und Frauen, die sich in größeren Städten als wandelnde Bedürfnisanstalten ihr Geld verdienten, indem sie den Bürgern, die ihre Notdurft öffentlich verrichten mußten, einen Kübel und Schutz vor neugierigen Blicken anboten. Es war ja lange Zeit üblich, direkt auf den Straßen, an Mauern, auf Treppen, in Gängen und Hinterhöfen zu urinieren und seinen Kot zu deponieren. Der volkstümliche schwedische Dichter Carl Michael Bellmann (1740 bis 1795) sang zur Zither: »Draußen vor der Stadt / bei den grünen Pfützen, / wo die alten Weiber mit dem Arsch auf der Stange sitzen, / wo das gemeine Volk / mit dem Arsch trompetet, / dahin kam auch Gevatter Mowitz einmal. / Dort pißten ein Priester und ein Poet / zusammen in einen Winkel, / und das Wasser rauschte, und die alten Weiber schissen. / Plumps, plumps, plumps, plumps, / ein Prosit auf das gemeine Volk, / kling, klang.« Dieses Verhalten erfuhr erst im 18. Jahrhundert durch die »Politik der Desodorisierung« und das Vorrücken des Peinlichkeitsempfindens eine jähe Ächtung. Es wurden Höflichkeitsvorschriften gegeben (wie zum Beispiel »Gehet man bey einer Person vorbey, welche sich erleichtert, so stellet man sich, als ob man solches nicht gewahr würde, und also ist es auch wider die Höflichkeit, selbige zu begrüßen«) und Verordnungen erlassen, alle natürlichen Verrichtungen dem Auge anderer Menschen zu entziehen und dafür einen »gebührlichen Ort« aufzusuchen. Die Zeit der hilfreichen Abtrittanbieter war gekommen. Ein jugendlicher Wanderer, Johann Christoph Sachse, der sich 1777 in Hamburg aufhielt, hörte, wie eine Frau »Will gi wat maken?« rief. »Eh ich mich's versah«, berichtete er in seinen Lebenserinnerungen, »schlug sie ihren Mantel um mich, unter welchem sie einen Eimer verborgen hatte, dessen Duft mir seine Anwendung verrieth.« Er bekam einen Schrecken und flüchtete unter dem Gelächter der Umstehenden. »Ich lachte mit als ich erfuhr, daß dergleichen Weiber und auch Männer expres [mit Absicht] in Hamburg herum giengen, um, für einige beliebige Abfindung Nothdürftige auf freyer Straße ihrer Bürde entledigen zu lassen.« Die Institution scheint sich jahrzehntelang gehalten zu haben, wie den Aufzeichnungen und Briefen des Handwerksburschen Johann Eberhard Dewald 1836-1838 (herausgegeben von Georg Maria Hofmann) zu entnehmen ist. Im Gedränge auf der Frankfurter Messe »waren mir besonders merkwürdig einige Frauen, die unter einem weitläufigen Umhang aus Leder oder dergleichen – ich konnt es nit erkunden – ein Schulterholz trugen, daran auf beiden Seiten eine Bütt herunterhing. Ihr aufmunterndes Rufen ›Möcht mol aaner?‹ erinnerte die Besucher der Budenmärkte an ihre vollen Bäuch und wohl sonst noch was, und wirklich bemerkte ich mehrere Malen etwelche unter dem Umhang verschwinden, um dort einem Geschäft zu obliegen, dem die menschliche Natur sich zu Zeiten durchaus nit entziehen kann.« Die Errichtung öffentlicher Bedürfnisanstalten im 19. Jahrhundert ließ auch diesen Beruf verschwinden.

~

AMEISLER sammelten, vornehmlich in Nadelwäldern, die gelblich-weißen Puppen der Ameisen, fälschlich Ameiseneier genannt, und verkauften sie als Futter für Stubenvögel und Zierfische. Bevorzugtes Objekt der Ameisler waren Waldameisen (Formica), die ihre Nester unter der Erde bauen und darüber einen kegelförmigen Haufen (»Ameisenhaufen«) aus Baumnadeln, kleinen Ästen und Moos aufschichten, der eine beträchtliche Höhe erreichen kann.

Der »Waldbauernbub« Peter Rosegger, Schriftsteller und Poet aus dem steirischen Joglland, begegnete immer wieder diesen seltsamen Gesellen auf seinen Streifzügen durch die »Waldheimat«, wie er in seinen Kindheits- und Jugenderinnerungen schrieb: »Im Walde kannst du manchmal einem sonderbaren Mann begegnen. Seinem zerfahrenen Gewande nach könnte es ein Bettelmann sein; er trägt auch einen großen Sack auf dem Rücken. Aber über diesem Bündel und an all seinen Gliedern, von der bestickten Beschuhung bis zum verwitterten Hut, laufen in aller Hast zahllose Ameisen auf und nieder, hin und her, in Schreck und Angst, und wissen sich keinen Rat in der fremden, wandelnden Gegend, in die sie geraten.«

Die verpuppten Larven werden von den Brutpflegerinnen im oberen Teil des Ameisenhaufens abgelegt, um von der Sonnenwärme zu profitieren. Die Ameisler mußten daher die oberste Schicht des Haufens abtragen, um an die Puppen zu kommen, wobei die Zeit der »Ernte« beschränkt war, da die Puppenruhe, also die Zeit bis zum Schlüpfen, relativ kurz war (bei den Roten Waldameisen beispielsweise etwa vierzehn Tage). Es waren, wie Peter Rosegger andeutete, ärmliche Häusler, die sich mit dem Verkauf der Puppen, die vorher getrocknet wurden, ein Zubrot verschafften. Die Tätigkeit ist sicher mit der Vogelhaltung in Käfigen aufgekommen und bis in die sechziger Jahre des 20. Jahrhunderts belegbar, als sie von den österreichischen Forstbehörden verboten wurde, da das Sammeln der Ameisenpuppen in die Ameisenbestände eingriff und dadurch das ökologische Gleichgewicht belastete.

~

AMMEN waren Frauen, die sich nach der Geburt eines Kindes verdingten, um ein anderes Kind an ihrer Brust zu stillen. Das eigene wurde dann in Kost zu einer Pflegemutter gegeben, oft unter elenden Bedingungen. Hin und wieder nannte man auch Kindermädchen Ammen, die aber, zum Unterschied von den Säugammen, Trockenammen genannt wurden. Welche Eigenschaften von einer guten Säugamme erwartet wurden, darüber gab Ersch und Grubers *Allgemeine Encyklopädie* zu Beginn des 19. Jahrhunderts mit wohlmeinenden Ratschlägen Auskunft:»Sie muß nicht gar zu jung, aber auch nicht leicht über dreißig Jahre alt sein; sie muß mäßig große, nicht schlaffe, hängende Brüste haben; sehr große Brüste haben selten gute oder viel Milch. Die Brustwarzen müssen gehörig weit hervorragen und in Hinsicht der Dicke zu der Größe des Mundes passen. Ein weitmundiges Kind kann eine sehr dünne Warze nicht fassen und festhalten. Die Amme muß überhaupt gesund und blühend sein. Als ein Zeichen der Gesundheit, werden gewöhnlich gute Zähne gerühmt. Doch leidet dies Ausnahmen,

Hannakische Kinderfrau. Photographie, um 1910

Schwindsüchtige haben oft die schönsten Zähne, die sich freilich dem Kennerauge durch eine milchbläuliche Farbe und einen gewissen Grad von Durchsichtigkeit auszeichnen. Vorzüglich richte man sein Augenmerk auf Hautkrankheiten. Der leiseste Verdacht irgendeines Ausschlages, oder gar eines venerischen Übels, entferne die Amme. Die Amme muß sanfter Gemütsart, doch nicht zu furchtsam und schreckhaft, und nicht mannsüchtig oder gar ausschweifend und liederlich sein. Sie muß nicht lecker, nicht unmäßig im Essen und Trinken, oder gar gefräßig und nicht hitzigen Getränken ergeben sein. Sie muß sowohl auf eigene, als auf des Kindes Reinlichkeit halten. Sie darf keinen zu festen, aber auch keinen unruhigen Schlaf haben und muß überhaupt ohne große Beschwerde öfteres Wecken und anhaltendes Wachen ertragen können. Sie darf nicht menstruiert sein, denn eine säugende Frau oder Amme, die ihre Regeln bekommt, ist entweder wieder schwanger geworden oder hat zu große Neigung, es zu werden, oder ist sonst ungesund. Es ist gewöhnlich ein Mißgriff, wenn eine verheiratete Frau zur Amme gewählt wird, denn abgesehen von der Immoralität, die es oft verrät, wenn eine Frau ihr rechtmäßiges Kind und ihren Hausstand ohne die größte Not verläßt, um einige Taler zu gewinnen, so ist sie der ehelichen Umarmung meist zu sehr gewohnt und die Sehnsucht danach treibt die Menstruation hervor oder schadet sonst ihrer und des Säuglings Gesundheit. Was die Diät der Amme betrifft, so ist auch dabei manches zu beobachten. Im ganzen lasse man sie bei einer gewöhnlichen Lebensart. Die Bauerndirne verlangt derbere Kost und stärkere Leibesbewegung, als das Stadtmädchen. Soll eine solche Dirne in vornehmen Häusern auf einmal nur Weizenbrot, feine Gemüse, kräftige und gewürzte Fleischspeisen genießen, so verschwindet oft bei der für andere noch so nahrhaften Speise die Milch zusehens, oder nimmt eine undingliche Beschaffenheit an. Man vermeide vorerst nur blähende Kohl-, Rüben- und Hülsenfruchtarten, und merke übrigens auf, wie dem Kind die Milch bekomme. Nach und nach mag es sich auch an blähende Speisen gewöhnen, man gebe der Amme nur Gelegenheit, sie gehörig auszuarbeiten, welches bei Gefangenhaltung im Zimmer, bei gänzlich abgeschnittener Übung der Körperkräfte nicht geschehen kann. Ist es möglich, so wähle man eine Amme, die einige Ähnlichkeit mit der Mutter des Kindes in Hinsicht auf Konstitution, Temperament, nur nicht ihre Fehler oder Krankheiten, hat. Wenigstens suche man eine solche, die ungefähr zur gleichen Zeit mit der Mutter, wenigstens nicht mehr als zwei oder drei Monate früher als sie, geboren hat.«

~

ARMBRUSTER stellten die aus dem Pfeilbogen (→ Bogner) hervorgegangene mittelalterliche Schußwaffe, die Armbrust (arcuballista, arbalista) her. Die Armbrust bestand aus dem Schaft, meist aus Eibenholz, mit einem Bogen aus Holz, Horn oder Stahl, der durch die Sehne, die aus starken Darmsaiten fingerdick gedreht war, gespannt wurde. Es gab Vorschriften, wonach solche Tiersehnen nicht außerhalb der Stadt, sondern nur an die heimischen Armbrustmacher verkauft werden durften, damit immer ein gewisser Vorrat an Sehnen gewährleistet war.

Im Schaft lag die drehbare Nuß, mit der die Sehne gespannt wurde. Ein Druck auf den Stecher ließ die Sehne vorschnellen, schlug auf das

Geschoß, einen Pfeil oder Bolzen (teils mit einem kronförmig gezackten Kopf), in der Rinne des Schaftes und sandte es ab. Zum Spannen des Bogens diente der Spanner, bei Reitern der hebelartige Geißfuß, bei stärkeren Bogen die Handwinde. Zur Ortsverteidigung wurde die große Armbrust von sieben bis neun Metern Länge (Arkuballiste) auf der Plattform der Tore und Türme, auch auf Rädern als Feldgeschütz, in Stellung gebracht. Eine leichte Ausführung mit Stahlbogen, Doppelsehne und Visierklappe hieß im 16. Jahrhundert Ballester oder Schnäpper.

Auf dem Handwerk lastete eine hohe Verantwortung; »wente dar licht lyf unde sund [liegt Leben und Gesundheit] an ener guden armborsten«, hieß es in der hamburgischen Ordnung der Armbruster, und vielerorts bestand die Verpflichtung, daß jede Armbrust die Marke des Meisters tragen und daß er ein Jahr für ihre Güte garantieren mußte.

Eine spätere Variante der Armbrust besaß eine bedeckte Rinne oder einen zylindrischen eisernen Lauf mit Sehnenschlitz und schoß Kugeln aus gebranntem Ton, Marmor oder aus Blei, die noch auf zweihundertfünfzig Schritte einen Panzer durchschlugen. Daher wurde die Armbrust noch geraume Zeit neben dem Feuergewehr als Schußwaffe verwendet.

~

ASCHENMÄNNER (auch Aschenträger) waren Leute aus der Unterschicht, die das Einsammeln der Asche besorgten, als man in Wien noch ausschließlich mit Holz heizte (die »schmutzige« Kohle setzte sich bis ins 19. Jahrhundert nicht durch). Jeder von ihnen ging einen bestimmten Rayon ab und machte mit dem Ruf »An' Oschn! An' Oschn!« auf sich aufmerksam. Aus Johann Pezzls Beschreibung der Haupt- und Residenzstadt Wien, erschienen 1802, geht hervor, daß in einem Wohnhaus täglich gut und gern ein Klafter Holz, das sind eineinhalb Festmeter, verheizt wurde. Mit einer Krücke holten die armselig gekleideten Männer die Asche aus dem Herd oder Ofen und füllten sie in eine hölzerne Butte, die sie auf dem Rücken trugen. Sie verkauften die Asche hauptsächlich an Seifensieder und Leinwandbleicher, was ihnen ein bescheidenes Einkommen bescherte. Ferdinand Raimund

**Ferdinand Raimund als Aschenmann aus dem Zaubermärchen
»Der Bauer als Millionär«. Kreidelithographie, 1826**

setzte dem Aschenmann in seinem Zaubermärchen *Der Bauer als Millionär* ein literarisches Denkmal; der zu unverhofftem Reichtum gekommene Waldbauer Fortunatus Wurzel verliert Geld und Jugend und muß sich als alter Aschenmann durchs Leben bringen. Im dritten Aufzug singt er das von Raimund selbst komponierte, mittlerweile berühmt gewordene Aschenlied:»So mancher steigt herum, / Der Hochmut bringt ihn um, / Tragt einen schönen Rock, / Ist dumm als wie ein Stock; / Von Stolz ganz aufgebläht, / O Freundchen, das ist öd! / Wie lang steht's denn noch an, / Bist auch ein Aschenmann. / Ein Aschen! Ein Aschen!«

Arbeit – Travail. Tägliche Verrichtung, zu welcher der Mensch durch seine Bedürftigkeit verurteilt ist und der er gleichzeitig seine Gesundheit, seinen Unterhalt, seine Heiterkeit, seinen gesunden Verstand und vielleicht seine Tugend verdankt.

Denis Diderot

Bader und Barbiere waren bis ins 19. Jahrhundert für die Körperpflege und die wundärztliche Versorgung der Bevölkerung zuständig. Das Badewesen dürfte zur Zeit der Kreuzzüge entstanden sein, als die zurückkehrenden Kreuzfahrer nicht nur die Badekultur des Orients mitbrachten, sondern auch die arabische Lepra, die man im Okzident Aussatz nannte. Heilung versprach das Schwitzbad, das gegenüber den bisher gebräuchlichen Wasserbädern in Badewannen (Badzuber) an Attraktivität und Verbreitung gewann. Das Baden zählte zu den »Hauptfröhlichkeiten« aller Bevölkerungsschichten: »Wiltu ein Tag fröhlich sein? Gehe ins Bad. Wiltu ein Wochen fröhlich sein? Lass zur Ader. Wiltu ein Monat fröhlich sein? Schlacht ein Schwein.« Zu festlichen Anlässen und am Vorabend hoher Kirchenfeste war es üblich, ein Bad zu nehmen und den Bediensteten und ihren Familien ein »Freibad« zu spenden; vor und nach der Hochzeit wurden »Hochzeitsbäder« gehalten, und die Diener- und Arbeiterschaft bekam statt des Trinkgeldes ein »Badegeld« zugesteckt. Unter den Handwerkern war es üblich, am Samstag ein Bad zu nehmen und reine Wäsche anzuziehen. In manchen Orten besaßen die Badestuben sogar eine Art Asylrecht, kraft dessen der Gerichtsbote den im Bad Befindlichen erst abführen durfte, nachdem dieser ausgebadet und sich abgetrocknet hatte.

Der Erwerb einer Badestube (balneum) war mit hohen Kosten durch Hauswert und aufwendiges Inventar verbunden und für die meisten Bader unerschwinglich. Badestuben waren daher meist im Besitz der Städte, die sie an die Bader verpachteten, und diese waren verpflichtet, an festgesetzten Tagen einzuheizen. Zum Badgießen gehörte auch das Kopfwaschen und das Kämmen (»sterket das gehirn und gedechtnuess«), das Haarschneiden und bei männlichen Badegästen das Rasieren (scheren, balbieren, barbieren). Außerdem war es den Badern erlaubt, ihre Badegäste mit Salben zu behandeln, Blutegel und Schröpfköpfe anzusetzen, Zugpflaster aufzulegen, Klistiere zu geben, Geschwüre auszuquetschen, Zähne zu brechen und zur Ader zu lassen. Darüber hinaus wurden die Badebesucher mit Speisen und Getränken bewirtet, aber auch mit Spiel und Gesang unterhalten. Für alle diese Dienstleistungen standen dem Bader in der Regel Hilfskräfte zur Seite, sogenannte Baderknechte (beispielsweise der Scherknecht) und Bademägde (die Reiberin zum Trockenreiben und Massieren, die Gewandhüterin zur Aufsicht der Kleidungsstücke). Ein aus dem 15. Jahrhundert stammender Tractat über Badekosmetik empfiehlt französische Seife, Kleienwasser und Weinsteinöl als Schönheitsmittel, eine Art Wachsmaske, um alle Unreinheiten des Teints zu entfernen, »rothe Schminke aus Brasilholz«, weiße aus »gepulvertem Panis porcinus«, wahrscheinlich Cyclamenknollen, und Pomaden gegen aufgesprungenes Gesicht und rauhe Lippen.

In der Literatur wird die Wundarzneikunde teils als eigenes Gewerbe aufgefaßt, teils in Verbindung mit dem Barbier (Chirurg), und erst später auch mit dem Bader dargestellt. Bader und Barbiere übten also im Laufe der Zeit neben dem Badgießen und dem Barbieren gemeinsam die Wundarzneikunde aus, und das führte naturgemäß zu Rivalität, Neid und Zank unter den beiden Berufsgruppen. Der Wunsch der Barbiere, den Badern die Ausübung der Chirurgie zu verbieten, war nicht zu erfüllen, weil die Zahl der Chirurgen (Barbiere) viel zu klein war, um den Bedarf an Wundärzten zu decken. Besonders die Barbiere, die sich den Badern überlegen fühlten und ihnen mit Geringschätzung begegneten, waren bis zu ihrer Vereinigung (1773 in Wien) um peinliche Trennung bemüht. Der Konkurrenzkampf nahm an manchen Orten, wie beispielsweise in Frankfurt am Main, groteske Formen an. Vorübergehende zog man in zudringlichster Weise bei den Kleidern in die Stube, um ihnen den Kopf zu waschen oder den Bart zu schneiden.

Bader und Barbiere unterschieden sich von den Ärzten (medici) dadurch, daß sie ihre Kunst als Handwerk erlernten und nur zur Ausübung der Chirurgie berechtigt waren, die noch im 18. Jahrhundert von der (inneren) Medizin getrennt war. Die Aufgaben, die in den Wirkungsbereich des Wundarztes (Chirurgen) fielen, waren zum Teil riskante, aber gewinnbringende Eingriffe wie Steinschnitte, Starstiche, die Erweiterung verengter Harnröhren (mit dem Uréthrotome caché), die Behandlung der Tränenfistel, des Nasen- und Lippenkrebses, der Nasenpolypen, der Luftröhrenschnitt, die Operation von Hernien (Eingeweidebrüchen), des Kropfes und anderer entzündlicher Leiden im Brustraum, im Unterleib und an den Genitalien, ja sogar die Trepanation oder Durchbohrung verletzter Hirnschalen und die Amputation der Extremitäten. Auf dem mit Bronzeengelsköpfen verzierten eisernen Bügel einer Amputiersäge findet sich der eingeätzte Spruch:»Grausam sieht mein Gestalt herein, / mit Angst, Schwäche und großer Pein, / wann das Werk nun ist vollendet, / das trauern sich in Freude wendet. 1571«. Chirurgengesellen fanden sich vielfach auch als → Feldschere beim Militär und Meister als Ratsbarbiere, Blattern- und Pestärzte in städtischen Diensten. Eine weitere Aufgabe war die Leichen- und Verwundetenbeschau, bei der aber nicht viel zu verdienen war und wofür gerne die jüngsten Mitglieder eingeteilt wurden.

Die Ausbildung des Nachwuchses lag bis zum 16. Jahrhundert zur Gänze in den Händen der Meister, danach kam als weitere Instanz neben der Innung die Medizinische Fakultät dazu, die das Recht hatte, Bader und Barbiere zu prüfen. Die Lehrzeit ist in den meisten Privilegien mit drei Jahren angegeben und sollte nur dann verlängert werden, wenn der Lehrjunge nach vollendeter Lehrzeit die »Hauptgrundsätze seiner Kunst« noch nicht ausreichend beherrschte. Bevor ein Lehrjunge freigesprochen wurde, mußte er vor dem Gremium eine Prüfung ablegen, die als Tentamen oder Examen bezeichnet wurde, um zu zeigen, was er »durch frequentirung deren Chyrurgischen Collegien und Lesung Chyrurgischer bücher« und »in elementis et praxi Chyrurgica« gelernt habe. Die Gesellenzeit und der damit verbundene Wunsch, recht bald die Meisterschaft zu erlangen, um mit dem Erwerb einer Barbier- oder Badergerechtigkeit auf eigenen Beinen zu stehen, verlief nicht immer nach Wunsch. Sein Examen bei der Fakultät konnte der Geselle, wenn er über ausreichendes Wissen und genügend Geldmittel verfügte, ablegen, ohne daß ihn jemand daran hindern konnte. Die in den Zünften aber meist begrenzte Meisterzahl und die hohen Kosten (Konzession, Taxe für das Bürgerrecht etc.) machten dem Gesellen den Erwerb des Meisterrechtes oft unmöglich. Wollte er nicht ein ewiger Geselle bleiben, blieb nur noch die Möglichkeit einer Einheirat in das Gewerbe, von der ziemlich oft Gebrauch gemacht wurde. Außerdem konnte nur derjenige Principal werden, der »drey ganze Jahr nacheinander in der frembde vollbringt und unterwegs die Hospitäller frequentirt, wie auch anderwerths in chyrurgischen Exercitys sich mit guter fleissiger Übung qualificirt«, also seiner Wanderpflicht nachgekommen ist. Gesellen wurden von ihren Meistern gewöhnlich im Wochenlohn bezahlt, an manchen Orten außerdem am Gewinn beteiligt (Wien, Stralsund). In Österreich wurde 1770 der Wochenlohn durch den Tagelohn ersetzt. Der Geselle sollte nur für diese Tage Kost und Lohn bekommen, an denen er wirklich gearbeitet hatte, an Sonn- und Feiertagen dagegen nur die Kost. Diese Maßnahme stand in Zusammenhang mit den Bemühungen zur Abschaffung des »Blauen Montags«. Die oft unüberwindlichen Hindernisse, zur Selbständigkeit zu gelangen, förderten die unbefugte Ausübung der Heilkunde durch ungeprüfte Kurpfuscher und Quacksalber (Störer).

Mit der Zeit wurden, wie im Altertum, die Bäder vielfach als Stätten der »Sittenlosigkeit« diskriminiert, und Ärzte, Geistliche und Regierungen traten seit Anfang des 17. Jahrhunderts gegen sie auf. Auch die Furcht vor Ansteckung mit Syphilis und anderen Infektionskrankheiten, der Holzmangel, als dessen Folge die Badepreise stiegen, die Einstellung der für die Armen gestifteten »Seelenbäder« (jeweils am Sterbetag des Stifters) und der unter dem Begriff »Badefahrten« in Mode gekommene Besuch von Wildbädern (Thermalquellen) trugen zum schleichenden Niedergang des Badewesens bei.

Gegen Ende des 18. Jahrhunderts mußten die Wundärzte das Barbieren, das ein guter Nebenverdienst war, an die Perruquiers (→ Perükkenmacher) abgeben, was aber nicht so streng gehandhabt wurde. Auf dem Land, besonders in Orten, wo es überhaupt nur einen Wundarzt gab, wird dieser sicherlich weiterbarbiert, entgegen den gesetzlichen Verordnungen innere Leiden behandelt, bei Fehlen einer Apotheke die Bevölkerung mit Medikamenten versorgt haben und als Geburtshelfer eingesprungen sein. Die Grenzen zwischen den Tätigkeiten der Wundärzte, Perückenmacher und Hebammen zeichneten sich aber immer deutlicher ab, so daß die ehemaligen Bader und Barbiere im 19. Jahrhundert nur noch als Wundärzte tätig waren.

~

BANDELKRÄMER (auch Briechler, Brüchler, Reffkrämer) waren eine eigentümliche Erscheinung in den Straßen Wiens. Sie trugen entweder ein ledernes oder hölzernes Tabulett am Bauch, von dem Bänder, Zwirn, Schnüre und Languetten (Hemdärmelbesätze) in allen Farben und Sorten herabhingen, oder eine Bandlkraxe auf dem Rücken. Sie wanderten von Haus zu Haus und riefen mit eintöniger, lauter Stimme: »Bandel-Zwirn-kaufts!« Ihren Kram bezogen sie hauptsächlich aus dem Waldviertel (Bandlkramerland) und wanderten damit nicht nur nach Wien, sondern durch alle Alpenländer, das Riesen- und Erzgebirge bis in die Karpaten. Johann Gottfried Seume begegnete auf seinem Spaziergang nach Syrakus im Jahre 1802 einem Tabulettkrämer in Znaim, der vorgab, bis nach Sibirien an den Jenissej zu handeln. Ihre Popularität trug zum Entstehen einiger volkstümlicher Ausdrücke bei; der wohl bekannteste und noch gängige ist »anbandeln« für kokettieren, ansprechen, einen Streit provozieren.

~

Der lustige Bandlkramer.

Verfaßt von Carl Wendt.

Nach Leyrer Melodie.

Eigenthum des Verlegers Franz Barth in Wien.

1

Leut schauts mi recht gut an,
I bin der Bandelmann,
Will a mei Glück probir'n
Kaufts Bandl und Zwirn!
D'Welt is ja meiner Treu
Eh nur a Bandlerei ___
Gehts Weiber, g'schwindi laufts,
Bandl und Zwirn kaufts!

»Der lustige Bandlkramer«. Flugblattlied, um 1860

BÄNKELSÄNGER unterhielten ihr Publikum, oft von einer Bank herab, mit Gassenhauern und Bänkelliedern. Besungen und erzählt wurden Neuigkeiten des Tages und Naturereignisse, Unglücksfälle, Verbrechen, Mißgeburten, sentimentale Romanzen sowie soziale Mißstände in gereimter, greller, oft auch unflätiger Form, ganz nach dem Geschmack der unteren Schichten des Volkes. Bisweilen wurden auch Persönlichkeiten in den Versen angegriffen und verhöhnt. Einer der Angegriffenen beschwerte sich einmal an höchster Stelle,»daß sein Name von der Grundsuppe des Pöbels auf allen Gassen und Straßen der Stadt und Vorstädte in Gesellschaft irgend eines Galgenschwengels ausgerufen, dem allgemeinen Spott Preis gegeben und gebrandmarkt wird«.

Die milde Zensur unter Josef II. in Österreich und die Entdeckung der spanischen Romanze und der englischen Ballade in Deutschland begünstigten stark das Aufblühen dieses literarischen Genres, das später durch die Ausbreitung der Zeitungen immer mehr an Aktualität verlor.

~

BARTENHAUER (auch Bartenwerper) stellten Hieb- und Stoßwaffen wie Streitäxte, Hellebarden, Gläfen oder Roßschinder (so genannt, weil sie besonders benutzt wurden, um die Kniekehlen der Pferde zu durchschneiden), Piken und Partisanen her, aber auch Fleischbarten und Binderbarten (für Faßbinder).

~

BAUMWOLLWEBER entwickelten sich vor allem in jenen Gebieten, wo die Baumwollverarbeitung durch die Barchentweberei schon bekannt war, und webten ein reines Baumwollgewebe. Die Arten und Namen der baumwollenen Gewebe (Zeuge) folgten natürlich den Gesetzen der Mode und waren nahezu unerschöpflich. Es gab glatte Stoffe wie Kattun (→ Kattundrucker), Kitay (Kattun von geringer Breite), Nanking (Kattun von bräunlichgelber Farbe), Kammertuch (feiner als Kattun), Baumwollbatist, Perkal, Kaliko (steht in der Feinheit zwischen

Kammertuch und Perkal), Musselin (lockerer als Perkal gearbeitet), Vapeur (feiner als Musselin) und Rips; geköperte Stoffe nannte man Croisé oder Köper, Cretonnes (bedruckter Köper), Drill, Jeans und baumwollenen Merino; die atlasbindigen Stoffe hießen Satin (auch Oriental genannt), Baumwollmolton, Englisch Leder (Moleskin und Biber). Erwähnenswert sind auch gemusterte und samtartige Stoffe aus Baumwolle.

Die Baumwolle wurde seit dem 13. Jahrhundert aus dem östlichen Mittelmeerraum über Italien (Venedig) nach Norden importiert und war wesentlich teurer als Flachs. Sie mußte, da sie in zusammengepreßten Ballen transportiert wurde, zunächst aufgelockert, gereinigt und auf der Karde, einer Art Striegel, von den pfefferkorn- bis erbsengroßen Samen befreit und gestrichen werden. Durch die geringe Faserlänge (Stapel) der Baumwolle besaß der gesponnene Faden keine allzu hohe Festigkeit und konnte lange Zeit nur als Schußgarn für Barchent verwendet werden. Baumwolle ließ sich auch zunächst nicht wie Flachs oder Wolle auf dem Tretrad mit Flügelspindel (Verdrehen und Aufwikkeln zur gleichen Zeit) spinnen, sondern mußte auf dem Handrad (Spinnen, Aufwickeln, Spinnen, Aufwickeln usw.) verdreht werden.

Ein entscheidendes Moment für die technische Weiterentwicklung war der Produktivitätsunterschied von Spinn- und Webverfahren. Alle seit dem Mittelalter gebräuchlichen Spinnverfahren konnten nicht gewährleisten, daß ein Spinner allein einen Weber mit Garn versorgen konnte. Damit der Weber den ganzen Tag genügend Garn zum Verarbeiten hatte, war er immer auf mehrere Spinner angewiesen. Die Garnmisere wurde noch verschärft, als 1733 der Engländer John Kay ein »fliegendes Weberschiffchen« erfand, mit dem die Weber in derselben Zeit etwa doppelt so viele und breitere Stoffe weben konnten wie bisher. Dem »Garnhunger« versuchte man in allen europäischen Ländern mit verschiedenen Maßnahmen beizukommen. In Preußen wurden regelrechte Spinnerdörfer (vor allem für Wolle) eingerichtet; Spinn- oder auch Industrieschulen entstanden, in denen Lehrer Kinder hauptsächlich zum Spinnen anleiteten; in Waisen- und Strafanstalten wurde Spinnen als Zwangsarbeit befohlen, und sogar die preußischen Soldaten mußten einen Teil ihrer Dienstzeit aufs Spinnen verwenden. Dann,

Weber mit Webstuhl. Photographie, um 1930

um 1764, gelang James Hargreaves, einem Weber aus Stanhill bei Blackburn, mit der Erfindung eines von Hand angetriebenen Spinnapparates ein durchschlagender Erfolg. Auf der berühmten »Spinning Jenny« konnten zunächst acht, später sehr viel mehr Fäden gleichzeitig gesponnen werden. Die handbetriebene »Jenny« wurde die Maschine der Hausindustrie.

Mit der Erfindung der »Jenny« und der nachfolgenden Mechanisierung nahm die reine Baumwollweberei ihren großen Aufschwung, zuerst in England, dann in Frankreich und Deutschland. Es entstanden

Spinn- und Webfabriken, mit deren Massenproduktion die Textilhandwerker nicht mehr konkurrieren konnten. Innerhalb von sechzig Jahren wurde eine jahrhundertealte Technik mechanisiert und automatisiert, wodurch viele der Spinner und Weber in große materielle Not gerieten.

Das wohl berühmteste und über den ganzen Erdball verstreute Produkt aus Baumwolle ist ohne Zweifel eine Hose. 1873 ließ in San Francisco ein Einwanderer aus dem bayerischen Buttenheim namens Levi (Löb) Strauss einen Köper aus dem französischen Nîmes namens Denim indigoblau färben und nach dem Muster einer Genueser Matrosenhose zu Arbeitshosen (die »Genes«) schneidern. Einem Schneider aus Reno, Jakob W. Davis, kaufte Strauss das Patent ab, die gefährdeten Stellen einer Hose mit Kupfernieten zu sichern. Die legendären Bluejeans waren geboren.

~

BEIN- UND HORNDRECHSLER stellten eine Unzahl von Gebrauchs- und Luxusgegenständen her. In den Werkstätten entstanden u. a. Frisier- und Zierkämme, Haarnadeln und -bürsten, Löffel und Gabeln, Billardkugeln, Spielfiguren, Dominosteine, Würfel, Fingerhüte, Pfeifenspitzen, Uhrzeiger, Falzbeine, Nadelbüchsen, Hefte für Messer und feine (zum Beispiel chirurgische) Werkzeuge, Miniaturgemälde, Schreibtafeln, künstliche Zähne, Waagschalen, Augengläser, Lorgnetten- und Zwickergestelle, Dosen, Zungenschaber, Pfeile, Fächer, Zahnstocher, Spielmarken, Messerschalen, Zollstäbe, Farbenschälchen, Türgriffe und vieles mehr.

Beindrechsler verarbeiteten vor allem Pferde- und Rinderknochen (der Vorder- und Hinterfüße), die Stoßzähne des Elefanten (Elfenbein) und des Mammuts (fossiles Elfenbein) sowie als Elfenbeinersatz die Eck- und Schneidezähne des Nilpferdes, die Eckzähne des Walrosses, die Vorderzähne des Narwals und die Unterkieferzähne des Pottwals. Man säuberte, entfettete und bleichte die Knochen bzw. Zähne und bearbeitete sie auf der Drehbank mit Schrot-, Spitz- und Schlichteisen oder mit der Laubsäge, mit Hobeln, Raspeln, Feilen, Stecheisen, Messern und Bohrern. Flache und solche Stücke, die zum Drehen nicht geeignet waren, wurden möglichst genau ausgesägt, mit Feilen ausgearbeitet, mit dem Messer reingeschabt und abschließend, wie die gedrehten Arbeiten, mit nassem Schachtelhalm (Scheuerkraut), Fischhaut (einiger Haifisch- und Störarten), Tripel (Polierschiefer) oder Bimsstein geschliffen und mit Schlämmkreide oder mit den eigenen Spänen poliert. Viele Beinarbeiten wurden auch noch auf mannigfaltige Weise verziert (geätzt, graviert) und gefärbt. Eine Abkochung von Brasilienholz mit Kalkwasser färbte dunkelrot, eine mit Essig und Alaun hellrot. Grün erhielt man mit Essig, Grünspan und Salmiak, Blau durch reife Holunderbeeren mit Essig und Alaun, Gelb durch Kreuzbeeren und Kurkumawurzel mit Alaun und Schwarz, wenn man das Werkstück zuerst mit Pottasche und Galläpfelabsud und dann mit essigsaurem Eisen behandelte.

Zum Belegen der Klaviertasten wurde anstatt des teuren Elfenbeins vielfach Hirschbein verwendet, das sich durch Feinheit und blendendes Weiß auszeichnete. Aus Hasenknochen wurden Jagd- und Wildrufe, aus Gänseflügelknochen Vogelpfeifchen hergestellt.

Neben Knochen und Zähnen war auch Horn ein beliebtes Material. Horndrechsler und -schneider nutzten dabei bevorzugt die Hörner des Rindes, des Büffels, des Schafes und der Ziege sowie den Knochenpanzer der Schildkröte (Schildpatt). Aber auch Gnu-, Antilopen- und Gazellenhörner waren ein sehr geschätztes Material, das wohl nur deswegen selten verwendet wurde, weil es nicht regelmäßig zu haben war. Die wichtigsten Eigenschaften des Horns sind Elastizität, Biegsamkeit, Härte, Spaltbarkeit, bequeme Bearbeitungsfähigkeit auf der Drehbank, vor allem aber das Erweitern in höherer Temperatur, das ein Biegen, Pressen und Löten gestattete.

Berühmt waren die Beinwaren aus Geislingen am Fuß der Schwäbischen Alb. Zu den feinsten und zierlichsten Arbeiten, die jemals eine Werkstätte verließen, zählten sicher jene zweiunddreißig Schachfiguren, die in einem Kirschkern Platz fanden.

~

BERGARBEITERSCHAFT Dieser gehörten alle jene Menschen an, die stets mit Wagnis und harter Arbeit dazu beitrugen, der Erde ihre unterirdischen Schätze abzuringen; denn es sind nicht »einfache Geschenke einer freigebigen Natur«, die dem Menschen zuteil werden, sondern Grundstoffe, deren Aufsuchen, Erschließen, Gewinnen, Fördern und Aufbereiten »des Einsatzes von Scharfsinn, Wissen und Können in einem Maße bedürfen, von dem sich der Außenstehende kaum eine Vorstellung zu machen vermag« (F. Friedensburg). Das Innere der Erde zu durchforschen, um zu den Bodenschätzen vorzudringen, vor allem zu den Erzen, Metallen und Salzen, aber auch zu den Edel- und Nutzsteinen bis hin zu den Tonen und Erden, hat eine jahrtausendealte Tradition, die mit dem Feuerstein (Flint) begann. In den Schächten und Abbaustrecken der neolithischen Bergwerke fanden sich schon zahlreiche Arbeitsgeräte (Gezähe), die entweder aus Teilen von Hirschgeweihen (Brechstangen) oder aus Stein (Schlag- oder Klopfsteine, Hämmer und Fäustel) bestanden. Als »Geleucht« (Beleuchtung) dienten den Bergleuten Kienfackeln, gefördert wurde mit Handbeuteln aus Fellen oder Tragkörben, und als »Fahrten« (Ein- und Ausstiege) verwendete man schräggestellte Steigbäume. Das erste für die Herstellung von Waffen, Geräten und Schmuck verwendete Nutzmetall war das – hier und da auch in gediegener Form vorkommende – Kupfer, dessen systematischer Abbau sehr wahrscheinlich im östlich und südöstlich an das Mittelmeer grenzenden Großraum, im Alten Orient, begann. »Der Einfall, Kupfer zu schmelzen«, schrieb Ronald F. Tylecote in seiner *Geschichte des Kupfers* (1966), »kam wahrscheinlich durch die Beobachtung von Veränderungen der grünen oder roten kupferhaltigen Farben auf den Tontöpfen über dem Feuer, denn wir finden die Nachweise des ersten Kupferschmelzens bei den Leuten, die bemalte Töpferwaren herstellten.«

Eine der ersten mitteleuropäischen Kupfergruben von herausragender Bedeutung war jene im österreichischen Mitterberg zwischen Bischofshofen und Mühlbach im Salzburger Land, wo seit der frühen Bronzezeit (um 1900 vor Christus) mit bereits verhältnismäßig großer Belegschaft Kupfererze gewonnen wurden. Die Römer, als die bergbaulichen Erben der Griechen und Etrusker, der Phönizier und Karthager, beuteten in ihren Provinzen auf der Iberischen Halbinsel die reichen Vorkommen an Silber- und Kupfererzen aus, aber auch an Zinn- (das Metall benötigte man neben Kupfer für die Bronzeherstellung) und Eisenerzen. Nach dem hellenistischen Historiker Polybios (gestorben nach 120 vor Christus) sollen allein in den Silberminen bei Neu-Karthago (Cartagena) nicht weniger als vierzigtausend Arbeiter, vor allem Sklaven und Strafgefangene, unter entsetzlichen Bedingungen tätig gewesen sein. Der Aufschwung des mittelalterlichen Bergbaus in Europa ging offenbar von den in der Maingegend siedelnden Franken aus, die dort im 9. Jahrhundert Eisen, Kupfer, Silber und Gold gewonnen haben dürften. Fränkische Bergleute waren es auch, die seit 922 bei Frankenberg und Mittweida am Nordrand des sächsischen Erzgebirges mit dem Abbau von silber- und kupferhaltigen Fahlerzen begonnen haben. Jahrzehnte später kam es dann unter Kaiser Otto I. zur Gründung des berühmten Unterharzer Bergbaus am Rammeisberg bei Goslar und zum Abbau der silberreichen Kupfer- und Bleierze. Es war vor allem das Silber, das als Münzmetall dieser Epoche große Bedeutung erlangte und die Schürftätigkeit belebte. Der klassische »Bergsegen« Gold, Silber, Kupfer, Quecksilber, Zinn, Blei und Eisen wurde nach und nach erweitert durch die Entdeckung von Lagerstätten neuer Metalle wie Wismut, Nickel, Kobalt, Wolfram, Mangan, Chrom und Molybdän, und als die »Eisenzeit« durch die Industrialisierung ihrem Höhepunkt zustrebte, wurde die Kohle, le pain noir de l'industrie (Paul Sébillot), zum wichtigsten aller Bodenschätze.

Zu einem gewaltigen Modernisierungsprozeß im Montanwesen kam es unter den befreienden Impulsen der Renaissance. Sowohl die Investitionsbereitschaft breiter Kreise aus Bürgertum, Adel und Klerus als auch die systematische Forschung und das Entstehen und die Verbreitung montankundlicher Schriften hatten daran großen Anteil. Das wahrscheinlich umfangreichste und präziseste Kompendium stammt von dem sächsischen Humanisten und »Vater der Mineralogie« Georg Agricola (eigentlich Georg Bauer), der sich für einige Jahre als Stadtarzt in der jungen Bergbaustadt St. Joachimsthal (Jáchymov) im böhmischen Erzgebirge niedergelassen hatte, um sich »mit ganzer geistiger Kraft« und »glühendem Eifer«, wie er selbst bekannte, dem Studium der Natur und der bergmännischen Erfahrungswelt zu widmen. In Joachimsthal, wo damals rund neuntausend Bergleute in mehr als neunhundert Silberminen arbeiteten, begann er die Arbeit an seinem berühmt gewordenen Werk *Zwölf Bücher vom Berg- und Hüttenwesen* (*De re metallica libri XII*), die aber erst ein Jahr nach seinem Tod 1556 in Basel bei Froben erschienen sind. Mehr als eineinhalb Jahrhunderte lang blieben sie das Standardwerk des Montanwesens.

Dem Aufsuchen der Bodenschätze, mit dem der Bergbau immer und überall begann und beginnt, widmete Agricola eines seiner zwölf Bücher (heute würde man Kapitel sagen). Als wichtig bezeichnete er die Beobachtung der Wasserläufe und Quellen. Vielfach finde sich Erz oder Edelstein in Bach- und Flußläufen. Solchen Funden sei nachzugehen, weil sie oft zur Feststellung der Lagerstätten führten. Auch das Abschmecken von Quellwasser könne zu wichtigen Entdeckungen verhelfen, insbesondere von Salzvorkommen. Ratsam sei auch, Ausdünstungsstellen zu untersuchen. Wo in Frostzeiten feuchte Pflanzen nicht mit Reif überzogen würden, da müsse man »einschlagen«; ebenso, wo die Gräser klein blieben und frische Farbe zeigten. Auch gelte es auf die Bäume zu achten, deren Blätter im Frühling bläulich oder blaß, deren Zweigspitzen schwärzlich oder überhaupt unnatürlich gefärbt, deren Äste, vor allem die oberen, gespalten seien. Und wenn irgendwo viele Bäume in einer langen Reihe zu ungewöhnlicher Zeit ihre Farbe verlören und schwarz oder bunt würden sowie durch Sturm zu Fall kämen, da verberge sich ein Erzgang. Auch über die Nützlichkeit der Wünschelrute machte sich Agricola Gedanken und berichtete über die Handhabung dieses »magischen Gerätes«, seine Formen und seine Herstellung aus verschiedenen Materialien (beispielsweise Haselruten für Silber, Eschenruten für Kupfer, Kieferruten für Zinn und eiserne beziehungsweise stählerne Ruten für Gold).

War nun durch Erfahrung und Ausdauer, aber mitunter auch durch Zufall, eine Lagerstätte gefunden, mußte man vor ihrer Erschließung »Mutung einlegen«, das heißt eine protokollarische Erklärung vor dem zuständigen Bergbeamten (Bergmeister, Zehntner) über Fundort und gemutetes Erz abgeben. Eine der wichtigsten rechtlichen Errungenschaften des mittelalterlichen Bergbaus war zweifellos die Durchsetzung der

Bergbaufreiheit, die eine Trennung des Abbaurechts vom Grundeigentum bedeutete. Das im Zusammenhang mit der bergrechtlichen Entwicklung entstandene Bergbeamtentum, mit dessen Hilfe der Landesherr seinen Einfluß auf die Montanwirtschaft ausüben konnte, kann als Grundlage des neuzeitlichen Beamtenstaats angesehen werden.

Nach der offiziellen Verleihung des ausgemessenen Grubenfeldes um die »Fundgrube« (nach unten ging es bis zur »ewigen Teufe«, dem Mittelpunkt der Erde) konnte nun die Berggewerkschaft (die aus den Grubenherren, den Gewerken bestand) mit dem Schürf (Suchgraben, Probestollen) beginnen. »Der Bergmann kriecht dem Erz nach«, hieß es früher, und dazu war ein kompliziertes System erforderlich, um die Gänge, Flöze, Lager, Nester und Putzen, wie die Mineralvorkommen genannt wurden, mit Hilfe von Schächten, Strecken, Stollen, Querschlägen und anderen Verbindungswegen zugänglich zu machen. Hier, »vor Ort«, lag die »produktive Mitte« des Bergbaus, wo sich die Hauer oder Häuer mit ihrem »Gezähe«, wie das Werkzeug hieß, abmühten. Jahrhundertelang bestand das typische Werkzeug des Bergmanns aus Schlägel und Eisen. Das *Schwazer Bergbuch* aus dem Jahre 1556 (sicherlich das umfassendste Dokument über die technischen, sozialen, wirtschaftlichen, rechtlichen und kulturellen Verhältnisse des tirolischen Bergbaus) unterschied nach dem Gewicht den Schlägel mit etwa drei Pfund Gewicht zum »Ritzen« des Gesteins mit dem geschäfteten pfundschweren Stufeneisen oder dem längeren Ritzeisen; den achtpfündigen Pocher zum Einschlagen der ungeschäfteten Stücke und Keile in die Ritzen; das Fäustel mit einem Gewicht von 15 bis 18 Pfund zum beidhändigen Eintreiben der Keile in das Gestein. Für die Arbeit »auf Schiefer« und »geschneidigem Gebirge« (weichem Gestein) benutzten die Bergleute die spitz zulaufende, zwei Pfund schwere Keilhaue, die gewissermaßen die Funktion von Schlägel und Eisen vereinte. Die jährliche »Vortriebsleistung«, die ein einzelner Hauer in einem Stollen von 1,60 x 1 Meter Querschnitt mit Schlägel und Eisen schaffen konnte, betrug – je nach Gesteinsart – zwei bis drei Meter! Leistete das Gestein dem »Eisen« zu großen Widerstand, setzten die Bergleute zum Mürbemachen Feuer, ein Verfahren, das bereits in der Antike bekannt war und bis zur Einführung des Schießpulvers im 17. Jahrhundert an-

**Stollen in einem Kohlenbergwerk des Ruhrgebietes.
Photographie, um 1880**

gewandt wurde. Das losgebrochene Erz und Gestein wurde mit der Kratze zusammengescharrt und »in Gefäßen oder Körben oder Säcken aus den Schächten herausgezogen, mit Schubkarren oder Hunden aus den Stollen herausgeführt oder aus beiden mit Trögen herausgetragen«. Was hier Agricola so nüchtern beschrieb, war in Wirklichkeit unvorstellbar schwere körperliche Arbeit, die in feuchten und finsteren, schroffen und schlecht belüfteten engen Röhren zu verrichten war. Gar oft wurden die Abbaustrecken wegen »geringmächtiger« (schmaler) Lagerstätten, aber auch aus Kostengründen ungewöhnlich niedrig gehalten, was die Hauer zwang, auf der Seite liegend ihr schweres Werkzeug zu handhaben. Mit der Zeit krümmte sich durch diese »gewöhnliche« Arbeitshaltung ihr Hals, was ihnen den Spottnamen »Krummhälse« eintrug. Auch der Abtransport des gebrochenen Materials aus diesen engen, oft nur einen halben Meter hohen »Strecken« und Schächten war nur durch Ziehen und Schieben von niedrigen und schmalen, aber langen Kästen auf vier kleinen Rädern, den sogenannten Hunden, möglich. Diese Arbeit besorgten beispielsweise im Mansfelder Kupferschieferbergbau noch bis in die siebziger Jahre des 19. Jahrhunderts 14- bis 16jährige Knaben, und in den englischen Kohlegruben waren es zum großen Teil Kinder beiderlei Geschlechts und junge Frauen. Die bedauernswerten Schlepper hatten einen Riemen an den linken Fuß oder um die Hüfte gespannt, an dem der beladene Hund mit einer Kette befestigt war. Unter mühsamem Vorankriechen zogen sie den Hund vom Abbaustreb bis zur Entladestelle hinter sich her. Dabei legten sie in einer Zwölfstundenschicht etwa drei bis fünf, ja manchmal auch sieben Kilometer zurück. Das Zutagebringen des Förderguts, ausreichende Belüftung (Bewetterung) und vor allem die Grubenentwässerung (Wasserhaltung) waren von jeher die grundlegendsten Probleme, gegen die die Bergarbeiterschaft anzukämpfen hatte. Erst mit der intensiven Nutzung der Wasserkraft in der Renaissance sind auf diesen Gebieten bemerkenswerte Fortschritte erzielt worden.

Zunächst diente die Handhaspel zur vertikalen Förderung, mit der Haspelknechte sowohl die Kübel und Körbe mit Erz und Gestein als auch die Ledersäcke (Bulgen) mit Wasser an Seilen »aus der Tiefe der Erde« hochkurbelten. Später sorgten für den Antrieb der Haspelwellen Tretscheiben und Treträder, die von Tretknechten in Bewegung gesetzt wurden; und so mancher Knecht zog sich dabei »das Marck aus Arm und Beinen heraus«. Der nächste Schritt war die Entlastung der menschlichen Muskelkraft durch Pferde. Mit dem von Agricola beschriebenen Pferdegöpel, der durch zwei Pferde, bei tiefen Schächten durch vier, angetrieben wurde, vermochte man, »sechsmal so große Lasten« zu heben wie etwa mit der Tretscheibe. Besonders die »Roßkunst mit der Bremsscheibe« (die Maschinen hießen damals »Künste«), eine Fördereinrichtung mit einem aufwärts- und einem abwärtslaufenden Kübel an einer Kette, galt als technisches Meisterwerk, das allein zu seiner Bedienung neun Bergleute verlangte: vier Pferdetreiber, einen Stürzer, einen Füller, zwei Karrenläufer und einen Bremser. Gewiß zu den gewaltigsten Bergwerksmaschinen zählte damals das Kehrrad mit einem Durchmesser von zehn und mehr Metern, das sowohl für den Materialtransport als auch zur Grubenentwässerung (»Bulgen-kunst«) eingesetzt wurde. Die ständige Umkehrung der Drehrichtung besorgte der Treibmeister durch wechselweises Ziehen der beiden Schützen, womit er einmal auf den einen, dann wieder auf den anderen Schaufelkranz Wasser aufschlagen ließ. Eine solche Großanlage mit Kehrradantrieb, als »achtes Weltwunder« gepriesen, wurde 1553/54 im Schwazer Bergbau errichtet, da die fast sechshundert Wasserknechte trotz körperlicher Schwerstarbeit – mit Ledereimern wurde das Wasser von Mann zu Mann bis oben weitergereicht – die Wasserhaltung in Schächten und Stollen nicht mehr bewältigen konnten. Eine andere Wasserhebevorrichtung war die »Heinzenkunst«, die aus einem vom Sumpf (Schachtsohle) bis zum vorgesehenen Wasserabfluß reichenden Rohrstrang aus Holz bestand, durch den der aufwärtslaufende Teil einer endlosen Kette geführt wurde. An der Kette befanden sich in regel-mäßigen Abständen ausgestopfte Lederbälge, die das Wasser im Rohr wie mit einem Paternoster hinaufhoben. Unter »Kannenkünsten« ver-stand man eine endlose Kette, die über eine obere und eine untere Schei-be lief und an der Schöpfgefäße (Kannen) angebracht waren. Beim Drehen der oberen Scheibe durch Haspel, Tret- und Wasserrad oder Göpel füllten sich die Gefäße während des Eintauchens in den Sumpf mit Wasser, das sie dann beim Herumdrehen um die obere Scheibe ent-leerten. Zur Überwindung größerer Hubhöhen und um die kostspieli-gen »Heinzenkünste« zu ersetzen, setzte man Kolbenpumpen (Saug-hubpumpen) ein, die entweder manuell oder mit Wasser angetrieben wurden. Es war die berühmte »Kunst mit dem krummen Zapfen«, von der Lazarus Ercker, unter Rudolf II. Oberster Bergmeister in Böhmen, 1565 meinte, »daß man keine bessere Wasser-Kunst im Rammelsberge könne erdenken als diese«. Der Krummzapfen war eine exzentrische Kurbel am Ende einer vom Wasserrad angetriebenen Welle, an der ein mehrteiliges Gestänge aus Holz hing, das in geschickter Weise die Kur-belbewegung auf die Kolben übertrug (Feld- oder Stangenkünste).

Schon sehr früh bot das Gefüge eines Bergbaubetriebes das Bild ei-ner ungewöhnlichen Funktionsvielfalt. Über den Stand der Arbeitstei-lung und damit über die soziale Gliederung der Bergarbeiterschaft gibt das bereits erwähnte *Schwazer Bergbuch* von 1556 recht gut Auskunft:

In dem 5,6 Kilometer langen Tiefbaustollen am Falkenstein bestand 1526 die Belegschaft aus Gedingehauern, Lehnhauern, Hutleuten, Haspel- und Wasserknechten, Truhenläufern (Schleppern), Säuber- und Schachtbuben (die das hereingewonnene Gestein in die Bergtruhen und Förderkübel füllten), Focherbuben (die den Betrieb der Blasebälge besorgten), Scheidern (die Erz und taubes Gestein trennten, das Erz sortierten und aufbereiteten), Grubenhütern (die als Aufseher und Wächter beschäftigt waren), Zimmerleuten, Schmieden und Grubenschreibern. Den Kern der Arbeiterschaft bildeten stets die Hauer, wobei die Herrenhauer für die Gewerken (die Grubenherren) im Lohn arbeiteten, die Gedingehauer hingegen den Abbau bestimmter Grubenabschnitte gegen eine zuvor festgelegte Bezahlung übernahmen. Die Lehnhauer wiederum waren jene von den Gewerken stark abhängigen »Subunternehmer«, die eine Grube oder Teile einer Grube gegen einen Pachtzins befristet nutzen konnten. Wichtigster Mann jeder Grube war der Hutmann (der spätere Steiger), dem die Einstellung und Überwachung der Arbeiter, die Einteilung der Arbeit sowie die Abrechnung des Lohns oblag. Dieser war für die Bergleute meist sehr niedrig, und häufig wurde ihnen von dem wenigen noch ein Teil vorenthalten. Um sie über ihre mißliche Lage hinwegzutrösten, hatten ihnen die Landesherren im Laufe der Zeit einige Privilegien zugestanden: Sie waren vom Militärdienst und von einigen direkten Steuern befreit, sie hatten das Recht, eine besondere Uniform zu tragen, und sie durften sich zu Knappschaften, einer Art Not- und Kampfgemeinschaft, organisieren. Als »ein gutmütig folgsames Völkchen, niedergedrückt durch Mühseligkeit, und Mangel, und Versäumnisse seiner Vorgesetzten, bis zur tiefsten Stumpfheit«, charakterisierte ein Bergmeister der Grube Marienberg die Bergleute zu Ende des 18. Jahrhunderts.

Zu Beginn des 19. Jahrhunderts, nach einer stürmischen Entwicklung, von der kein bergmännischer Bereich ausgenommen blieb (die »Feuermaschine« Newcomenscher Bauart beispielsweise, eine der ersten Dampfmaschinen, ersetzte fast alle in den Gruben tätigen Pferde), hatte sich auch die hierarchische Struktur gewandelt. 1831 teilte sich der Königlich Sächsische Bergstaat in nicht weniger als elf Klassen. An der Spitze standen der Oberberghauptmann, der Berghauptmann und

Viceberghauptmann; dann kamen die Bergräthe, Bergcommissions-
räthe und Oberbergamtsassessoren, gefolgt von Oberbergamtsverwal-
ter, Oberhüttenverwalter, Oberbergmeister (im fränkischen Bergbau
bekleidete Alexander von Humboldt von 1792 bis 1797 dieses Amt),
Oberzehntner und Austheiler, Maschinendirector, Oberhütteninspector,
Bergmeister und Oberbergamtssecretär. Dazu kamen der Oberhütten-
vorsteher, der Obereinfahrer, die königlichen Factoren, Inspectoren,
Bergschreiber, Markscheider, Bergwardeine, Hüttenmeister, Blaufarben-
meister, Schichtmeister, Oberhüttenamts- und Bergamts-Auditoren,
Bergwerks-Candidaten, Knappschafts- und Hüttenvorsteher, desglei-
chen Aelteste, Obersteiger, Werkmeister, Bergmaschinenmeister, Berg-
hautboisten, Schmelzer, Untersteiger, Doppelhäuer, Treibemeister, Rö-
ster, Lehrhäuer, Haspelknechte, Wäscher und schließlich die Gruben-,
Hütten-, Poch- und Waschjungen.

Der schweren und gefahrvollen Arbeit der Bergleute, besonders unter Tage, entsprach jeweils auch die Arbeitskleidung, die vor Nässe,
Schmutz und herabfallendem Gestein schützen sollte; ursprünglich
bestand sie aus Kittel und Kapuze, ferner aus enganliegenden Hosen,
Strümpfen, auch aus Wickelgamaschen, Lederschuhen beziehungsweise -stiefeln mit mehr oder weniger aufgeschlagenen Schäften, Hüten oder Kappen, ledernen »Kniebügeln« für Arbeit im Knien und dem
»Arschleder«, auf dem man in schrägen Schächten in die Tiefe rutschte
und das zu den wesentlichen Kennzeichen der bergmännischen Tracht
gehörte. Ein wichtiges Requisit in der ewigen Finsternis der Unterwelt
war natürlich die Grubenlampe (»Geleucht«), die zunächst aus offe-
nem Licht bestand. Die zerbrechlichen Ton- und teuren Bronzeguß-
Lampen wurden gegen Ende des Mittelalters von den Froschlampen
aus Eisenblech abgelöst, die mit Unschlitt, Paraffin oder Rüböl brannten. Immer wieder auftretende schwere Schlagwetterexplosionen in
englischen Kohlengruben veranlaßten unabhängig voneinander den
Chemiker Sir Humphry Davy und den Ingenieur George Stephenson
(den späteren Erbauer der berühmten Dampflokomotive »Rocket«),
nach einer Lampenkonstruktion zu suchen, die eine Entzündung der
Grubengase verhindern sollte. 1815 gelang die heute mehrheitlich Davy
zugesprochene Erfindung einer Sicherheitslampe mit metallischem

Drahtkorb, die im Laufe der Zeit zahlreiche Verbesserungen erfuhr. 1895 kamen dann in schlagwetterfreien Gruben die besonders lichtstarken Karbidlampen auf.

Die Hoffnung auf eine glückliche Ausfahrt, auf die heile Rückkehr aus der Tiefe der Erde symbolisiert der Bergmannsgruß »Glück auf!«, eine Hoffnung, die sich allerdings oft nicht erfüllte, wie die schier unübersehbare Chronik von schrecklichen Grubenkatastrophen beweist. Émile Zola schildert die Gefühle der Menschen nach einem Grubenunglück in seinem Roman *Germinal* (1885): »Viele der Arbeiter, die heraufgeholt worden, blieben da, ganz stumpf, ohne daran zu denken, ihre Kleider zu wechseln, durch einen Bann des Entsetzens festgehalten vor diesem furchtbaren Loche, in dem sie fast geblieben wären. Die Weiber umstanden sie flehend und fragten nach den Namen. War der unten? und der? und jener? Aber sie wußten nichts; sie stammelten nur und machten sinnlose Gebärden, als wollten sie damit eine immer wiederkehrende, furchtbare Vision verscheuchen.«

~

BOGNER gehörten einst zu den wichtigsten Handwerkern, die eines der ältesten Handschießgeräte, den Bogen, verfertigten. Der Bogen bestand aus einem elastischen Bügel, der mit einer Tiersehne, mit geflochtenem Hanf oder gedrehter Seide bespannt war. Das bevorzugte Holz war das aus jungen Eibenstämmen, und in der Regel schälte man die Bögen so heraus, daß der in der Mitte der Bäume liegende ältere Holzteil den Bogenbauch, das jüngere und wegen seiner langen Fasern wesentlich zähere Holz der äußeren Schichten den Bogenrücken bildete. Geschossen wurde mit befiederten Pfeilen, die mit hoher Geschwindigkeit oft über zweihundert Meter zielgenau flogen; sie wurden von den Pfeilschnitzern hergestellt. Es gab Zeiten, da Bogner und Pfeilschnitzer neben ihrer Handwerkstätigkeit zum Waffendienst auf den Ringmauern der Städte berufen wurden. Die Armbrust löste den Bogen ab, aus den Bognern wurden oft → Armbruster.

~

BRIEFMALER (auch Illuministen, Patronierer, Kartenmaler) traten neben den Buchmalern, die vorwiegend religiöse Schriften illuminierten, im 15. Jahrhundert als eigener Berufsstand in Erscheinung, und sie deckten die steigende Nachfrage der Bevölkerung nach profanen Bildern und Schriften. Sie entwarfen und kolorierten, teils mit Schablonen, sogenannten Patronen, Schriftstücke, Glückwunschbriefe, Kalender, Wappen, kostbar ausgestattete Urkunden, aber auch Heiligenbildchen und Spielkarten. Angeregt durch die Holzschnittechnik begannen die Briefmaler, ihre Vorlagen mit Holzstempeln, in die Bilder und Schriftzeichen geschnitten waren, zu bedrucken. Der Briefmaler war häufig sein eigener Formschneider und ebenfalls an der Herstellung von Blockbüchern beteiligt, deren ganze Seiten (Text und Bild) von Holztafeln (Blöcken) abgedruckt wurden. Erst mit Gutenberg entstanden die beweglichen Lettern und damit der Letterndruck und der Beruf des Buchdruckers (→ Schriftsetzer).

~

BRILLENMACHER (auch Perspektivmacher) produzierten Gestelle aus Eisen, Silber, Gold, Leder, Holz, Horn oder Elfenbein mit zwei geschliffenen Augengläsern zur Verbesserung des Sehvermögens. Der Name Brille kommt von Beryll (beryllus), dem Edelstein, aus dem man vergrößernde Linsen schliff. Lucius Annaeus Seneca erwähnt 63 nach Christus, daß Buchstaben, durch eine gläserne, mit Wasser gefüllte Kugel betrachtet, größer und klarer erscheinen (solche Kugeln waren später lange Zeit als sogenannte »Schusterkugeln« zur Verbesserung der Raumbeleuchtung in Gebrauch). Nach dem Bericht des älteren Plinius bediente sich der römische Kaiser Nero eines geschliffenen Smaragds, um die Kämpfe der Gladiatoren besser beobachten zu können. Der bedeutende Astronom, Mathematiker und Geograph Claudius Ptolemäus aus Alexandria behandelte in seinem Werk *Almagest* (um 150 nach Christus entstanden) bereits die Theorie des Sehens und der Reflexion, und ein arabischer Gelehrter, Ibn el Heitham, der um das Jahr 1000 lebte, beschrieb erstmals einen »Lesestein«, eine plankonvexe Linse, die auf kleine Schriften gelegt wurde und sie vergrößerte.

»Die Augen stehen zwar in dem Haupt des Menschen, aber verursachen manchen Haupt-Schaden, sie haben ihren Sitz in der Höche, aber stürzen manchen in die Niedere. Von den Augen kommet manches Au-weh her. Wann nun wegen des wachsenden Alters oder anderwärtigen Zustand die Augen erblöden, so kommen die Prillenmacher zu Hilff«, spöttelte der Prediger Abraham a Santa Clara (1698), und diesem »Haupt-Schaden« dürfte vermutlich der kurzsichtige Schwedenkönig Gustav Adolf in der Schlacht bei Lützen (1632) zum Opfer gefallen sein, weil er keine Brille tragen wollte.

Die optische Korrektur der Augen durch Brillen wurde erstmals Ende des 13. Jahrhunderts in Oberitalien angewandt, und die wahrscheinlich älteste bildliche Darstellung eines Brillenträgers findet sich auf einem Fresko von Tomaso da Modena in Treviso, das 1352 entstand. Als der erste namentlich bekannte deutsche »Parillenmacher« wird 1478 ein Nürnberger namens Pfuhlmeier genannt. Die ersten Brillen nannte man »Nietbrillen«, wahrscheinlich, weil die in Eisenringen gefaßten, konvex geschliffenen Gläser mit einem angenieteten Stiel zum Halten versehen waren. Sie wurden von den »Bügelbrillen« abgelöst, die man auf der Nase festklemmte (»Nasenquetscher«). Es folgten »Mützenbrillen«, die an der Mütze befestigt wurden, »Riemenbrillen«, die mit einem Lederriemen um den Kopf geschnallt wurden, und »Stirnfortsatzbrillen«, die an einem Fortsatz befestigt waren, der unter der Perücke oder Mütze verschwand. Im 16. Jahrhundert kamen die »Stirnreifenbrillen« auf, bei denen die Gläser von einem um die Stirn getragenen Metallreifen herabhingen, ferner die »Schläfenbrillen« und »Scherenbrillen«. Aus letzteren entwickelten sich die Lorgnetten, die bügellosen, an einem Stiel vor die Augen zu haltenden Brillen. Bemerkenswert erscheint, daß bis zur Mitte des 18. Jahrhunderts niemand auf die Idee kam, die Brillen hinter dem Ohr zu befestigen. Erst mit der »Drahtbrille« und später mit der »Nickelbrille«, die mit kleinen ovalen Gläsern ausgestattet war, kamen die biegsamen Ohrenbügel auf.

Ein Brillenmacher in Holland (vermutlich Jan Lippershey) war es, der 1590 das erste Fernrohr (tubus opticus) anfertigte. Die Erfindung drang bis Padua zu Galileo Galilei vor, der unverzüglich daranging, sein eigenes Cannochiale, sein Augenrohr, aus einem erhabenen und einem hohlen Glas, die von einer bleiernen Röhre umschlossen waren, zu konstruieren, an dem er sich letztlich die Augen blind sah. Der deutsche Astronom Kepler perfektionierte vorerst die Erfindung mit zwei konvexen Gläsern, durch welche die Gegenstände deutlicher und größer, wenn auch verkehrt gesehen wurden. Damit war nicht nur das erste astronomische Teleskop geschaffen, sondern auch eine neue Wissenschaft begründet. Kepler prägte dafür den Begriff Dioptrik – die Wissenschaft der Strahlenbrechung durch Linsen.

Brillenmänner hießen die wandernden Brillenverkäufer, die bis gegen Ende des 19. Jahrhunderts die Bevölkerung, besonders in entlegenen Gegenden, nicht nur mit billigen Brillen, sondern auch mit Nachrichten und Tratsch versorgten.

~

BÜCHSENSCHMIEDE (auch Rohrschmiede) entwickelten sich aus den → Grobschmieden, die seit der Erfindung des Schießpulvers bis in die zweite Hälfte des 15. Jahrhunderts Handkanonen und Feuerrohre ohne besonderen künstlerischen Anspruch herstellten. Mit den Büchsenschmieden entstand ein selbständiges zünftiges Gewerbe, dessen Ansehen mit der kriegstechnischen Bedeutung der Handfeuerwaffen wuchs. Gutes Material, vorzügliche Schmiedearbeit (Schweißung) und sorgfältige Bohrung waren kennzeichnend für die Gewehrherstellung im 16. Jahrhundert, die durch den rapide ansteigenden Bedarf schon bald von einer rein handwerklichen in eine manufakturielle überging.

Vorläufer der Handfeuerwaffen ist die Feuerlanze, ein ausgehöhlter, mit Zündmasse gefüllter, brennender Holzschaft, der mit der Hand geworfen wurde. Die arabische Madfaa sowie die deutsche Donnerbüchse waren die ältesten geschmiedeten Handgeschütze. Aus ihnen entwickelten sich die Knall- und die Hakenbüchsen, auch Arkebusen genannt. Bei diesen wurde das Zündkraut, ein feines Pulver, auf eine Pfanne oben oder seitwärts am Lauf mit der Hand und der Lunte gezündet. Mit dem Aufkommen des Luntenschlosses konnten die Zielmöglichkeit und die Feuergeschwindigkeit wesentlich verbessert werden. Bei diesem wurde eine Lunte oder ein Feuerschwamm an einen Hahn geklemmt, der mit der Hand, später mit einer Feder auf die Pfanne niedergedrückt wurde und das Pulver entzündete. Es folgte die Einführung der Muskete, die mit Luntenschloß, später auch mit dem weit vorteilhafteren Radschloß versehen war, bei dem der Funke durch Reibung eines Rades an einem Stück Schwefelkies erzeugt wurde. Der Vorteil dieses Schlosses war, daß beim Zünden keine Erschütterung durch das Aufschlagen des Hahns auf die Pfanne auftrat, wie dies beim Luntenschloß der Fall war. Ein längerer Lauf und eine stärkere Ladung steigerten Schußweite und Durchschlagskraft und machten die Muskete zu einer wirkungsvollen, weit verbreiteten Waffe. Die Musketiere unter Friedrich dem Großen schafften in der Regel bei trockenem Wetter fünf Schuß in der Minute. Dem Luntenschloß folgten das Stechschloß mit besonders leichtem Abzug und das Schnapphahnschloß, aus dem sich das Steinschloß entwickelte. Die militärische Standardwaffe vom letzten Drittel des 17. bis in das erste des 19. Jahrhunderts wurde das Steinschloßgewehr mit aufgestecktem Bajonett. Das Gewehrschloß funktionierte mit einem zwischen die Hahnlippen geklemmten Feuerstein – englisch flint, daher die Bezeichnung »Flinte« –, der durch Reibung einen Funken erzeugte, wodurch das Pulver in der Zündpfanne entzündet wurde. Es schoß mit zehn Gramm Pulver eine fünfundzwanzig Gramm schwere Kugel. 1820 wurde das Perkussionsschloß erfunden und allgemein eingeführt. Hier kam bereits Knallquecksilber zur Anwendung, das, durch einen Zündstift zur Entzündung gebracht, das Treibmittel entflammte. Auch Gewehre mit gezogenen Läufen (Drall) wurden von Scharfschützen und Jägern geführt. Über die Geschichte des »gezogenen Gewehrs« hat Friedrich Engels eine Artikelserie in *The Volunteer Journal, for Lancashire and Cheshire* (1860-1861) veröffentlicht. »Das gezogene Gewehr ist eine deutsche Erfindung«, bemerkte er, »die gegen Ende des 15. Jahrhunderts gemacht wurde. Die ersten gezogenen Gewehre wurden offenbar zu dem Zweck hergestellt, das Laden einer Waffe mit einer fast genau passenden Kugel zu erleichtern. Deshalb waren die Züge gerade, ohne jede Spiralwindung, und sie dienten lediglich dazu, die Reibung der Kugel im Lauf zu verringern. [...] Später wurde die Beschaffenheit der

Waffe durch die den Zügen gegebene Spiralwindung, die die Bohrung des Laufs in eine Art Schraubenmutter verwandelte, vollkommen verändert. Die Kugel, die wegen des eng anliegenden Pflasters den Zügen und damit auch der Schraubenwindung folgen mußte, behielt so eine spiralförmige Umdrehung während ihrer ganzen Flugbahn. Es stellte sich bald heraus, daß dieses Verfahren, das die Kugel in Rotation versetzt, Schußweite und Genauigkeit der Waffe gewaltig steigerte, und so verdrängten die spiralförmigen Züge sehr schnell die geraden. Dies war das Modell des gezogenen Gewehrs, das mehr als zweihundert Jahre allgemein benutzt wurde. Wenn man von den Stechern und sorgfältig gearbeiteten Visieren absieht, ist es bis 1818 kaum verbessert worden.«

Preußen ging 1841 durch Ausrüstung seiner Armee mit dem ersten Hinterlader, dem 15-mm-Zündnadelgewehr, in der Waffenentwicklung entscheidend voran. Seine Feuergeschwindigkeit machte es allen Vorderladern überlegen, was wesentlich zur vernichtenden Niederlage der österreichischen Armeen in der Entscheidungsschlacht des preußisch-deutschen Kriegs bei Königgrätz im Juli 1866 beitrug. Der Erfinder war ein Schlosser namens Nikolaus Dreyse aus Sömmerda bei Erfurt, der zum mächtigen Waffenfabrikanten aufstieg und geadelt wurde.

Die Rohrläufe wurden aus Eisenplatinen, die aus den Zainhämmern kamen, in rotglühendem Zustand über einem Dorn zu Rohren geschmiedet, verschweißt und danach mit Hilfe von Wasserkraft und Stangenbohrern mit scharfen, spiralförmigen Schneiden ausgebohrt, geschliffen und poliert.

Die Feuerschlösser zu den geschmiedeten Gewehr- und Pistolenläufen stellten ursprünglich die Schlosser her, von denen sich die Feuerschloßmacher als eigener Berufszweig abspalteten. Aus diesem Handwerk entwickelte sich ab Mitte des 16. Jahrhunderts das der Büchsenmacher. Die Holzschäftung der Feuerwaffen besorgten die Büchsenschäfter, die vorwiegend mit den Tischlern eine Gilde bildeten. Berühmte Zentren des Büchsenmacherhandwerks waren Suhl im Thüringer Wald, Nürnberg, Augsburg, Dresden, Braunschweig, Brescia, Ferlach und Steyr.

~

BUNTMACHER (später auch Buntfutterer genannt) spalteten sich von den Kürschnern ab und verarbeiteten hauptsächlich die Felle der Eichhörnchen, aber auch gelegentlich von anderen Wald- und Wiesentieren, zu Pelzwerk aller Art.

Allem Leben, allem Tun, aller Kunst muß das Handwerk vorausgehen, welches nur in der Beschränkung erworben wird. Eines recht wissen und ausüben gibt höhere Bildung als Halbheit im Hundertfältigen.

Johann Wolfgang Goethe

Chagrinmacher bereiteten aus der Rückenhaut von Pferden, wilden Eseln und Kamelen das echte orientalische Chagrinleder. Von den Türken wurde es Sagri und von den Persern Sagre genannt, und aus der Haut diverser Haifischarten entstand Fischhautchagrin. Beide Arten wurden zum Überziehen von Futteralen für Ferngläser, Brillen, Barbierzeug, für Messer- und Säbelscheiden und Bucheinbände verwendet. Seine eigentümliche Oberfläche, die überall mit Narben oder sehr kleinen, runden, erhöhten Körnchen bedeckt war, erhielt das Chagrin, indem man die enthaarte und feuchte Haut auf der Narbenseite mit den schwarzen und harten Samenkernen der wilden Melde, Allabuta genannt, bestreute und dann mit bloßen Füßen oder einer einfachen Presse in die Oberfläche eindrückte. Die Fischhäute indes wurden, nachdem sie abgezogen waren, mit der Fleischseite auf ein Brett aufgespannt, festgezweckt und zur Verhütung von Runzeln im Schatten langsam getrocknet, mit Sandstein abgeschliffen und wie das echte Chagrin gefärbt. Zur Nachahmung von Chagrin verwendete man gefärbtes Leder, in das mit heißen kupfernen Platten oder Walzen die körnigen Eindrücke gepreßt wurden.

Alle Arten von Arbeit, sein Brot zu verdienen, sind einem ehrlichen Mann gleich anständig, Holz zu spalten oder am Ruder des Staates zu sitzen. Es kommt seinem Gewissen nicht darauf an, wieviel er nützt, sondern wieviel er nützen wollte.

GOTTHOLD EPHRAIM LESSING

DIENSTBOTEN (auch Dienstvolk, Dienstgesinde) fanden sich bei Hof, in adeligen Großhaushalten, in Häusern vermögender Bürger und höherer Beamter. Das »Livrévolk«, wie man in Wien sagte, bestand aus Lakaien, Tafeldeckern, Portieren, Läufern, Zimmerputzern, Kammerdienern, Kammerjungfern, Stubenmädchen, Dienstmädchen, Hausknechten, Reitknechten, Kutschern, Vorreitern und anderen Bedienten. »In den vornehmen Häusern will man lauter große, riesenmäßige Kerls zu Lakaien. Um sie von den verbrämten Bedienten der Mittelstände auszuzeichnen, gibt man ihnen eine massive Livree mit Samt- und Seidenborten auf den Rocknähten, und, wie es überall gewöhnlich ist, von den Farben, welche das Wappen des hohen Hauses in sich faßt. In den Häusern von der zweiten und dritten Ordnung kleidet man sie gewöhnlich etwas leichter. Weiter hinunter sind sie durch ein graues Kleid mit einem farbigen Kragen kenntlich. […] Der Hang zu dem Außerordentlichen macht, daß sich einige Männer und Weiber auch Neger halten, welche nach ostindischem Kostüm gekleidet sind und Lakaiendienste tun. […] Im ganzen genommen ist das Lakaienvolk eine unverschämte Menschenbrut. Je vornehmer das Haus ist, desto bengelhafter sind gewöhnlich die Bedienten. Da es meist junge,

**Herrschaftsportier vor dem Erzbischöflichen Palais in Wien.
Photographie, um 1910**

gesunde, knochenfeste Kerls sind, die sich gut nähren, durch mancherlei Akzidenzien sich ihre Besoldung zu vermehren wissen, sich unter eitel vornehmen Herren und Damen herumtreiben, bei dem Tafeldienst Anekdoten aufzuhaschen und die Manieren ihrer Gebieter nachzuäffen trachten: so stellen sie die unausstehlichsten Figuren dar, die man im gesellschaftlichen Leben finden kann. Ihre Charakterzüge sind eine Mischung von Stolz, Grobheit, Spottsucht, Naseweisheit, Verleumdung, Unwissenheit, Prahlerei, Faulheit, Affektation und Pöbelhaftigkeit.« Nachzulesen in Johann Pezzls *Skizze von Wien*, die zwischen 1786 und 1790 entstand.

In Lyon stellten die Dienstboten im 16. Jahrhundert je nach Viertel zwischen neunzehn und sechsundzwanzig Prozent der Bevölkerung, und im Großraum Paris gab es nach Angaben einer Topographie von 1754 ungefähr elftausend Kutschen und knapp eine Million Personen, darunter annähernd zweihunderttausend Bedienstete. Fernand Braudel berichtete in seiner *Sozialgeschichte des 15.–18. Jahrhunderts*, »daß sich auch einfache Familien, soweit sie nicht nur in einem einzigen Wohnraum hausen, Dienstmädchen und anderes Hauspersonal leisten, und selbst der Bauer beschäftigt Knechte. Dieses ganze Domestikenvolk muß gehorchen, auch wenn der Dienstherr ein schäbiger Gauner ist. 1751 verurteilt der Pariser Gerichtshof einen Diener wegen Beleidigung seines Herrn zu Pranger und Ausweisung. Den Arbeitgeber selbst zu wählen ist fast unmöglich; man wird umgekehrt von ihm gewählt, wobei jeder Dienstbote, der seine Stellung aufgibt oder entlassen wird und nicht sofort einen neuen Arbeitsplatz findet, als Landstreicher eingestuft wird: Auf offener Straße aufgegriffene Mädchen ohne Dienstplatz werden ausgepeitscht und kahlgeschoren, die Männer auf die Galeeren geschickt. Ein Diebstahl oder auch nur der Verdacht einer Veruntreuung bedeutet den Strang.«

~

DRAHTZIEHER stellten Metalldrähte her, die seit dem frühen Mittelalter zu den wichtigsten gewerblichen Halbfertigwaren gehörten. Aus Eisen-, Stahl-, Kupfer- und Messingdrähten wurden Nägel, Näh-

und Stecknadeln, Ketten, Siebe, Netze, Wollkratzen, Kettenhemden, Nieten, Federn, Häkchen, Ösen und andere Produkte gefertigt; Gold- und Silberdrähte dienten zur Herstellung verschiedener Schmuck- und Ziergegenstände. Schon frühzeitig setzte eine Spezialisierung des Handwerks nach Art der Metalle (zum Beispiel Gold- und Silberdrahtzieher), aber auch nach der Drahtstärke ein. So entstanden Grob-, Mittel- und Feindrahtzieher. Der Draht- oder der Zainschmied lieferte das Vormaterial für den groben Drahtzug in Form von geschmiedetem Zaineisen (Stabeisen), das nun ursprünglich mittels einer Zange durch die konischen Löcher einer Stahlplatte, des Zieheisens, gezogen wurde. Das Ziehen durch die im Durchmesser immer kleiner werdenden Löcher bewirkte einerseits eine Verringerung des Drahtquerschnitts, andererseits nahm die Länge des Drahtes stetig zu. Je dünner der Draht wurde, umso geringer war der erforderliche Kraftaufwand. Ab einer gewissen Drahtstärke war die Zange überflüssig, und es reichte die Zugkraft einer von Hand gekurbelten Haspel, auf die der Draht aufgewickelt wurde. Einen Drahtzieher besonderer Art zeigt eine Abbildung im *Mendelschen Stiftungsbuch* (Nürnberg): Der Drahtzieher sitzt in einer Schaukel, Schocke genannt, und zieht mit Schwung den Draht durch eine Öse des feststehenden Zieheisens. Der kraft- und zeitaufwendige Grobdrahtzug erfuhr in der ersten Hälfte des 14. Jahrhunderts eine wesentliche Vereinfachung und Produktionssteigerung durch die Ausnützung der Wasserkraft. In den sogenannten Drahtmühlen, in denen dann auch mittlere und feine Drahtsorten produziert wurden, trieben Wasserräder die Trommel oder über eine Pleuelbewegung die Zange an, die den Zug bewirkten. Die Erfindung der mechanischen Ziehbank wird dem Nürnberger Künstler Rudolph zugeschrieben, der damit viel Geld verdiente und sein Inventum sehr geheimhielt. Sein Sohn verriet die Konstruktion und mußte vor dem aufgebrachten Vater aus Nürnberg fliehen. Ein bedeutender Dichter der Reformationszeit, Eobanus Hessus, besang in seinem Gedicht »Urbs Norimberga« 1532 (4. Cap., 27) eine Nürnberger Drahtmühle mit folgenden Worten:»Wer erblickt, wie das Werk sich durch das Gewicht der Räder dreht und mit welcher Kraft es das Eisen streckt, wie wenn es mit Verstand begabt, das eine wie das andere vollbringt, was tausend Menschen nicht ver-

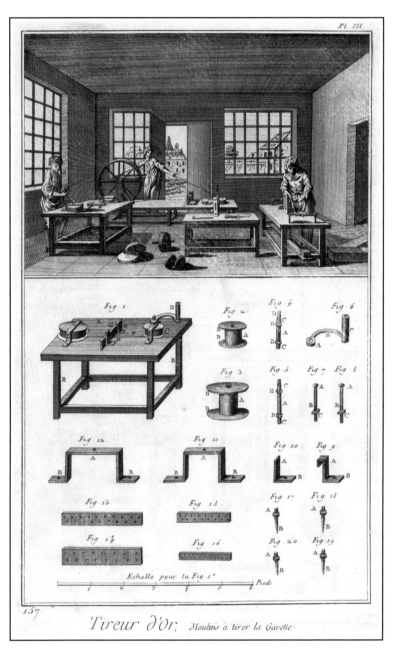

Drahtzieher (Tireur d'Or). Kupferstich, 1771

mochten, ehe diese Kunst erfunden war: Wer erstaunt nicht, wenn er es sieht und verdammt alle vergangenen Jahrhunderte, welche solch herrliche Erfindung unseres Menschengeschlechtes niemals kannten? [...] Denn du wirst sehen, wie eiserne Köpfe, Drachen ähnlich, durch den Biß ein Eisen von dem andern wegreissen, der hält zurück, der zieht die Masse der Drachen (der Schleppzangen). Und während sie dies thun, drängen sie sich eilig, mit immer erneuten Angriffen kämpfend, wie wenn es sich beiderseits um das Leben und nicht um Eisen handle. So packen sie mit raschen Bissen das rohe Eisen, glätten es zu rundlichem Draht, welcher aus dem Schlangenmaule genommen in tausend Krümmungen gewunden wird.«

Im 19. Jahrhundert setzte sich die Technologie des Drahtwalzens durch und ersetzte das Drahtschmieden und den Grobdrahtzug in den Drahtmühlen, nicht aber das Prinzip des Mittel- und Feindrahtzuges, das sich bis heute erhalten hat.

»Drahtzieher« nannte man auch denjenigen, der – wie der Veranstalter des Puppentheaters die Puppen am Draht bewegt, ohne selbst öffentlich aufzutreten – andere vorschickt, um seinen Willen ausführen zu lassen.

Jedes Handwerk hat einst seine eigenen professionellen Physiognomien herausgebildet. Die Kraft, die sie prägte, ist in den meisten Gewerben längst erloschen.

WALTER BENJAMIN

EICHMEISTER (auch Aicher) hatten die Aufgabe, die Maße und Gewichte der Kaufleute zu überprüfen. »Es war einmal im Bezirk Zlotogrod ein Eichmeister, der hieß Anselm Eibenschütz«, so beginnt Joseph Roths Roman *Das falsche Gewicht*. »In bestimmten Zeiträumen geht Eibenschütz also von einem Laden zum andern und untersucht die Ellen und die Waagen und die Gewichte. Es begleitet ihn ein Wachtmeister der Gendarmerie in voller Rüstung. Dadurch gibt der Staat zu erkennen, daß er mit Waffen, wenn es nötig werden sollte, die Fälscher zu strafen bedacht ist, jenem Gebot getreu, das in der Heiligen Schrift verkündet wird und dem zufolge ein Fälscher gleich ist einem Räuber.«

~

EISENSCHMIEDE gelten als die ersten eigentlichen Handwerker und übten seit der Entwicklung der Eisentechnik (»Zeitalter des Eisens«) das »Mutterhandwerk« aller anderen Eisenarbeiter aus, das als geheimnisvolle Kunst galt. Ihre »Macht über das Feuer« und vor allem der Metallzauber haben den Schmieden überall den Ruf furchtbarer Zauberer eingebracht (Mircea Eliade). In den Mythen sind die Schmiede meist hinkende, verkrüppelte, häßliche und verschlagene

Menschen, deren Schmiedefeuer mit dem höllischen Feuer der Unterwelt in Zusammenhang gebracht wurde. Die Griechen verehrten Hephaistos, den lahmen Sohn des Zeus und der Hera, als Gott des Erdfeuers und der Schmiedekunst, der nach Homer seine Werkstatt auf dem Olymp hatte, die Römer Vulcanus, und in der Edda und Thidrekssage taucht der kunstreiche Schmied Wieland auf, Sohn des Riesen Wate, der bei dem Schmied Mimir und bei Zwergen in die Lehre ging.

Die Nutzung des Eisens gelang erst nach Verwendung der sieben Metalle Kupfer, Gold, Silber, Blei, Zinn, Antimon und Quecksilber, weil es, mit Ausnahme des seltenen Meteoreisens und des noch selteneren tellurischen Eisens, nur unrein vorkommt und sein Schmelzpunkt gegenüber den anderen Metallen relativ hoch liegt. Die Eisenerze, hauptsächlich Eisen-Sauerstoff-Verbindungen, hat man früher durch das Rennverfahren unmittelbar in Schmiedeeisen umgesetzt, indem man sie auf einen Haufen glühender Holzkohlen, deren Hitze durch Hand- oder Tretbälge mit Tondüsen angefacht wurde (Rennfeuer), auftrug und damit die notwendige Trennung des Erzes vom Sauerstoff (Reduktion) und von anderen Erzbegleitern (Gangart) erreichte. Der sich sammelnde Eisenklumpen, im Mittelalter Luppe (von lupus = Wolf) genannt, wurde mit Brechstangen und Haken aus dem niedrigen Stückofen durch die geöffnete Ofenbrust gezogen oder durch die Gicht von oben herausgezogen.

Der Schmied bediente sich zur Umformung dieser faust- bis kopfgroßen Eisenklumpen in Gebrauchsgegenstände der wahrscheinlich ältesten Werkzeuge: des Hammers, des Ambosses und der Zange (Gelenk- oder Scharnierzange zum Greifen und Festhalten der glühenden Eisenteile). Als ursprünglichste Bearbeitungsweise galt das Strecken, bei dem der Schmied durch Hämmern des Werkstücks eine Ausdehnung unter Verminderung des Querschnitts erreichte. Unter Stauchen verstand man ein Verkürzen bei Verdickung, und beim Schroten wurden am Rande des Werkstücks Einschnitte eingehauen. Zur Herstellung größerer Gegenstände wurden zwei oder mehrere Eisenteile in sprühender Weißglut zusammengehämmert, was man Schweißen nannte. Erleichtert wurde die Formgebung durch die »Hörner« am Amboß

~61~

oder durch Gesenke, Hohlformen, in die das glühende Metall eingeschlagen wurde.

Das Schmieden bewirkte aber nicht nur die Verformung, sondern ließ das Eisen auch zäher und biegefester werden, aber kaum härter als gehämmerte Bronze. Um den Härtegrad des Eisens, der unter anderem vom Kohlenstoffgehalt abhängig ist, zu erhöhen, entwickelten vermutlich als erste die Hethiter und Philister (eintausendfünfhundert beziehungsweise tausend Jahre vor Christus) die Technik des Härtens durch Aufkohlen. Luppenstücke, ausgeschmiedete Stäbe oder fertige Werkstücke wie Schwerter, Pflugscharen, Speerspitzen und Steinmeißel wurden mit Holzkohle bedeckt und unter Luftabschluß mehrere Stunden oder Tage bei etwa tausend Grad Celsius geglüht. Eine weitere Verbesserung der Härte erreichte man durch das Abschrecken, wobei das auf Rot- oder Weißglut erhitzte Eisen durch kaltes Wasser, Ochsen- oder Bocksblut, Urin und später Öl rasch abgekühlt wurde. Um Härtespannungen, die zu Rissen führen konnten, abzubauen, erwärmte man das Werkstück langsam wieder, was als Anlassen bezeichnet wurde.

Auf deutschem Boden hat sich erst im Verlauf der Völkerwanderung das Wandergewerbe des Schmiedes zum festen Hausgewerbe umgebildet, das neben den Kampf- und Jagdwaffen vor allem das Ackergerät und auch Werkzeuge wie Sicheln, Äxte, Beile, Hacken, Hämmer, Schnittmesser, Bohrer, Ziehlinge, mit Eisen beschlagene Schaufeln und Spaten herstellte.

Kein anderes Handwerk erfuhr im Laufe der Zeit eine größere Spezialisierung als jenes der Eisenschmiede. Die erste Abtrennung erfolgte unter der Herrschaft Karls des Großen, in dessen Verordnung zur Bewirtschaftung seiner Güter (capitulare de villis) neben dem Eisenschmied der Schilderer oder Schildmacher aufscheint. Als nächste dürften sich die → Messer- und Klingen- sowie Sensenschmiede selbständig gemacht haben.

Man hat die sozialen Kräfte, die den verschiedenen Berufen zugrunde liegen, noch nicht genügend studiert.

HONORÉ DE BALZAC

FÄCHERMACHER stellten Fächer zur Kühlung des Gesichts und zum Schutz gegen Sonne und Insekten her. Im Mittelalter war der Fächer besonders in Spanien und Italien in Gebrauch, wo er aus einem viereckigen aufgespannten Stück Stoff, bemaltem Pergament oder Geflecht bestand, das am oberen Ende eines langen Stiels befestigt wurde (Fahnenfächer). Im 16. Jahrhundert kam er nach Frankreich und Deutschland, wo er bereits im 17. Jahrhundert durch den Faltfächer verdrängt wurde, der als Teilfächer oder Klappfächer auftrat. Der Teilfächer, eine Nachahmung des altjapanischen hölzernen Hiogi, war aus schmalen, keilförmig geschnittenen Stäben von Elfenbein, Schildpatt, Edelholz oder Perlmutter gefertigt, die sich an einem Ende um den gemeinsamen Dorn drehten und am anderen Ende durch ein durchgezogenes Seidenbändchen zusammengehalten wurden. Der Klappfächer bestand aus einem Gerüst von Stäben, über die ein besonderes Fächerblatt, meist aus Pergament, Papier, Spitze oder Seide, gelegt war, das mit Gouachemalereien und mit Stickereien verziert wurde. Sogenannte »Winterfächer« dienten weniger zur Abkühlung als zur Zierde und bestanden nur aus gleich langen und gleich breiten Stäbchen aus Knochen, Elfenbein oder feinem Holz.

~

FAHRENDE LEUTE machten von alters her die Erheiterung und Unterhaltung ihrer Mitmenschen zum Beruf und zu ihrem Geschäft und streiften ohne festen Wohnsitz von Ort zu Ort im Land umher. Im Mittelalter nannte man sie Spielleute (lat. joculatores, franz. jongleurs), später kamen so allgemeine Bezeichnungen wie Abenteurer, Gaukler und Himmelreicher (gemeint waren Puppenspieler, aber auch Jongleure, Luftspringer und Seiltänzer) auf, die sozusagen die Kerntruppe der unstet wandernden Menschen waren. Begleitet wurden sie von Akrobaten, Krämern und Quacksalbern, Hausierern und Wahrsagern, von Bettlern und vagabundierenden Studenten und Landsknechten (»Schwartenhälse«), von »fahrenden Frauen«, Landzwingern (Landfriedensbrecher) und Straßenräubern. Das grelle, ausgelassene Treiben der Fahrenden des Mittelalters entfaltete sich am eindrucksvollsten auf den Kirchweihen und Jahrmärkten der Dörfer und Städte. Sie erschienen mit tanzenden Bären, Hunden und Ziegen, Affen und Murmeltieren, liefen auf dem Seil, schlugen Purzelbäume vorwärts und rückwärts, warfen Schwerter und Messer und stürzten sich unverletzt auf deren Spitzen und Schneiden, verschlangen Feuer und zerkauten Steine, übten Taschenspielerkünste unter Mantel und Hut, mit Zauberbechern und Ketten, ließen Puppen miteinander fechten, flöteten wie die Nachtigall, schrien wie der Pfau, pfiffen wie das Reh, rangen und tanzten beim Klang der Doppelflöte, hüpften in grotesken Tiermasken umher, führten rohe theatralische Szenen auf, spielten den Betrunkenen und den Dümmling, zankten sich in komischen Streitgesprächen, parodierten weltliche und geistliche Stände und trieben zu allerart Musik ihre tollen und derben Possen.

Obgleich als Verbreiter der Dichtungen, von Neuigkeiten und Kurzweil beliebt, galten sie doch, von der kirchlichen und staatlichen Gemeinschaft ausgeschlossen, als »unehrliche Leute«. Ihre Unehrlichkeit wurde damit begründet, daß sie »Gut für Ehre nähmen und sich für Geld zu eigen gäben«, daß sie also ihr Selbst zu Erwerbszwecken preisgaben und sich damit den unfreien Knechten gleichstellten. Die Ehrlosigkeit drückte sich unter anderem durch zynische Scheinrechte aus: Wenn ihnen Unrecht geschah, durften sie nach den mittelalterlichen Rechtssammlungen Sachsenspiegel und Schwabenspiegel ihre

Rache an dem Schatten nehmen, den ihr Schädiger an die Wand warf.

Rechtlosigkeit aber erzeugte Solidarität mit anderen Verstoßenen; die Gehobeneren unter ihnen, besonders die Musikanten, schlossen sich hin und wieder zu zunftmäßigen Vereinigungen mit eigenem Recht, dem Pfeiferrecht, und besonderen Veranstaltungen, beispielsweise dem Pfeifertag zu Rappoltstein, zusammen. Es ist kein Zufall, daß die Gefangennahme und öffentliche Hinrichtung des Pfeifers Hans Böheim von Niklashausen (1476), eines Spielmanns und leidenschaftlichen Volksredners, eine jener Bewegungen gegen Ausbeutung und Unterdrückung (»Bundschuh«) hervorrief, in denen sich die Bauernkriege des 16. Jahrhunderts drohend ankündigten.

Im 14. und 15. Jahrhundert waren die Spielleute etwas günstiger gestellt, doch schritt die Reformation desto schärfer gegen sie ein. In der Mitte des 16. Jahrhunderts erreichte die Fechtkunst, von den Obrigkeiten bei Bürgern und Handwerkern gern gesehen und begünstigt, ihren Höhepunkt. So mancher brave Meister hängte sein Handwerk an den Nagel und trat als Berufsfechter der großen Schar der Fahrenden bei. Einer der letzten dürfte Hans Joachim Ohlsen gewesen sein, ein »angelobter Meister des langen Schwerts von Greifenfels«, wie er sich nannte, gebürtig aus Hamburg. Er stritt sich noch 1754, wie es hieß, mit Dilettanten um einen Dukaten, mit Waffenbrüdern aber bis aufs Blut. Die Pausen füllte er mit Pistolenschießen nach hölzernen Türkenköpfen, Pikenwerfen und Fahnenschwingen.

Im Dreißigjährigen Krieg kamen zu den »Fahrenden« noch minderrangige Alchimisten, Geisterbeschwörer und Schatzgräber. Ihre Nachfahren waren auch die Drehorgelspieler, Kunstreiter, Seiltänzer, Kraftmenschen, Wasserkünstler, Schattenspieler, Komödianten, Dresseure, Springer, Puppen- und Marionettenspieler. Als im 19. Jahrhundert die Arenen, Zirkusse, Sideshows und Varietés wie Pilze aus der Erde schossen, verließen die erfolgreichen unter ihnen die unsicheren Straßen und traten in feste Engagements ein. Andere schlossen sich der Truppe einer der unzähligen Schausteller an oder zogen allein zu den Jahrmärkten, Volksfesten und Vergnügungsparks. Entsprechend vielfältig entwickelte sich auch der Artistenberuf. In Signor Saltarinos *Artisten-Lexikon* von 1895 finden sich schon so ungewöhnliche Bezeichnungen wie Equilibrist, Kraftdame, Luftgymnastiker, Ventriloquist (Bauchredner), Saltomortale-Reiter, Voltigeur (Trapezkünstler), Kautschukdame, Tintamaresque-Spieler (Karikatur-Theater), Feuermaler, Zahn-Athlet, Messerwerfer, Mimiker, Parterre- und Batoudespringer. Und ab und zu schlich sich auch noch ein verächtlicher Ton in die Berichterstattung ein, wie zum Beispiel in der *Wiener Neuen Freien Presse* vom 21. November 1925:»Chocolate Kiddies«, schrieb der bekannte Schriftsteller und Feuilletonist Felix Salten,»Teufelskerle und Blitzmädchen – Tänzer und Akrobaten, fabelhafte Musikanten und gute Sänger, das sind Affen von erschütternder Menschlichkeit, sind farbige Menschen, die grotesk heiter und manchmal wieder rührend an unsere Verwandtschaft mit den Orangs erinnern.«

~

FALKNER (auch Falkoniere) waren Jäger, die sich bestimmter Greifvogelarten als Helfer beim Erlegen von Haar- oder Federwild bedienten und die Haltung der zur Beizjagd abgerichteten Beizvögel besorgten. Die Beizjagd blühte in Europa vom 14. bis ins 17. Jahrhundert und bildete eines der vornehmsten Vergnügen der Fürsten und Herren. Abgerichtet wurden hauptsächlich der Gerfalke, der Lanner oder Feldeggsfalke, der Sakerfalke und der Wanderfalke, aber auch der Habicht und der Sperber. Sie wurden zunächst so weit gezähmt, daß sie, an den Fängen mit schwachen Lederriemen gefesselt, mit über den Kopf gezogener Haube auf der linken, mit starkem Lederhandschuh bekleideten Faust saßen. Zur Jagd wurde der Falke dadurch abgerichtet, daß man ihn, erst an einen Faden gefesselt, später frei, auf eine Taube stoßen ließ, mit der er auf Ruf (»hilo«), durch die an eine Schnur gebundenen Flügel einer Taube (Federspiel) angelockt, auf die Faust zurückstrich.»Gebeizt« wurden Fasane, Rebhühner, Kraniche, Trappen, Gänse, Enten sowie Hasen und Kaninchen, doch vorzugsweise der Fischreiher, der deshalb auch zur hohen Jagd gehörte (Reiherbeize). Erhob sich ein Reiher, so wurde der Falke von der Kappe befreit und von der Faust geworfen. Konnte der Falke den Reiher überhöhen, so stieß er auf ihn herab und brachte ihn zu Boden.

Ein Falkner mit einem Bussard auf dem Kopf.
Photographie, 1931

»Da es für den Gerfalken nützlich ist, den Schrei des Kranichs zu
kennen, damit er sich daran gewöhnt, von ihm zu kröpfen, verfahre
man wie folgt. Bei einem Kranich muß so kunstgerecht wie möglich,
nahe am Schlund, die Luftröhre freigelegt und das Herz herausgeholt
werden; doch darf man den Vogelkörper an keiner weiteren Stelle öffnen. Und weil die Luftröhre nach dem Einschnitt herausgeholt werden
soll, ist es ratsam, von da, wo sie freigelegt wurde, die Haut der Länge
nach abwärts zu schlitzen. Dann ergreife man das Ende der Luftröhre
und blase mit aller Kraft hinein, damit Luftröhre und Lunge sich mit
Luft füllen. Um zu verhindern, daß sie wieder entweicht, klemme man
das Ende der Luftröhre mit zwei Fingern ab und nehme sie dann vom
Mund. Will man, daß der Kranich schreit, so presse man seine Seiten
zusammen, indem man zugleich die Finger, die das Ende der Luftröhre
zuhalten, lockert. Auf diese Weise wird der tote Kranich wie ein leben-
der schreien.« Diese Unterweisung stammt aus dem Buch *De arte
venandi cum avibus*, und der Verfasser, dessen Absicht es war, »in diesem Werk über die Beize die Dinge, die sind, so, wie sie sind, darzu-
stellen und dem den Rang einer Kunst zu sichern, wovon keiner bisher
Wissen besaß und das noch keiner als Kunst angesehen hat«, war vermutlich einer der geschicktesten Falkner seiner Zeit, der Staufer Friedrich II., Kaiser der Römer, deutscher König und König von Jerusalem
und Sizilien.

~

Farbenmacher (auch Farbenreiber) stellten Farbwaren her,
die zum Anstreichen, Färben und Malen gebraucht wurden. Vor allem waren es die natürlich vorkommenden Erdfarben, Hölzer, Blätter,
Blüten und Wurzeln, die zur Herstellung von Farbstoffen benutzt und
mit einer Flüssigkeit als Bindemittel angemacht wurden. Diese Flüssigkeit war entweder Wasser, Wasser mit Leim, Gummi oder ähnlichen
schleimigen Substanzen vermischt; oder sie war eine Auflösung von
Harz in Weingeist oder in einem ätherischen Öl wie Terpentinöl (Wein-
geist- oder Terpentinfirnis). Manchmal handelte es sich auch um ein
fettes Öl wie Leinöl oder Leinölfirnis. Manche Farbstoffe wurden auch
mit Milch oder Blutwasser gebunden.

Eingeteilt wurden die Farben nach Johann Joseph Prechtls *Technologischer Encyklopädie* (1830 ff.) in erdige oder Oxydfarben, in Lack- und Saftfarben. Zu den ersteren zählten vor allem Eisen- und Kupferverbindungen (Rot- und Brauneisenstein, Ocker, Malachit) und durch Eisenoxyd intensiv gefärbte Tone (Bolus, Umbra), aber auch künstliche Produkte wie Eisen-, Kupfer-, Chrom-, Kobalt-, Blei- und Zinkfarbstoffe, denen sich die Metallfarbstoffe (pulverisierte Metalle, Bronzen) anschlossen. Von den vielfältigen Farbbezeichnungen seien hier nur erwähnt Bleiweiß und Bleigelb, Chromgrün und Chromrot, Berliner Blau, Kupfergrün, Englischrot, Kasseler Braun und Frankfurter Schwarz. Lackfarben entstanden durch Niederschlag löslicher Farbstoffe mittels Fällungsmittel (Salze, Säuren, Seifen usw.) und waren in Wasser schwer löslich. Unter Saftfarben verstand man zunächst die eingedickten Absude oder Säfte von färbenden Pflanzen, die in Wasser oder Alkohol löslich waren und auf der bestrichenen Oberfläche nur eine durchsichtige Schicht (Lasur) bildeten.

Farben, die nicht wie die Saftfarben im Wasser löslich waren, also die eigentlichen Deckfarben, mußten vor ihrer Anwendung sehr fein gerieben werden. Im kleinen geschah dieses Zerreiben im trockenen Zustand in einer Reibschale aus Glas, Steingut oder Serpentin mit einem Pistill (Stößel) aus demselben Material; im feuchten Zustand auf dem Reibstein, einer harten Platte mit glatter Oberfläche, gewöhnlich aus Kalkstein, Marmor oder Porphyr, mit Hilfe des Läufers, eines kegelförmigen Steins mit einer breiten, ebenfalls glatten Grundfläche. Die Farben wurden darauf erst trocken angerieben und dann mit Zusatz von Wasser, Öl oder Ölfirnis zu einem dicken Brei vermischt. Während der Arbeit strich man die ausgebreitete Farbe mit einem Spatel aus Holz oder Horn gegen die Mitte des Steins und unter den Läufer. Die geriebenen Ölfarben waren entweder gleich zum Verbrauch bestimmt, oder sie wurden in Schweinsblasen abgefüllt. Größere Mengen von Farb- und Lackpasten stellte man im 19. Jahrhundert in den Farbmühlen mittels Trichtermühlen her, die mit einer Handkurbel an einem Schwungrad betrieben wurden.

In vielen Malerordnungen wurde darauf hingewiesen, daß die Farben von eigener Hand zuzubereiten waren, was mit allerhand Zeitaufwand verbunden war. Deshalb beschäftigten die Malermeister für diese Tätigkeit oft eigene Farbenreiber.

~

FÄRBER übten die Kunst aus, Garnen und Geweben (Wolle, Baumwolle, Leinen, Seide) eine bestimmte Färbung der ganzen Substanz zu geben (im Gegensatz zur Färbung nur der Oberfläche, womit sich die Zeug- und → Kattundrucker beschäftigten). Die Färberei, die sich im Anschluß an die Körperbemalung entwickelt haben dürfte, bediente sich ursprünglich ausschließlich natürlicher Farbstoffe, die aus Wurzeln, Blüten, Kräutern und Blättern, Früchten und Samen, Hölzern und Rinden, Mineralien und tierischen Produkten gewonnen wurden. Um 1200 war eine Blütezeit der Färbekunst am Mittelmeer, besonders in Italien, die sich von dort über ganz Europa ausbreitete. Die berühmte Florentiner Calimala-Zunft der Großhändler und Tuchmacher erwarb Rohtuche in Flandern, um sie am Arno färben zu lassen. Mit»Petrus tintore«ist dort erstmals ein berufsmäßig tätiger Färber bekannt geworden. Aber auch die Flamen waren tüchtige Färber, die für die Verbreitung des Handwerks sorgten, und bereits 1208 werden flämische Färber, sogenannte Fläminger, in Wien erwähnt. Nach der Entdeckung Amerikas bekam die europäische Färberei durch Farbhölzer (Pernambuk, Brasilholz, Blau- und Gelbholz) neuen Auftrieb.

Zünftige Zusammenschlüsse der Färber sind seit dem 14. Jahrhundert bekannt, allerdings blieb das Färben vielfach mit der Tuchmacherei eng verbunden und löste sich nur langsam aus der Weberei heraus. Als erstes selbständiges Gewerbe – allerdings noch von den Leinenwebern abhängig – etablierten sich die Schwarzfärber (beispielsweise 1259 in Regensburg), die zunächst nur Leinwand, sogenannte Grautuche und Loden färbten. Um dauerhafte schwarze Farben zu erhalten, kochten sie Eisensalze, Eisenoxyde oder Eisenfeilspäne (»Schliff«) mit Gerbsäuren in Wasser, später bestand die»Flotte« (Färbebrühe) aus Galläpfeln, Rauschbeeren, Schmack (Sumach) oder Knoppern.

Mit der ganzen zur Verfügung stehenden Farbpalette machten sich die Schönfärber ans Werk. Zu den wichtigsten Farben gehörte das

Blau des Färberwaids (eine zu den Kreuzblütlern gehörende Pflanze) und das Rot aus den gepulverten Wurzeln des Krapps (Färberröte). Waid wurde vor allem am Rhein und in Thüringen angebaut. Die gestielten, pfeilförmigen Blätter zerquetschte man in Waidmühlen, trocknete sie und brachte sie, als Pulver in Fässer verpackt, in den Handel. Waidmesser und Menger maßen und mischten den Waid dann im Waidhaus, bevor ihn die Waidgießer weiterbehandelten. Noch heute finden sich in Thüringer Ortschaften sogenannte Waidsteine oder Quetschräder, und in der Gemeinde Pferdingsleben (Kreis Gotha), wo noch bis 1912 Waid angepflanzt wurde, ist die letzte Waidmühle erhalten geblieben. Der Waid wurde ab Mitte des 16. Jahrhunderts allmählich vom eingeführten Indigo verdrängt, der zunächst als »Teufelsfarbe« in üblem Ruf stand und dessen Anwendung eine Zeitlang bei Strafe (in Sachsen sogar bei Todesstrafe) verboten war. Er wurde in kristallisierter Form von den Färbereien eingekauft und dort zerkleinert und feingerieben (in größeren Färbereien von ungelernten Farbreibern im Tagelohn). Neben der bereits erwähnten Färberröte Krapp gewann man rote Farbstoffe aus tropischen Rothölzern (Pernambuk, Brasilholz), aus der getrockneten Körperflüssigkeit der Cochenillelaus oder aus »Drachenblut« (das Harz eines palmenartigen Baums). Gelb wurde mit Wau gefärbt, einem Kraut, das man auch Färberresede, Gelbkraut oder Romantisches Kraut nannte, oder mit der Querzitronrinde, mit Gelb- und Fisethölzern, wildem Safran oder Gelbbeeren.

Ein weiterer Berufszweig waren die Seidenfärber, die für gewöhnlich außerhalb der Zünfte standen und sich nur in einzelnen Zentren der Seidenweberei zu einem wirklich großen Handwerk entwickelten. Die Seide wurde vor dem Verweben gefärbt und erforderte mehr Vorbereitung (wie das Entbasten oder Degummieren) als beispielsweise Wolle. Auch wurde Seide nach dem Färben in der Regel durch ein Schlußbad mit Öl und Säure geschönt (aviviert). Die üblichen Farbstoffe wurden noch ergänzt durch den Saflor (der gelbe Farbstoff der Färberdistel), den Orlean (orangegelber Farbstoff) und die Orseille (roter Farbstoff aus verschiedenen Flechten).

Die Werkstätten der Färber, die immer an fließendem Wasser lagen, benötigten für ihre Arbeit (Waschen, Beizen, Spülen, Färben) zwar stets reines, weiches und klares Wasser, doch aus ihren Kesseln ergoß sich eine trübe, stinkende Brühe (»Waidmost«) und verschmutzte zum Leidwesen der Anwohner die Gewässer. Bezeichnungen wie Blauhandgasse (Frankfurt am Main) oder Blaubach (Köln) weisen auf dieses Problem hin. Über die Umstände, unter denen die Färber arbeiten mußten, berichtete der italienische Arzt Bernardino Ramazzini (1633-1714), daß die Atmosphäre heiß und feucht war und daß, »wenn man in dem Augenblick, wo die Farbkessel in Tätigkeit sind, in die Stube tritt, aus der geöffneten Türe ein solcher Qualm dringt, daß man kaum hindurch sehen kann. Jeder Gegenstand, den dieser widerwärtige Dunst berührt, wird von demselben gefärbt; er besteht 1) aus dem Rauch der Öfen; 2) aus den Wasserteilchen, die als Dunst aus den Kesseln emporsteigen; 3) aus den verschiedenen Salzen und Beizen, welche beim Färben angewandt werden; 4) aus den Teilchen, die sich von den vegetabilischen oder animalischen Farbstoffen absetzen. Die Färber müssen außerdem noch ihre Stoffe in fließendem Wasser waschen, wodurch sie leicht Rheumatismen, Katarrhe, Asthma und Brustwassersucht bekommen. Die Färber, welche in Paris am Fluß Bièvre arbeiten, leiden oft an Wechselfiebern; viele von ihnen bekommen die Schwindsucht. Infolge der Bleipräparate, welche man zu manchen Farben gebraucht, werden die Färber zuweilen von der Metallkolik befallen.«

Im 19. Jahrhundert erfuhr die handwerkliche Färberei vor allem durch die Entdeckung der Teerfarbstoffe (Anilinfarben) im Jahr 1859 einen gewaltigen Umbruch, denn nun konnte jede Farbnuance erreicht werden, und als substantive Farben verbanden sie sich unmittelbar mit der Faser, was die zur Fixierung erforderliche Beize ersparte. Der Färbeprozeß reduzierte sich auf das Waschen und das Bad in der »Flotte«, und die alten Farbstoffe verloren an Bedeutung.

Ein sicherlich ungewöhnlicher Färbermeister war Aloys Zötl aus Freistadt in Oberösterreich. In seiner spärlichen Freizeit aquarellierte er Reptilien, Vögel, Fische, Muscheln, Insekten und Säugetiere vor imaginären Landschaften, gab den Bildern Namen wie »Der große Makak«, »Die gestreifte Hyäne« oder »Exotische Muscheln« und versah sie mit genauem Datum. Als er 1887 starb, umfaßte sein phantastisches Werk schätzungsweise zweihundertsiebenundfünfzig Arbeiten, die sich heute alle im Besitz privater Sammler – unter ihnen Pierre Balmain und Alix de Rothschild – befinden. 1955 und 1956 fanden im Hôtel Drouot in Paris zwei Auktionen statt, bei denen vermutlich die letzten von Zötls Aquarellen versteigert wurden. Der Versteigerungskatalog überraschte mit einem Text von André Breton:»Da uns überhaupt kein biographisches Detail bekannt ist, können wir uns nur mit unserer Phantasie ausmalen, was den Färbermeister aus Oberösterreich antrieb, in den Jahren 1832 bis 1887 mit so großem Eifer das prächtigste Bestiarium zu schaffen, das es jemals gab: Als ob das professionell in der subtilsten Selektion der Farben und Töne geübte Auge Zötls mit einem geistigen Prisma ausgestattet gewesen wäre, das wie ein visionäres Instrument arbeitete und ihm wie in einer Kettenreaktion das Tierreich bis zu seiner entferntesten (verborgensten) Spezies enthüllte, das ja bekanntlich eine rätselhafte Existenz in uns allen weiterführt und eine entscheidende Rolle im unbewußten Symbolismus spielt.«

~

FASSZIEHER (auch Gropper) sind schon früh in den Orten an der Donau und ihrer Nebenflüsse zu finden. Sie hatten die angelieferten Weinfässer, aber auch solche, in denen andere Waren verpackt waren, aus den Schiffen herauszuziehen oder auf sie zu verladen. In der Aschacher Ordnung »der vaszieher« vom Jahre 1512 heißt es ausdrücklich:»zu ziehen wein oder pier und anders«. Zum Beispiel wurden Sensen, Sicheln, Schleifsteine, Unschlitt, Leder und Ochsenhörner in Fässern verpackt. In Wien, wo es auf dem Spittelberg ein inzwischen abgerissenes Faßzieherhaus gab, das als Herberge diente, erinnert ein Gassenname an dieses einst wichtige Gewerbe.

~

FEDERSCHMÜCKER (auch Federputzer, Federputzmacher) bedienten sich der Federn vieler Vögel, teils wegen der Größe und zierlichen Form, teils wegen der auffallenden Färbung, und stellten Accessoires zur Verschönerung her.

Die Faßzieher. Lithographie, 1818–1820

Schmuckfedern für künstliche Blumen (Federblumen) lieferten Kolibris und Papageien, aber auch gefärbte Hühner- und Truthahnfedern wurden dafür verwendet. Von Paradiesvögeln stammten die langen, vom Hinterleib weit über den Schwanz hinausreichenden Federn, die als Damenkopfputz getragen wurden und zu den kostbarsten zählten. An größeren Sorten wurden verarbeitet: die Schwanz- und Flügelfedern vom afrikanischen Strauß, dessen reinweiße und sattschwarze Federn am wertvollsten waren. Der südamerikanische Strauß (Nandu) lieferte graue und braune Federn; sie dienten meist zu Fliegenwedeln oder Sonnenschirmen. Marabufedern sind die Schwanzfedern verschiedener tropischer Storcharten, sie sind kurz, blendendweiß oder grau, fein zerschlissen, flaumartig weich und zart und waren gleichfalls sehr kostbar. Schwarze und weiße Reiherfedern wurden zu erlesenen Federbüschen zusammengefaßt, und Geierfedern (Vulturfedern), aus dem Federkragen am Hals, benutzte man sowohl roh als auch gefärbt. Ferner verwendete man Rabenfedern, Fasanfedern, die Federn des Kranichs, des Schwans und der Gans.

Vor der Verwendung wurden die Federn gereinigt und entfettet, die von Natur aus weißen oft noch gebleicht, mit Gummiwasser oder Eiweiß bestrichen und dressiert. Zum Schluß wurden die Federn gekräuselt, indem man die Fahnen zwischen dem Daumen und einem stumpfen Messer durchzog.

In den Werkstätten der Federputzer(innen) entstanden, vielfach von modischen Strömungen beeinflußt, neben dem Hutschmuck und dem zarten Besatz für Damen- und Kinderkleidung, Federbüsche (für Uniformen), Federschals (Boas), Federgirlanden, Federquasten, Federblumen und Federpelzwerk (aus dem Balg einiger Wasservögel). Die Federstickerei aus den harten weißen Rücken der Schäfte von Pfauenfedern wurde besonders in Salzburg und Tirol als Verzierung der breiten ledernen Gürtel getragen. Eine eher seltene Arbeit war das Federmosaik, recht gerne mit Vogeldarstellungen, bei dem verschiedenfarbige Federn auf Papier geklebt wurden.

~

FEDERSCHNEIDER (auch Kielfedernschneider, Posenschaber) verfertigten aus den Schwanz- und Flügelfedern der Gänse Schreibfedern, die seit dem 13. bis tief ins 19. Jahrhundert das gewöhnliche Schreibmittel waren. Man verwendete besonders die fünf äußeren Schwungfedern jedes Flügels (von denen die zweite und dritte – Schlachtposen – die besten waren), die den Tieren zur Mauserzeit (im Mai oder Juni) von selbst ausfielen oder ausgerissen wurden. Die rohen Gänsekiele wurden nach Länge, Dicke und Härte sortiert, gereinigt, und die Fahne (Bart) wurde fassoniert. Anschließend erhitzte man die Kiele in heißer Asche oder Sand und schabte mit einer Messingklinge die Haut ab. Gewöhnlich wurden die Schreibfedern ungeschnitten verkauft, und jeder Schreibende konnte sie nach seinen Bedürfnissen zuspitzen und aufspalten. Eine andere Art der Verwendung bestand darin, die Gänsekiele in Stücke zu schneiden und aus jedem einen Federschnabel zu fertigen, der auf einen Griffel (Federhalter) aufgesteckt wurde.

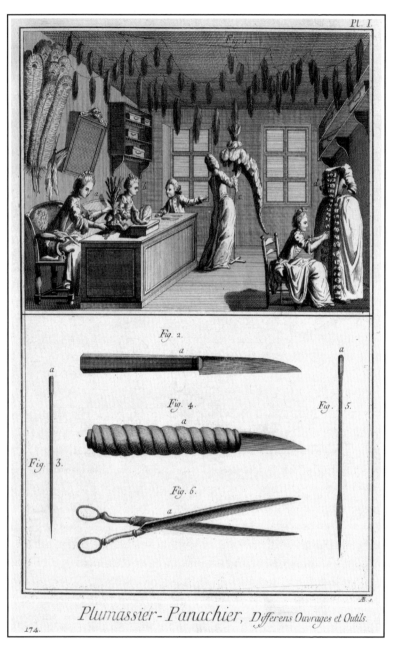

Federschmücker (Plumassier – Panachier). Kupferstich, 1771

Die Vogelkielfedern wurden allmählich von den stählernen Schreibfedern verdrängt, die gleichmäßiger schrieben und sich nicht abnutzten. Der Erfinder des Steindrucks (→ Lithographen), Alois Senefelder, kam gegen Ende des 18. Jahrhunderts in München auf die Idee, Metallfedern aus Taschenuhrfedern zurechtzuschneiden. Die englischen Fabrikanten von Uhrfedern und Krinolinreifen gestalteten nach Senefelders Vorbild die ersten Stahlschreibfedern.

~

FELDSCHERE nannte man nachweisbar seit dem 16. Jahrhundert Chirurgengesellen, die dem Heer zugeteilt und für die wundärztliche Versorgung zuständig waren. Entweder wurden sie während ihrer Gesellenzeit zum Militärdienst ausgehoben, oder sie meldeten sich freiwillig, denn der Krieg galt als »die hohe Schule der Chirurgie«. Ihren Befugnissen waren für gewöhnlich weniger Beschränkungen auferlegt als den zivilen Wundärzten, weil Notfälle im Feld ja nicht die Ausnahme, sondern die Regel darstellten. »Wir wollen alle diese vorsorglichen Anstalten loben«, sagte eines Abends der Hauptmann; »nun geht uns aber das Notwendigste noch ab, ein tüchtiger Mann, der das alles zu handhaben weiß. Ich kann hiezu einen mir bekannten Feldchirurgen vorschlagen, der jetzt um leidliche Bedingungen zu haben ist, ein vorzüglicher Mann in seinem Fache, und der mir auch in Behandlung heftiger innerer Übel öfters mehr Genüge getan hat als ein berühmter Arzt.« (Goethe, *Die Wahlverwandtschaften*). Übrigens war Friedrich von Schillers Vater Johann Kaspar Schiller auch ein Feldscher, der unter Herzog Karl Eugen diente.

Ein anderer, des »Großen Kurfürsten Feldscher«, war Meister Johann Dietz, geboren am 18. Dezember 1665 in Halle an der Saale, der – siebzigjährig – niederschrieb, »was er als preußischer Feldscher in Ungarn wider die Türken, als Schiffsarzt mit holländischen Walfischfängern am Nordpol, auf Reisen in deutschen Landen als Barbier und Chirurg mit Räubern und Jungfern, Soldaten und Gespenstern, endlich daheim mit zweien Ehefrauen erfahren, und also auf dieser Welt insgesamt hat leiden müssen«.

Als »junger Mensch« war Dietz »sehr glücklich im Kurieren« und wurde öfter zu Kranken geholt, »wann niemand helfen konnte. Sonderlich fiel damals die ungarische Haupt-Krankheit [ein Fieber, begleitet von heftigen Kopf- und Magenschmerzen] ein, da die Herrn Doctores die Aderlaß verordneten und dann Wein und Trinken verboten. Ich aber ließ keinen zur Ader, ließ ein Gläschen guten Wein trinken, brauchte confortantia [stärkende Arznei] und alexipharmaca [Gegengifte]. Meine Patienten wurden besser. Die andern starben weg.«

Jahre später, der Große Türkenkrieg war 1683 ausgebrochen, machte Johann Dietz als Feldscher in einem Artillerie-Regiment der Brandenburger den Marsch nach Ungarn und die Belagerung der Hauptstadt, die damals Ofen hieß, mit. Es war Juni 1686, als Dietz in den Approschenzügen (Annäherungsgräben) bei einer Attacke gegen die Wasserstadt, einen an der Donau liegenden Vorort der Festung Ofen, seine ersten Kriegserfahrungen machte. »Mein Gott, was war da für ein Geschrei und Lamentieren von den Blessierten von allerhand Nationen. Etlichen waren die Arme, Beine weg, etlichen die Köpfe entzwei, die untern Kinn weg, daß die Zunge da hing. Wann sie so mir, auf den Zeltstangen entgegen getragen wurden und schrieen erbärmlich: ›Ach, mach mich tot! Stech mich tot!‹, da dacht ich: ›Daß Gott erbarme, gehet's hier so zu? Wärest du davongeblieben, wie dich dein Vater gewarnet hat.‹« Auch die Türken »fielen wie die Fliegen […] und wurde auch keiner bei dem Leben gelassen, sondern alle massakriert und meist die Haut abgezogen, das Fett ausgebraten und die membra virilia abgeschnitten und große Säcke voll gedörret und aufbehalten. Als woraus die allerkostbareste mumia gemacht wird. Sie wurden auch meistens aufgeschnitten und die Eingeweide durchsuchet, ob etwa, wie ehemals, Dukaten verschlucket gefunden würden.«

Der Feldscher und Hofbarbier Johann Dietz zeugte noch einundsiebzigjährig eine Tochter, Tabea Friederika, und starb ein Jahr darauf. Das Manuskript seiner indiskreten Lebenserinnerungen landete schließlich, ziemlich ramponiert schon, in der Königlichen Bibliothek zu Berlin, wo es die Signatur – Nic. 229.40 – erhielt.

~

FISCHBEINREISSER verarbeiteten die Hornplatten des grönländischen Bartenwales (Balaena mysticetus), Barten genannt, die sich durch hohe Elastizität und fast unvergleichliche Teilbarkeit in der Längsrichtung auszeichneten. Die von Speck und Hautteilen gereinigten und gespaltenen Barten wurden im heißen Wasser erweicht, in die Werkbank gespannt und mit eigenen hobelartigen Messern zu verschiedenen Nutzstücken zersplissen: zu Streben für Sonnen- und Regenschirme, zu flachen Streifen zum Steifen von Miedern, zu dünnen Ruten zum Einlegen in Damenhüte, zu Stöcken, Reitpeitschen, feiner Korbware und Galanterieartikeln. Die Schabspäne, also jene bei der Zurichtung abfallenden Fasern, wurden wie Roßhaar als Polsterungsmaterial verwendet. Enorme Mengen Fischbein verschwanden in der Zeit des Rokoko in den mächtigen Reifröcken und panzerartigen Schnürbrüsten der Damen.

~

FLAMMENRUSSBRENNER arbeiteten für gewöhnlich mit den → Pechsiedern und Teerschwelern gemeinsam in einer Hütte und gewannen aus harzreichen Nadelhölzern, aus Harz, Holzteer oder Pechkriefen (Rückstand aus der Teerschwelerei) Kienruß, der als schwarzer Farbstoff für Buch-, Stein- und Kupferdruckfarben, Schuhwichse und für Leimfarben benützt wurde. In einem eigenen Ofen wurde das Brennmaterial bei ganz schwachem Luftzutritt schwelend verbrannt, wodurch ein dicker, qualmender Rauch (Schmauch) entstand, der durch einen langen Abzug in die Rußkammer geleitet wurde. Diese war mit einer kegelförmigen Haube aus Leinen- oder Wollstoff bedeckt, an der sich der Ruß absetzte. Der beste und feinste allerdings war der Lampenruß (Lampenschwarz), der aus der sogenannten Rußlampe kam, in der mit Hilfe eines dicken Baumwolldochtes fette Öle, Fischtran, Schweinefett, Kampfer, Pech-, Terpentin- und Steinkohlenteeröl bei mäßiger Luftzufuhr verbrannt wurden. »Chinesische« Tusche beispielsweise wurde aus Lampenruß hergestellt, den man mit Pergament- oder Hausenblasenleim (aus der Schwimmblase des Hausens und anderer Störarten) als Bindemittel versetzte und mit Moschus parfümierte.

In Deutschland brannte man besonders in Thüringen und im Harz große Mengen Ruß, die auch für den Export nach England und den Niederlanden bestimmt waren. Verpackt wurde Ruß in Fäßchen, von denen die größeren zweieinhalb Lot (etwa vierzig Dekagramm), die kleineren nur drei Quentchen (etwa vier Dekagramm) faßten, oder auch in winzigen Bütten mit nur einem halben Quentchen.

~

FLÖSSER (auch Flößler, Fluderer) führten ungeschnittenes Langholz und Schnittholz (Halbbäume, Kanthölzer, Bretterholz), das mit »Wieden« (aus gedrehten jungen Tannenstämmchen, aus Birken, Weiden, Buchen, Eichen oder Haselstauden), hölzernen Nägeln und Keilen und mit quer über das Holz gelegten Wegspangen zu einem Floß (Gestör) eingebunden wurde, stromabwärts dem Bestimmungsort zu. Man unterschied nach den Bestandteilen Baum-, Ploch-, Laden-, Stekken-, Ensbaum-, Bruckstreu-, Scharbaum- und Dillflöße, nach der Ladung Scheiter-, Kohl-, Stein- und Eisenflöße und nach ihrem Zweck Sag-, Hof- und Soldatenflöße. Mit Flößen konnten viele Flüsse befahren werden, die für die Ruderschiffahrt unpassierbar waren, allerdings war die Steuerung durch ihre Schwerfälligkeit äußerst schwierig. Gelenkt wurden die Flöße gewöhnlich durch Ruder, die vorn und hinten angebracht waren. Die Bremsung erfolgte mit »Sperren«, das waren Stämme, die man durch Öffnungen im Floß auf den Flußboden stoßen konnte. Bei einem der vorderen Ruder stand der Nauführer, bei einem der hinteren der Stoirer, unterstützt meistens durch Flößer im Rang von Knechten. Flößer und Schiffmann waren im allgemeinen getrennte Berufe, doch fuhren an jenen Flüssen, an denen Schiffahrt und Flößerei nebeneinander bestanden, → Schiffleute mitunter auch als Flößer und umgekehrt.

Die Bauart der Flöße, die Größe einer Floßtafel (Gestör, Gestöß oder Kahr) und wie viele Floßtafeln zu einem Floßtrain (Fuhr) zusammengehängt werden konnten, wurde beeinflußt durch die terrestrische Beschaffenheit des Flußlaufes, durch die Wehre und die Schiffahrtshindernisse, wie beispielsweise der Traunfall oder Stromschnellen. Eine Floßtafel konnte drei bis zehn Meter breit und fünfzehn bis fünfund-

Flößer auf dem Main. Photographie, 1938

zwanzig Meter lang sein. Die maximale Länge eines Floßtrains war etwa sechzig Meter, mit Ausnahme jener auf der Ybbs, die weit länger waren. »Eine wahre Riesenschlange«, schrieb der Kooperator Josef Zeiger aus Waidhofen an der Ybbs am 2. März 1866 im *Südtiroler Volksboten*, »wälzte sich über den Ybbsfluß, zwar langsam, aber sicheren

Ganges aus den Schluchten des Ötschergebirges kommend, hier herab. Es war ein Floß von 32 Baumlängen oder einzeln zusammenhängenden Flößen mit über 600 Stämmen, darunter einzelne wahre Musterstämme. Diese Riesenschlange bewältigten nur 11 Mann; Männer, die beim Wasser aufgewachsen sind und jede Welle kennen. Die Flößer sind mit Stangen bewaffnet, die mit einem eisernen Widerhaken versehen sind. [...] Alle Herzen schlugen dem Augenblick entgegen, in welchem die Flöße im Angesichte Waidhofens, über die große Wehre gehen würden. Man konnte ein gewisses Gefühl des Grauens und der Bangigkeit nicht unterdrücken. [...] Doch man sah bald, wie leicht solchen Wassermännern auch diese Kunst ankomme. Als der Kopf des Floßes eine schiefe Richtung nach abwärts nahm, stemmte sich der erste Steuermann nach vorne fest an, stieg auf das Steuerruder, so daß es hoch in der Luft schwebte und unten nicht verletzt werden konnte und hielt sich mit der anderen Hand rückwärts an einer befestigten Stange, und so fuhr er stehend in die tiefen Fluten hinab, ohne daß ihm das Wasser über die Knöchel kam.«

Die Zahl der auf einem Floß oder Floßtrain beschäftigten Flößer schwankte zwischen zwei und zwanzig. Nach der Ennser Flößereiordnung von 1889 genügten bei niedrigem Wasserstand bis zu einer Floßlänge von sechsundzwanzig Metern zwei Flößer. Die Flößer trugen an den Stiefeln Steigeisen, um auf den durch ständiges Spritzwasser schlüpfrigen Holzstämmen nicht auszurutschen. Der Tod durch Ertrinken war ein gar nicht seltener Arbeitsunfall. Auf der Brücke über den Lech in Lechbruck erinnert ein steinernes Denkmal an die »Flußhelden« mit der Inschrift: »Dem Gedächtnis der alten Lechflößer und ihrer Meister: Enzensberger, Fichtel, Heißerer, Keller, Knappich, Petz, Weinmüller«.

~

FRATSCHLERINNEN (auch Fratschler- und Bolettenweiber, Hökerinnen) nannte man die Marktfrauen auf Plätzen und Straßen in Wien, wo sie Gemüse, Obst, Kräuter, Milch, Eier und Geflügel mit scharfem und reizbarem Mundwerk feilboten. Das Wort hängt mit »fratscheln« zusammen, was abfragen, ausholen bedeutet. Man charakterisierte sie als »frech, unverschämt, zudringlich, betrügerisch, grob und lästersüchtig«, und da sie den Zwischenhandel vermittelten, verursachten sie öfters empfindliche Teuerungen. »Kaum tritt ein Landmann mit Obst, mit Gemüse usw. in die Stadt«, empörte sich Johann Pezzl in seiner *Skizze von Wien* (die in sechs Heften zwischen 1786 und 1790 in der Kraußschen Buchhandlung erschien), »und macht Miene, es selbst zu verkaufen, so umringt ihn dieses Weibergepack, neckt ihn, schimpft ihn, verlästert seine Ware und läßt nicht nach, bis es ihn dahin gebracht hat, aus Verdruß dieselbe an die Ständelfurien abzugeben. Diese nehmen es ihm um kleine erpreßte Preise ab und verkaufen es der Stadt um gedoppelt hohes Geld.«

~

FUTTERALMACHER verfertigten Behältnisse für Brillen, Bücher, Geschmeide, Toilettenartikel, Bestecke, Reißzeuge, chirurgische und optische Instrumente, ferner Brieftaschen, Portefeuilles, Mappen, Taschenetuis, Pappkästchen und dergleichen. Die hauptsächlich verwendeten Materialien waren Pappe und Holz, wobei zum Ausfüttern und Beziehen Leder, Pergament, Papier, Seide und Samt verwendet wurden. Wenn Verzierungen an den Futteralarbeiten vorgesehen waren, so bediente man sich metallener Beschläge (als Einfassungsleisten, Eckstücke, Schilder, Scharnierbänder), schmaler Bänder oder Schnüre, Borten aus gepreßtem Papier, der Vergoldung und Färbung. Zuletzt glättete oder polierte man das Äußere und, falls nötig, das Futter mittels des Glättkolbens. Manche Arbeiten wurden auch gefirnißt oder lackiert.

Jede Großstadt birgt merkwürdige Existenzen, von denen eigentlich niemand weiß, wie sie sich fortringen können. Jeder weiß, daß die Bissen schmal sind, die diese Menschen auf dem Tisch der Großstadt finden, manch Einer empfindet auch Mitleid mit ihnen, aber nur sehr Wenigen fällt es ein, hie und da noch einen Schritt weiterzugehen und die soziale Lage dieser Menschen zu erforschen.

Max Winter

Gassenkehrer und Bachfeger wurden wegen ihrer schmutzigen und niedrigen Dienstleistung mißachtet, ja sie galten sogar wie die → Abdecker als anrüchig, weil sie nicht nur den Unrat, sondern gelegentlich auch die Kadaver von Hunden, Katzen oder anderem Kleinvieh fortschaffen mußten. Anrüchig im physischen Sinn war auch ihr Umgang mit den Fäkalien. Kloakenentleerer, Abtritt- und Heimlichkeitsfeger (in Nürnberg nannte man sie »Pappenheimer«) mußten die »sprachuser furben«, das hieß die Abtritte leeren. In Thüringen hießen noch im 19. Jahrhundert die Kloaken- und Abwässerkanalreiniger »Schundmummel«. Mummel bedeutet (nach H. Güntert) Maske, Larve, Kobold, Dämon, und offenbar verwandelten sich die Unratbeseitiger in der Phantasie der Bevölkerung zu dämonischen Wesen. Der deutsche Volksglaube kannte geisterhafte Wesen, die in Staub und Schmutz des Hauses spukten. Schreckensnachrichten von Unfällen der Kloakenreiniger machten die Runde. Sie wären an den fauligen

Straßenkehrer. Photographie, um 1910

Dämpfen erstickt oder aus Unachtsamkeit in die Grube gerutscht und im Dreck ertrunken. Die vom Ekel und von den Exkrementen zweifellos ausgehende Faszination hat wahrscheinlich Beaumarchais, Nougaret und Marchand animiert, die »Kumpane des Gestanks« auf die Bühne zu bringen.

Auch Arme, Gebrechliche, Herumtreiber und Zuchthäusler wurden mancherorts verpflichtet, die Flut von Abfällen und Exkrementen sowie den Schlick aus Abzugsgräben und Senkgruben zu entfernen. 1780 berichtete der französische Gelehrte Antoine Laurent Lavoisier voller Bewunderung, Bern sei die sauberste Stadt, die er je gesehen habe. An die Deichseln angekettete Gefangene »ziehen jeden Morgen große, vierrädrige Wagen durch die Straßen […]; weibliche Sträflinge sind mit längeren und leichteren Ketten an die Wagen angebunden […], teils um die Straßen zu fegen, teils um den Unrat aufzuladen.«

~

GLASMACHER galten als wanderlustiges, unstetes Volk, deren Handwerk Goethe anläßlich eines Glashüttenbesuchs (etwa um 1770) als »eine der wichtigsten und wunderbarsten Werkthätigkeiten des menschlichen Kunstgeschickes« lobte. Doch das Leben der Glasmacher(gesellen) war hart und die Lebenserwartung im allgemeinen gering. Die extreme Hitze am Ofen, der häufige Temperaturwechsel, die Überanstrengung der Lunge, der übermäßige Biergenuß und das zum Aufputschen übliche Arsenikschnupfen hatten üble Auswirkungen auf die Gesundheit der Arbeiter. In einer Topographie von 1810 (Waldviertel) werden sie »wegen des beständigen Feuers« als »mager und fast zu sagen ausgezehrt und im Alter mit Blindheit befallen« dargestellt. Wurden sie krank oder arbeitsunfähig, waren sie der Gnade (Gnadenbrot) der Hüttenmeister oder Grundherrschaft ausgeliefert, denn eine soziale Absicherung gab es nicht. Auch ihre überlieferte Wanderlust hatte vermutlich wenig mit Lust zu tun, sondern war vielmehr eine ständige Suche nach Arbeit oder besseren Löhnen. Auf ihren Wanderungen legten sie oft weite Strecken zurück, manchmal sogar durch mehrere Länder, beispielsweise durch Bayern, Böhmen und Österreich.

Der enorme Brennholzbedarf verschlang die Wälder im Umkreis der Glashütten, die immer tiefer in den Wald verlegt wurden. Die Schließung eines Betriebes hatte oft bedrohliche Auswirkungen auf die Existenz der Hüttenleute und ihrer Familien, die sie nur durch Nebenbeschäftigungen wie Schindel- und Rechenmachen und die Anfertigung von Weinstecken lindern konnten oder wenn sie sich saisonweise in der Landwirtschaft verdingten. Sie heirateten meist untereinander, hatten verhältnismäßig viele Kinder und kaum Kontakt zur bäuerlichen Bevölkerung.

Der Lohn der Glasmacher – meistens wurden sie im Stücklohn bezahlt – war im Vergleich zu dem der anderen Hüttenarbeiter relativ hoch, doch mußten sie davon ihre Helfer, wie den Aufbläser und den Eintragbuben, bezahlen. Es war üblich, daß ihnen wöchentlich oder monatlich nur Kostgeld ausbezahlt wurde, die Lohnabrechnung aber erst nach einer »Hitzereise«, die bis achtundvierzig Wochen dauern konnte, erfolgte. In dieser Zeit wurden alle Einkäufe und vor allem das Bier von der Betriebskasse kreditiert, auf dem Kerbholz (Rabisch) markiert und bei der Lohnabrechnung in Abzug gebracht. Da die Ausgaben häufig höher waren als der Verdienst, blieben Schulden zurück. Die Glasmacher hatten also kaum bares Geld in der Hand und trachteten daher danach, eigene kleine Landwirtschaften (Krautacker, Graserei, mindestens eine Kuh) zu unterhalten. Gingen die Geschäfte schlecht, konnte die Hütte den Lohn sogar mit Glas abgelten. Rund ein Drittel des Verdienstes wurde für Bier ausgegeben, der tägliche Konsum bewegte sich zwischen drei und zwölf Litern pro Kopf; ein einträgliches Nebengeschäft für die herrschaftseigenen Brauereien. Die wahrscheinlich einzigen Privilegien der Glasmacher waren die Befreiung von Robot, Soldateneinquartierung und vom Kriegsdienst, dafür gelang nur wenigen der Aufstieg vom Lohnarbeiter zum Unternehmer, also zum selbständigen Hüttenmeister.

Venedig (Murano) war bis zum Ende des 17. Jahrhunderts der Hauptort der Glasindustrie, vor allem für Luxusglas (im Unterschied zum Waldglas). Sein cristallo war so berühmt, daß Werkstätten in ganz Europa die venezianische Art nachzuahmen bemüht waren, und seine Glasmacher trugen im frühen Mittelalter wesentlich zum Aufbau der

Glasindustrie nördlich der Alpen bei. Die Ausbreitung der Städte und die rasant steigende Nachfrage nach Hohl- und Fensterglas führten dazu, daß seit dem 13. Jahrhundert in allen großen Waldgebieten Mitteleuropas Glashütten errichtet wurden. Voraussetzungen für die Wahl eines Standortes waren neben der gesicherten Versorgung mit Holz für die Feuerung der Öfen und die Gewinnung der Pottasche das Vorhandensein der erforderlichen Rohstoffe wie Quarz und Kies, Kalk und Ton, die Versorgung mit fließendem Wasser als Energiequelle für den Kiespocher und eine günstige Verkehrslage.

Die Glashüttengebäude der frühen Neuzeit waren in der Art großer Holzstadel auf steinernen Grundmauern mit Öffnungen im Satteldach zum Abzug der Ofenabgase gebaut. Häufig gab es drei Öfen: einen »Werkofen« für die Erzeugung von Hohlglas, einen »Streck- oder Tafelofen« für die Flachglasproduktion sowie einen Kühlofen (Temperofen) für das langsame Abkühlen der Gläser, der meist auch zum Kalzinieren der Pottasche und des Quarzsandes und zum Trocknen der Holzscheiter verwendet wurde. Rund um die Glashütte lagen das Glasmeisterhaus, die Wirtschaftsgebäude wie das Glasmagazin zur Lagerung der fertigen Glaswaren, die Materialkammer, der Meierhof, die Wagenschuppen, Ställe und Bierkeller sowie die Häuser beziehungsweise Holzhütten der Glasmacher, Schürer, Aschenbrenner, Glasveredler, Holzhacker, Fuhrleute und Tagwerker und die wasserbetriebene Pochmühle.

Die Belegschaft einer Glashütte bestand neben dem Hüttenmeister, als Besitzer oder Pächter, aus den Glasmachern (deren Zahl richtete sich nach den vorhandenen Glashäfen; eine mittlere Hütte verfügte über vier bis sechs solcher Glaswannen aus schwer schmelzbarem Ton); je einem Eintragbuben pro Glasmacher (für Hilfsdienste wie das »Eintragen« der fertigen Gläser in den Kühlofen und das Nachfüllen des Bierkrugs); den Schürern (ein Tag- und ein Nachtschürer), die das Feuer im Glasofen unterhalten und regeln mußten; den Einwärmbuben, die gewöhnlich für die Feuerung des Kühlofens zuständig waren. Der Sandpocher bediente das von einem Mühlrad betriebene Pochwerk in der Nähe der Glashütte, wo die geglühten und durch Abschrecken mit Wasser mürbe gemachten Quarzbrocken durch eisenbesohlte Stampf-

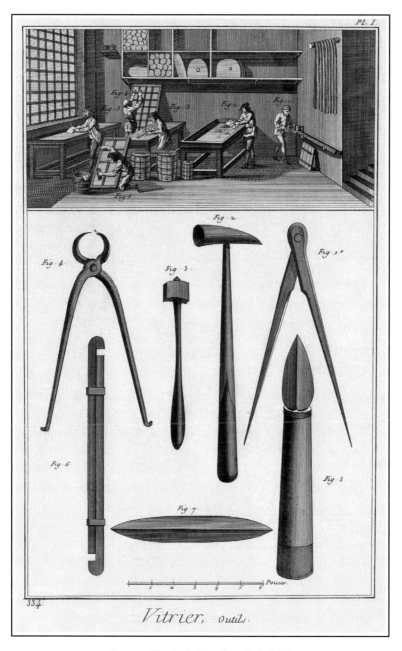

Glaser (Vitrier). Kupferstich, 1771

säulen zerstoßen und dann gesiebt wurden. Seine Arbeit war lebensgefährlich, denn der aggressive Staub setzte sich in der Lunge fest (Silikose) und zerstörte sie langsam. Die Einbinderin packte das fertige Glas in Stroh ein, um es vor Transportschäden zu bewahren. Die kaufmännische Leitung der Hütte hatte ein Hüttenschreiber inne; er sorgte für die rechtzeitige Beschaffung der Rohstoffe und Werkzeuge, führte über Produktion und Verkauf Buch und war für den Vertrieb zuständig. Der Meier und seine Knechte hatten die Äcker zu bestellen und das Vieh zu versorgen, eine Menge Holzhacker schlägerte und hackte das Brennholz, und die Aschenbrenner brannten in den Wäldern die Wald- und Baumasche, sammelten Ofenasche aus den Wohnhäusern und Glutasche aus dem Glasofen, die von den → Pottaschesiedern in mehreren Arbeitsgängen zu Pottasche (Fluß) umgewandelt wurde. Bei jeder Glashütte ansässig waren noch die Glasveredler, die als Glasmaler, Glasschneider, Glasschleifer, Vergolder, → Graveure und Spiegler die Nachbehandlung und »Verschönerung« der Gläser besorgten.

Der wichtigste Glasbildner war Siliciumdioxyd in Form von möglichst eisenfreiem Sand, Feuerstein und Quarzsand. Zur Senkung der Einschmelztemperatur wurde der Schmelzsand mit Soda, Kalk, Kreide, Pottasche und Glaubersalz versetzt. Dazu kamen noch in kleineren Mengen die sogenannten Entfärbungs- und Läuterungsmittel (Glasmacherseifen), wie zum Beispiel Arsenik, Braunstein (Mangandioxyd) und Salpeter. Der nach bestimmten Verhältnissen zusammengesetzten Mischung, dem Glassatz (Gemenge), fügte man bis zu einem Drittel Glasscherben zu. Dieses Gemenge gelangte in besonderen Gefäßen, den Glashäfen, zum Einschmelzen in den Ofen. Die niedrig schmelzenden Gemengebestandteile griffen unter Silikatbildung den höherschmelzenden Sand an. Nach dem Gemengeschmelzen wurde noch weiteres Rohmaterial nachgefüllt, und man brachte den Ofen auf die höchste Temperatur (Heißschüren), um das Glas dünnflüssig zu machen (Lauterschmelzen). Mit einem Eisenstab stieß man ein Stück frisches Holz, Arsenik oder eine Kartoffel bis auf den Boden des Hafens nieder und bewirkte dadurch ein lebhaftes Aufwallen der Schmelze. Nach beendeter Läuterung folgte das Kaltschüren, das heißt ein Absenken der Ofentemperatur, bis das Glas bei siebenhundert bis achthundert Grad die zur Verarbeitung erforderliche Zähflüssigkeit erreicht hatte.

Das wichtigste Werkzeug des Glasmachers war die Pfeife, ein etwa ein bis zwei Meter langes Eisenrohr mit Mundstück und Holzhandgriff. Damit wurde ein Glasposten aus der Schmelze aufgenommen und unter Drehen und Schwenken, auch durch Wälzen auf Holz-, Stein- oder Eisenplatten zu einem tropfenförmigen Külbel aufgeblasen, das dann unter mehrfachem Anwärmen mit verschiedenen Werkzeugen (Heft- und Plätteisen, Scheren, Zangen etc.) in die gewünschte Gestalt gebracht wurde. Das nannte man Stuhlarbeit, weil die Pfeife zum Hin- und Herrollen auf einer Art Stuhl aufgelegt wurde. Flachglas wurde wie Hohlglas durch Blasen aus Mondglas und Walzenglas gewonnen. Beim Mondglas wurde zuerst eine große Hohlkugel geblasen, die dann flachgedrückt und mit schneller Drehung durch die Wirkung der Fliehkraft in eine völlig ebene, gleichmäßig dicke, kreisrunde Scheibe verwandelt wurde. Aus Mondglas stammten die Butzenscheiben, die in Blei gefaßt zum Verglasen der Fenster benützt wurden. Zur Herstellung des Walzenglases wurde die Glasmasse ebenfalls durch Blasen vor der Pfeife zu einem Zylinder geformt, der von der Pfeife mit einem Spritzer Wasser abgesprengt, in der Längsachse aufgeschnitten und im Streckofen mit einer Hartholzkrücke aufgerollt, geebnet und geglättet wurde. Durch diese Verfahren entstanden Tafelgläser in größeren Dimensionen. Die Formung der Zylinder erforderte allerdings besonders große Geschicklichkeit sowie auch eine erhebliche Muskel- und Lungentätigkeit.

Während der Erstarrung entstehen im Glas innere Spannungen, die später zum Bruch führen können. Um diese Spannungen auszugleichen, war es notwendig, die Glasprodukte im Kühlofen auf die Entspannungstemperatur zu bringen und dann sorgfältig zu kühlen.

Das Sortiment an Glaswaren, das die Glashütten verließ, war vielfältig, wie eine 1807 privat erhobene Specialstatistik belegte:»Es werden nämlich ordinari hellgrünlichte nie blind werdende Fenstertafeln, glatt oder geschiebt, verfertigt, ferners alle Gattungen gefärbter Bouteillen- und ordinärer Apothekergläser, alle Gattungen ordinärer gemalter und gepflogener Kreidengläser, alle Sorten Maschinen-, Laborir-,

Elektrisier-, Ariamade-, Barometer-, Laternen-, Röhren-, Glockensturz-, Uhren- und Botzengläser, alle Arten Kristallgläser, sowohl in bas reliefs als glatt nach deutscher, englischer und französischer Art geschliffen, mit gläsernen Stöpseln und Schrauben und mit Wappen und beliebigen Zeichnungen, fein und ordinär geschrieben und vergoldet, von gesponnenem Glas Galanteriewaren zu Aufsätz u.d.g.« Eine Spezialität der böhmischen Glasmacher (Gablonz) war die Herstellung von Glasperlen (Patterln) für Rosenkränze und für den Kolonial- und Sklavenhandel.

Den Hausierhandel mit den gläsernen Produkten betrieben bis ins frühe 18. Jahrhundert vielfach die Glasträger mit Hilfe von Buckelkraxen und Schubkarren. Das Ansteigen des Produktionsvolumens und die Exportchancen (der böhmischen Glashütten zum Beispiel) ermutigte seit dem ausgehenden 17. Jahrhundert immer mehr ehemalige Glasträger und »emporgekommene« Veredlermeister, als selbständige Glashändler (Glasversilberer) aufzutreten, die mit Pferdefuhrwerken weit über ihren Standort hinauskamen. Viele zu Wohlstand gekommene Glashändler brachten die Veredelung und Endfertigung der Gläser in ihre Hand. Sie kauften von den Glashütten die Halbfabrikate und ließen sie von Malern, Schleifern, Diamantreißern und Glasschneidern in Heimarbeit veredeln. Großabnehmer für Tafelglas von wasserklar über grün bis violett waren die städtischen und anderen bürgerlichen Glaser.

~

GLOCKEN- UND GESCHÜTZGIESSER waren umworbene und achtbare Meister des Metallgusses, deren Technik sehr ähnlich war. Charakteristisch für die von ihnen verfertigten, vielfach zentner- und tonnenschweren Gußstücke war, daß sie allesamt mit Namen bezeichnet wurden, die oft derb, scherzhaft, schreckenerregend oder aus der Mythologie und Geschichte entlehnt waren. Die Riesenkanone von Gent hieß »Dulle Griet«, die maximilianische Artillerie feuerte »die schön Kätl« ab, und in Deutschland findet man Namen wie »Faule Gret« (Brandenburg), »Faule Mette« (Braunschweig) oder »Faule Magd« (Dresden), was vermutlich auf die Schwerfälligkeit der

Geschütze hinwies. Immerhin waren schwere Belagerungsgeschütze auf Räderlafetten, beispielsweise die Scharfmetzen, mit sechzehn Pferden oder Ochsen und mehr bespannt. Die Furchtbarkeit der Büchsen, Schlangen, Mörser, Haubitzen, Kartaunen, Basilisken und wie sie alle hießen, drückte man durch Namen aus wie»der Furchenmacher«,»die Schmetternde«,»die Stachlerin« oder»Rifflard, der Zerreißer«. Glokken hingegen taufte man gerne auf Namen wie»Bummerin«,»Zwölferin«,»Ossana«,»Vicencia«,»Concordia« und»Gloriosa«.»Zar Kolokol« (Glockenkaiser) heißt die größte Glocke der Welt im Moskauer Kreml, die 1733 vom Meister Iwan Motorin gegossen wurde und zweihundert Tonnen wiegt. Angeblich hatte Napoleon die Absicht, sie als Siegestrophäe nach Paris schaffen zu lassen. Die älteste noch verwendete Glocke in Deutschland ist die Lullusglocke im Katharinenturm von Bad Hersfeld (um 1038), und die größte, die Kaiserglocke, schlug im Kölner Dom (sechsundzwanzig Tonnen); sie wurde im Ersten Weltkrieg eingeschmolzen und 1924 durch die St. Petersglocke (vierundzwanzig Tonnen) ersetzt.

Von Asien verbreitete sich die Glocke vom 6. bis 8. Jahrhundert nach Europa, wo der Glockenguß offenbar zunächst von Mönchen in Klöstern betrieben wurde, sich aber seit dem 12. Jahrhundert aufgrund des steigenden Bedarfs an bronzenen Kirchenglocken zu einem eigenständigen Handwerk entwickelte. Das Metier der Glockengießer war wegen der damaligen Unmöglichkeit des Transports ein Wandergewerbe, und die Gußhütten wurden dort errichtet, wo die Glocken läuten sollten. Hilfskräfte verpflichtete man meist am Arbeitsort, und die Gemeinden hatten die Rohstoffe sowie alle erforderlichen Materialien beizustellen und für Kost und Logis zu sorgen. Nur für kleinere Glocken sind seit dem 14. und 15. Jahrhundert ortsfeste Gießereien wie in Köln, Augsburg, Erfurt, Nürnberg und Straßburg nachweisbar.

Erste Nachrichten über bronzene Steinbüchsen (Bombarden) gehen bis in die zweite Hälfte des 14. Jahrhunderts zurück, und die ersten Geschützgießer entstammten fast ausnahmslos dem Glockengießerhandwerk, so der berühmte Meister Wenzel Kundschafter, der um 1372 in Prag auch Geschütze goß.

Theophilus Presbyter aus Helmarshausen (gestorben nach 1125), ein

Mönch und Goldschmied, beschrieb als einer der ersten den Glockenguß in seinem berühmten Traktat über verschiedene Künste, die *Sche-
dula diversarum artium.* Die Technik des Glocken- und Geschützgusses
beruhte auf dem Wachsausschmelzverfahren, das später auch Leonardo
da Vinci dargestellt hat. Ausführlichere Beschreibungen finden sich
bei Vannoccio Biringuccio, der seine eigenen Erfahrungen als Gießer
und Büchsenmeister in der 1540 erschienenen *Pirotechnia* niederlegte,
und bei Kaspar Brunner, der als Zeugmeister der Stadt Nürnberg 1547
ein Zeughausbuch verfaßte.

Seit der Antike galten achtundsiebzig Teile Kupfer und zweiund-
zwanzig Teile Zinn als bestmögliche Zusammensetzung der Legierung
für Glocken, aber auch für Grab- und Reliefplatten, Leuchter, Statuen,
Vasen, Kannen, Kessel, Taufbecken, Bronzetüren und dergleichen. Für
die Herstellung von Handbüchsen und Geschützen verwendete man
hingegen eine härtere Legierung mit neunzig Teilen Kupfer und nur
zehn Teilen Zinn.

Die Klangqualität und Tonhöhe einer Glocke hängt von dem Verhältnis zwischen ihrem größten Durchmesser an der Mündung, der
Wandstärke (die beim Schlagring oder Kranz am stärksten ist), der Höhe
und vor allem von der Gestaltung der Rippe (Glockenprofil) ab, wobei die Schwere des Klöppels (Schwengel) meist den vierzigsten Teil
des Gewichts der Glocke betrug. Die Ausbildung der für den Schall
vorteilhaftesten Glockenrippe war das Geheimnis jeder Glockengießer-
familie, das durch die Erfahrung vieler Generationen entstand und
vom Vater auf den Sohn überging. Die besondere Kunstfertigkeit der
Meister lag also im Wissen über das Glockenprofil und in einem präzi-
sen Guß, der, wenn er gelang, zu Ansehen und Ehre beitrug. Einige waren sich ihrer Arbeit so sicher, daß sie von vornherein für bestimmte
Töne garantierten. So der geschätzte Meister Gerhard Wou von Kam-
pen, der 1497 die 13,7 Tonnen schwere »Gloriosa« und zwei andere
Glocken für Erfurt zu gießen hatte und schon in der Inschrift den Dur-
Dreiklang festlegte: »Arte Campanensis canimus Gerhard, Tres Deo
trino; en ego sol – Gloriosa ut, Mi sed Osanna, plenum sic diapente«.
Die Silben sol, ut, mi waren Ausdrücke für bekannte Töne – H, E, Gis
nach der Skala der Solmisation des Guido von Arezzo. Über den Cha-

Glockengießerei. Photographie, um 1910

rakter der Töne hat der letzte Glockengießer von Krems, Gottlieb Jenichen, nachgedacht und in sein Notizbuch geschrieben: »C klingt heiter und rein, D pompös und rauschend, Es prächtig und feierlich, E feurig und wild, F tönt sanft und ruhig, G angenehm und ländlich, As dunkel und dumpf, A hell und fröhlich und B lieblich und zärtlich.«

Der Guß einer Glocke war ein vielbeachtetes und festliches Spektakel, und schon die Vorbereitungsarbeiten (Zurüstung) lockten viele Schaulustige an. Zunächst ließ der Meister in der »Dammgrube« einen Lehmkern auftragen, der den späteren Innenraum der Glocke bildete. Den Lehm vermischte man zu diesem Zweck mit getrocknetem Kuhmist, Werg, Haaren und Spreu. Der Kern wurde nun mit Wachs und Talg beschichtet, wodurch das »Hemd« entstand, das genau den Inhalt und die Gestalt der Glocke mit allen ihren beabsichtigten Bildern, Inschriften und Verzierungen darstellte. Über das Hemd wurden wiederum einige Lagen Lehm aufgetragen, die den »Mantel« bildeten, der rundherum mit eisernen Schienen und Reifen verstärkt wurde, um dem Druck des flüssigen Metalls standzuhalten. Nun konnte die Form mit Holzfeuer gebrannt, das Wachs und der Talg ausgeschmolzen werden, und der Hohlraum, der dadurch zwischen Kern und Mantel entstand, glich haargenau der Glockenform mitsamt der Krone (Henkel). »Festgemauert in der Erden / steht die Form aus Lehm gebrannt. / Heute muß die Glocke werden, / frisch, Gesellen, seid zur Hand!« heißt es bei Schiller. Wohlan, das Fest konnte beginnen: Eine feierliche Prozession der Domherren und der Gemeinde mit brennenden Kerzen und lodernden Fahnen zog zur Gußstätte, wo bereits ein mit duftenden Blumen und zarten Zierkräutern geschmückter Altar errichtet worden war. Unweit des Altars stand schwitzend der Meister mit seinen Gehilfen am Schmelzofen und bereitete die »Glockenspeise«. Zuerst wurde das Kupfer geschmolzen, dann kam der Zinn dazu, was mehrere Stunden dauerte und von Bittgesängen und Gebeten der Anwesenden begleitet wurde. Der Chronist, der diesem Guß beiwohnte, berichtete ferner, daß immer wieder silberne Münzen als besondere Devotion von den Zuschauern in den Kupferbrei geworfen wurden, sehr zum Unwillen des Meisters, der wachsam bestrebt war, daß ja keine unberufenen Hände das Werk gefährden konnten. Dabei soll es sogar an manchen Orten zu Handgreiflichkeiten gekommen sein, und einmal, so wurde berichtet, erstach der Meister im Zorn sogar einen seiner Gehilfen, weil dieser vorwitzig am Ofen hantierte (nachzulesen in Wilhelm Müllers Gedicht »Glockenguß zu Breslau«). Spät in der Nacht, so der Chronist, kamen endlich die Blasbälge zur Ruhe, noch einmal erscholl das Te Deum laudamus, und beim Schein Hunderter Kerzen und Fackeln wurde der Zapfen aus dem Stichloch des Schmelzofens geschlagen, und die dünnflüssige Bronze ergoß sich strahlend über eine tönerne Rinne in die Glockenform. »Bis die Glocke sich verkühlet, / laßt die strenge Arbeit ruhn. / Wie im Laub der Vogel spielet, / mag sich jeder gütlich tun.«

Das Wachsausschmelzverfahren wurde später abgelöst durch eine Technik, bei der statt des wächsernen »Hemdes« eine »falsche Glocke« aus Lehm zwischen Kern und Mantel gebaut wurde. Nach dem Brennen hob man den Mantel ab, zerschlug die »falsche Glocke« und stülpte den Mantel genau wieder über den Kern. Mit dieser Technik konnten bedeutend größere Glocken gegossen werden. Ein weiterer Fortschritt gelang mit Einführung der Drehschablone, wodurch die Formarbeit leichter und genauer wurde. Neben dem Glocken- und Geschützguß entwickelte sich seit dem 14. Jahrhundert vor allem der Kunstguß. Der erste erfolgreiche Versuch, die Bronzegußtechnik in größeren Dimensionen anzuwenden, gelang venezianischen Gießern Mitte des 14. Jahrhunderts, die nach einem Entwurf von Andrea Pisano die Bronzetüren für das Südportal des Baptisteriums San Giovanni Battista vor dem Florentiner Dom herstellten. Die Fortschritte der Gußtechnik waren enorm. Als Beispiel möge der für seine Gießkunst berühmte Gregor Löffler dienen, der im 16. Jahrhundert für das Grabmal Kaiser Maximilians I. in der Innsbrucker Hofkirche die letzte Figur der»Eisernen Mannder«, das überlebensgroße Standbild des Merowingerkönigs Chlodwig, in nur einem Stück goß. Auch nahezu alle Geschütze für die habsburgisch-kaiserliche Artillerie kamen damals aus Löfflers Gußhütte in Hötting bei Innsbruck.

~

GOLDSCHLAGER (auch Goldschläger) stellten in mehreren Arbeitsgängen mit großer Geschicklichkeit und enormer körperlicher Anstrengung, unter ohrenbetäubendem Lärm, Blattgold her. Die Gesellen mit den grünen Schürzen verdünnten zuerst die in Formen gegossenen Goldstreifen (Zaine) durch Ausschmieden und Auswalzen (seit dem 17. Jahrhundert auch im Streckwerk, einem kleinen Walzenpaar). Das Band wurde dann in quadratische Blätter (Quartiere) geschnitten, von denen vierhundert bis sechshundert zwischen Pergamentpapier zu einer Form (Quetsch- oder Pergamentform) zusammengestellt wurden. Durch Schlagen der auf einem Marmor- oder Granitblock (Goldschlagerstein) liegenden Form mit dem zwanzigpfündigen Schlaghammer bei ständigem Drehen der Form entstand Quetschgold. Die Blätter wurden nochmals zerschnitten, abwechselnd zwischen Goldschlägerhaut (aus Embryonalhüllen größerer Säugetiere oder der innersten Hautschicht des Rinderblinddarms) geschichtet und so die Lotform gebildet. Es folgte nun das Schlagen mit dem Formhammer, bis die Blätter zu Goldloten verdünnt waren. Nach erneutem Zerschneiden in vier Teile wurde in der Dünnschlagform ausgeschlagen, und den Abschluß bildete das Garmachen mit dem symmetrischen Doppelhammer. Nach sechs- bis siebenstündigem gleichmäßigem Schlagen waren die Plättchen endlich hauchdünn ausgeschlagen, wurden geschnitten und von den Meisterfrauen und -töchtern mit Ebenholzzangen in Papierbücher eingelegt.

Mit Blattgold umwickelten die Goldspinnerinnen ganz verschiedene Fäden zur Weiterverarbeitung im Seiden-, Bortenmacher- oder Posamentiergewerbe; Blattgold und Silberblatt benutzten die Schwertfeger zum Feuervergolden, benötigten die Maler, Schilderer, Schnitzer und Bildhauer, die Buchbinder und Vergolder, aber auch Büchsenmacher, Schlosser, Sporer, Gürtler und Tischler gehörten zu den Abnehmern; Glaser vergoldeten das Fensterblei und Apotheker ihre Pillen.

In Nürnberg wird nicht nur schon 1373 ein »ungestüm goltslaher« urkundlich erwähnt, sondern es entwickelte sich auch zu einem der bedeutendsten Standorte der Blattgoldherstellung, neben Augsburg, Fürth, Wien und Prag. Wie komplex und schwierig dieses Handwerk war, zeigt die Tatsache, daß in Nürnberg 1554 die Lehrzeit auf ungewöhnliche sieben Jahre festgesetzt wurde. Der Einsatz von Schlag- und Walzwerken um die Mitte des 19. Jahrhunderts, besonders jener des mechanischen Federhammers seit etwa 1890, rationalisierte und erleichterte vor allem dieses monotone Handwerk sehr.

~

GOLD- UND PERLSTICKER(INNEN) galten als ausgesprochene Kunsthandwerker, die verschiedene Stickgründe wie Seide, Samt und Brokat, aber auch Tuch und Leder mit drellierten Gold- und Silbergespinsten bestickten. Es ist eine sehr alte Kunst, die in China und Japan, später durch die Byzantiner ausgeübt wurde. Im 17. und 18. Jahrhundert blühte diese Technik besonders in Spanien, Italien, Frankreich und Deutschland. Die Hauptwirkung der Gold- und Silberstickerei beruhte auf der wechselnden Anordnung der verschiedenen

Sticharten bei den mehr oder minder erhaben gehaltenen Formen. Glänzende und matte Gold- und Silberkantillen, Flitter, Folien, Perlen und bunte Steine erhöhten noch die Wirkung.

Der Stickgrund wurde in einen kräftigen Stickrahmen aufgespannt und das entsprechende Muster oder Motiv auf den Stoff übertragen. Gestickt wurde in verschiedenen Techniken mit einer Goldspindel und bei stärkerem Unterstoff mit einer Ahle zum Vorstechen; man unterschied das Anlegen (einfaches Aufnähen der Goldfäden oder Schnüre, die entweder sichtbar oder unsichtbar mit Überfangstichen festgehalten wurden), die Kordeltechnik (ähnlich der Anlegetechnik, nur daß sämtliche Formen über gespannte Schnureinlagen – Kordeln – angelegt wurden), das Stechen (bei dem die Musterfiguren mit geraden oder schrägen Plattstichen bedeckt wurden), das Sprengen (der Goldfaden wurde über die Formen hin- und zurückgeführt und nach jedem Legen mit ein oder zwei Stichen festgehalten) und die Phantasiestickerei mit Kantille und Flitter. Bei erhaben zu stickenden Figuren mußten die Formen mit Baumwolle unterstickt werden oder eine Karton- oder Lederunterlage erhalten.

~

GRAVEURE waren Kunsthandwerker, die vertiefte oder erhabene Verzierungen, Schriftzüge und Zeichnungen, eben Gravuren, in Gegenstände aus Metall, Glas, Email, Horn, Schildpatt, Elfenbein oder Perlmutter mit Radiernadeln einritzten, mit Grabsticheln einschnitten und mit Punzen eindrückten oder einschlugen. Für Gravuren in Glas bediente man sich meistens eines Schreib-Diamanten. Gewöhnlich wurde die Vorlage (Schrift, Zeichnung etc.) mit der Radiernadel in das Werkstück leicht eingeritzt und danach mittels eines quadratischen oder rautenförmigen Grabstichels ausgearbeitet. Den dabei entstandenen scharfen Rand (Grat) entfernte man mit Schabern. Punzen kamen beispielsweise dann zur Anwendung, wenn mehrere kleine Vertiefungen wie Buchstaben und Zahlen, Tierfiguren, Kronen, Sterne, Kreuze, Punkte und dergleichen von absoluter Gleichheit sein mußten. Häufig wiederkehrende Muster wurden auf Gravier-, Guillochier-, Linien- und Schraffiermaschinen hergestellt.

Mit Bezeichnungen oder Verzierungen versehen wurden Gold- und Silberarbeiten, messingene Uhrbestandteile, Gewehrläufe, Gewehrschlösser, Säbel- und Degenklingen. Auf Instrumente, feinere Maschinen, Zifferblätter und dergleichen stach man Zahlen, Buchstaben, Linienteilungen und ganze Aufschriften; nachgraviert (ziseliert) wurden im Bronze-, Messing- und Eisenguß stumpf und unvollständig ausgefallene feine Züge. Neben den angedeuteten allgemeinen Gravurarbeiten gab es spezielle, die von Siegel- und Wappenschneidern, Stempelschneidern, → Schriftschneidern, Notenstechern, → Kupferstechern und Guillocheuren ausgeführt wurden.

Der Graveur Walter Hofmann (geboren 1879) aus Dresden hat als Neunundsechzigjähriger seine Jugenderinnerungen niedergeschrieben und 1948 als Buch (*Mit Grabstichel und Feder*) veröffentlicht. Voll Bitterkeit schilderte er darin die »Entleerung und Entpersönlichung« der Arbeit zu Beginn des Jahrhunderts: »In der alten Praxis war der Graveur nicht nur für die technische Herstellung der Formen, sondern auch für deren Gestaltung selbst verantwortlich. Jetzt gingen die Fabrikanten in vielen Fällen dazu über, den ›Entwurf‹ der Formen einem neuen Berufsstand, den Musterzeichnern, zu übertragen. […] Der Graveur sank zum bloß ausführenden Techniker herab. Selbst wenn er früher gleichfalls nicht mehr als ausführender Techniker gewesen wäre, würde er doch auf einer höheren Stufe gestanden haben. Denn die Formen, die er als Siegelgraveur etwa schnitt, waren edel, und die Zwecke der Siegel standen im Dienste einer würdigen Lebensordnung. […] Die Andacht, die den Graveur erfüllte, wenn er das Siegel einer freien Reichsstadt, einer berühmten Universität, einer bischöflichen Kanzlei schnitt, eine solche Andacht war gänzlich unmöglich, wenn es galt, nach dem Entwurf eines kümmerlichen Musterzeichners Jakken- und Mäntelknöpfe mit geschmacklosen Ornamenten zu ›verzieren‹.« Und an anderer Stelle heißt es: »Dort, wo früher der schlanke Grabstichel leise und behutsam den Span aus der silbernen oder goldenen Fläche herausgehoben hatte, wurden nun gewaltige Punzen mit schweren Hämmern in große Blöcke oder Platten von Stahl und Eisen getrieben, und in der früher so stillen Zelle des Graveurs dröhnte es nun oft wie in einer Kesselschmiede. Das bedrückende Gehörleiden, mit dem mein Vater in seinen späteren Jahren zu kämpfen hatte, hatte seinen Ursprung ohne Zweifel in dem satanischen Lärm, den das Einschlagen grobschlächtiger Punzen in die schmiedeeisernen Waffelplatten hervorrief.« Am Schluß seiner Aufzeichnungen resümierte er, er habe bei seinem Vater »nacheinander die Knopfstanzenperiode, die Waffelplattenperiode, die Glückwunschkartenperiode, die Schokoladeformenperiode erlebt, kleinerer Zwischenspiele nicht zu gedenken. Ein immer erneuter Zusammenbruch eines mühsam erworbenen Kundenkreises, eine immer wiederholte Entwertung wertvoller Einrichtungen und Hilfsmittel, ein außerordentlicher, im Grunde unproduktiver Verbrauch der Kräfte. Und das alles, um einer urteilslosen Masse ein paar neue, gänzlich überflüssige Geschmacklosigkeiten zu liefern.«

~

GROB- UND HUFSCHMIEDE gingen aus dem »Mutterhandwerk«, den → Eisenschmieden, hervor, bildeten eine gemeinsame Zunft unter der Patronanz des heiligen Eligius und hatten dieselben Handwerksgebräuche. Wollte ein Geselle nach beendeter Wanderschaft selbständiger Meister werden und war er nicht in der glücklichen Lage, die Schmiede seines Vaters zu erben, so mußte er erst in der Stadt, in der er sich niederlassen wollte, sein »Mutjahr« abdienen. Das bedeutete, bei einem vom Zunftältesten bestimmten Meister als »Jahrgesell« zu »muten«, also zu arbeiten und dafür auch noch einen willkürlich festgesetzten »Mutgroschen« zu erlegen. Danach war er verpflichtet, eine »ehrbare Jungfer zu freien« und ein ziemlich schwieriges Meisterstück zu vollbringen. Dieses bestand bei den Hufschmieden unter anderem darin, einen vollständigen Hufbeschlag für ein Pferd zu machen, ohne Maß zu nehmen und die Hufe näher besehen zu dürfen. Das Pferd wurde nur zwei- bis dreimal an ihm vorbeigeritten.

Kriege bedeuteten immer einen wirtschaftlichen Aufschwung für die Schmiede. Für den dritten Kreuzzug (1189-1192) beispielsweise lieferten die Eisenschmelzen des Forest of Dean König Richard Löwenherz allein fünfzigtausend Hufeisen.

Nicht wenige Hufschmiede besaßen auch Kenntnisse, Pferdekrank-

Hufschmied in seiner Werkstatt.
Photographie, 1929

heiten zu kurieren (Kurschmied), und der Beruf des Tierarztes soll sich vom »Roßarzneikundigen« her entwickelt haben. Fahnenschmiede nannte man die einer Kavallerie-Eskadron oder Batterie zugeteilten Hufschmiede, so genannt nach der Fahne, die die Feldschmiede kenntlich machte.

Die Geräte und Werkzeuge, die unter dem Hammer des Grobschmieds entstanden, waren Schaufeln, Zangen, Hämmer, Äxte, Beile, Spitzhauen, Karste (zwei- oder dreizinkige Erdhacken), Brecheisen, Büchsenrohre, Ketten und Pflugscharen. Ein weiteres umfangreiches Absatzgebiet für Schmiedeteile war das Baugewerbe, wo außer Nägeln und Mauerklampfen auch Gewölbe- und Balkenanker, Ankersplinte, Erkerstützen, Streben, Steindübel, Bänder, Torangeln und Beschläge sowie die als »Bären« bezeichneten schweren eisernen Köpfe für mechanische Hämmer und Rammen benötigt wurden. Zu den schwersten Schmiedestücken zählten zweifellos die Schiffsanker. Der Ankerschaft, die gekrümmten Arme und Schaufeln wurden zunächst aus einem Bündel einzelner Stäbe ausgeschmiedet und anschließend zusammengeschweißt. Diese Arbeiten wurden früher mit schweren Handhämmern, die von vier bis fünf Schmieden abwechselnd geschwungen wurden, später mit Wasserhämmern ausgeführt. In den großen See- und Hafenstädten waren die Ankerschmiede ein eigenes zünftiges Gewerbe. Die berühmteste Ankerschmiede zu jener Zeit war die von Söderfors in Schweden.

Der Grobschmied, dessen Werkstätte häufig an Verkehrswegen lag, verrichtete auch die sogenannte Wagenarbeit an Fuhrwerken, die darin bestand, Radreifen, Radschuhe, Achsen, Bänder, Klammern und Ketten anzufertigen oder zu reparieren.

~

GÜRTLER arbeiteten überwiegend mit unedlen und in geringem Maße auch mit edlen Metallen und werden oft mit Riemern, Sattlern oder Taschnern verwechselt. Die Bezeichnung »Gürtler« stammt aus dem Mittelalter, das Handwerk selbst läßt sich bis in die Bronzezeit zurückverfolgen, als metallene Beschläge, Schnallen und Schließen typische Bestandteile der Kleidung waren. Als frühe Erzeugnisse sind ferner Zaumzeuge und metallene Beschläge für Pferdegeschirre und Wagen zu nennen. Neben der Bronze kannte man im Mittelalter bereits das Messing, das in der Herstellung billiger und in der Farbe dem Gold ähnlich war und für unzählige Erzeugnisse der Gürtler Verwendung fand. Auch andere Kupferlegierungen wie Tombak (Rotmessing) und Alpaka (Neusilber), Eisen beziehungsweise Stahl und Zinn (für die Knopfherstellung) wurden verarbeitet. Edelmetalle durften aufgrund der Zunftgesetze nur zum Vergolden und Versilbern der Erzeugnisse verwendet werden.

Ideenreichtum, präzises handwerkliches Können und künstlerisches Einfühlungsvermögen zeichneten die Arbeit des Gürtlers aus, die nahezu alle in den übrigen Metallhandwerken angewandten Techniken umfaßte. Er mußte mit dem Gießen, Treiben, Drücken, Pressen, Prägen, Gravieren, Ziselieren und Punzieren bestens vertraut sein; durch Falzen, Bördeln, Nieten, auch durch Hart- und Weichlöten wurden die Werkstücke dann zusammengefügt und erhielten durch Polieren, Patinieren, Brünieren und Versilbern oder Vergolden ihren besonderen Charakter. Typische Gürtlererzeugnisse waren: Beschläge für Büchereinbände, Zimmertüren, Fenster, Möbel, Uniformen und Wehrgehänge, Kirchengeräte wie Weihrauchschiffchen, Kerzenleuchter und Ewige-Licht-Ampeln, Hausrat wie Dosen, Besteckgriffe, Türklopfer, Deckel für Krüge, aber auch Prunkgeschirr, Bügeleisen, Fahnenspitzen, Knöpfe, Bijouteriewaren, Orden und Ehrenzeichen.

Zentren des Gürtlerhandwerks hatten sich in Nürnberg (1621 gab es dort bereits sechsunddreißig Meister), Berlin und Wien gebildet. In Wien waren bereits um 1300 Gürtler tätig, und ab 1435 bildeten sie gemeinsam mit den Bortenwirkern eine Zeche. In den großen Städten haben sich aus dem Gürtlerhandwerk einige besonders spezialisierte Berufe herausgebildet, so etwa der Metallknopfmacher (Knopfpresser und -gießer) und Bügeleisenhersteller.

Das Handwerk wird umso höher stehen, je mehr und glücklicher es bemüht ist, dem Nützlichen das Schöne zu verbinden.

Heinrich Wilhelm Josias Thiersch

Haarmaler ahmten mit Menschenhaaren Federzeichnungen nach, was viel Geduld und Handfertigkeit erforderte. Auf einer Elfenbeinplatte, die wie zur Miniaturmalerei zugerichtet war, wurde mit Bleistift die Zeichnung entworfen. Entlang der Hauptlinien befestigte der Künstler mit feinem Leim (Hausenblase) ein Haar oder, wenn ein Strich stärker sein sollte, mehrere. Er nahm das Haar mit einem reinen und nur mit der Zunge befeuchteten Pinsel auf und gab ihm die erforderlichen Krümmungen mit dünnen elfenbeinernen Stäbchen. Mußten Ornamente, Baumblätter und dergleichen gebildet werden, so wurde ein ganzes Haarbüschel mit Leim getränkt, plattgedrückt und die jeweilige Form ausgeschnitten und auf die Vorlage geklebt.

~

Hausierer (auch Gängler, Tallierer, Tellrer) beschrieb Joseph Roth in *Juden auf Wanderschaft* folgendermaßen: »Ein Hausierer trägt Seife, Hosenträger, Gummiartikel, Hosenknöpfe, Bleistifte in einem Korb, den er um den Rücken geschnallt hat. Mit diesem kleinen Laden besucht man verschiedene Cafés und Gasthäuser. Aber es ist ratsam, sich vorher zu überlegen, ob man gut daran tut, hier und dort einzukehren. Auch zu einem einigermaßen erfolgreichen Hausieren gehört

Ein jüdischer Hausierer und ein Dienstmann am Wiener Graben.
Photographie, um 1910

eine jahrelange Erfahrung. Man geht am sichersten zu Piowati, um die Abendstunden, wenn die vermögenden Leute koschere Würste mit Kren essen. Schon der Inhaber ist es dem jüdischen Ruf seiner Firma schuldig, einen armen Hausierer mit einer Suppe zu bewirten. Das ist nun auf jeden Fall ein Verdienst. Was die Gäste betrifft, so sind sie, wenn bereits gesättigt, sehr wohltätiger Stimmung. Bei niemandem hängt die Güte so innig mit der körperlichen Befriedigung zusammen wie beim jüdischen Kaufmann. Wenn er gegessen hat und wenn er gut gegessen hat, ist er sogar imstande, Hosenträger zu kaufen, obwohl er sie selbst in seinem Laden führt. Meist wird er gar nichts kaufen und ein Almosen geben.«

~

HOFNARREN waren schon im Altertum fixer Bestandteil des fürstlichen Aufwandes, des Stolzes, der Prahlerei und der Belustigung ihrer Herren. Die römischen Cäsaren waren besondere Liebhaber von »artigen« Zwergen. Marcus Antonius besaß einen Zwerg, den er zum Spott Sisyphos nannte; Augustus ließ seinen Lieblingszwerg Lucius bei Schauspielen auftreten, weil er »nur 17 Pfund wog« und eine »sehr starke Stimme« hatte; Kaiser Domitianus wiederum ergötzte sich an nächtlichen Fechtspielen zwischen Zwergen und »Weibern«.

Nach den Kreuzzügen verbreiteten sich die Spaßmacher in ganz Europa, und seit dem 15. Jahrhundert gehörten sie zu jedem vollständigen Hofstaat. Entweder waren es feingebildete witzige Hofleute oder Männer von gelehrter Bildung, die das Vorrecht (Narrenfreiheit) hatten, durch beißenden Witz und geistreichen Tadel die Gesellschaft zu unterhalten und zu geißeln, wie Maximilians I. Narr Kunz von der Rosen. Oder es waren Krüppel, Zwerge, Idioten, über die man sich lustig machte. Renaissance- und Barockfürsten übertrafen einander gelegentlich an »amüsanten« Einfällen: Zwerge wurden in Pasteten und Kuchen versteckt, bei Tisch aufgetragen und sprangen dann, der Gelegenheit entsprechend, heraus, um auf der Tafel »herumzuscharmutzieren«. Der Hofzwerg des Polenkönigs Stanislaus II., Nikolaus Ferry, von seinem Gönner Bébé genannt, mußte bei einer Festtafel in der Uniform der Garde du Corps einem als Festung gestalteten Backwerk entsteigen und wurde prompt von den anwesenden Gästen mit Bonbons beschossen. Nach seinem Tod 1764 wurde Bébés kleiner Körper durch den Leibarzt des Königs seziert und das Skelett in der öffentlichen Bibliothek zu Nancy aufgestellt. Ein anderer, wegen seines schlagfertigen Witzes bekannter Zwerg war Klemens Perkeo aus Salurn in Südtirol, der um 1720 Hofnarr und Kammerherr des Kurfürsten Karl Philipp von der Pfalz war. Der Dichter Joseph Viktor von Scheffel (1826-1886) verewigte den Kleinwüchsigen in einem Lied, in dem es unter anderem hieß:»Das war der Zwerg Perkeo vom Heidelberger Schloß, / vom Wuchse klein und winzig, vom Durste riesengroß. / Man schalt ihn einen Narren, doch er dachte: Liebe Leut', / wärt ihr wie ich doch alle feuchtfröhlich und gescheit!« Es wird erzählt, daß der nicht nur kluge, sondern auch trinkfeste Zwerg, der wahrscheinlich mit bürgerlichem Namen Johannes Clement hieß, auf die Frage, ob er das große Faß zu Heidelberg austrinken könne, mit»Perche no?« geantwortet habe, was ihm den Spitznamen»Perkeo« eintrug. Nach seinem Tod erhielt der »feuchtfröhliche und gescheite« Narr im Hof des Heidelberger Schlosses ein Denkmal.

Bedeutende Maler wie Josef Heintz der Ältere (Erzherzog Ferdinand mit Hofzwerg), Velázquez (Las Meninas), Rubens (Alatheia Talbot, Gräfin Arundel mit Hofzwerg Robin), Carracci (Arrigo der Haarige, Pietro der Narr und Amon der Zwerg) und der in der Sammlung auf Schloß Ambras in Tirol vertretene Georg Hoefnagel waren bemüht, die mißgestalteten Protegés ihrer Auftraggeber zu verewigen. Als literarischer Fürsprecher der kleinen Menschen galt der»lachende Philosoph« Carl Julius Weber, selbst ein Mann von kleiner Statur und ein vielgelesener Autor des 19. Jahrhunderts, der meinte,»kleine Männchen erzeugen einmal lustigen Humor, den sie meist selbst besitzen, denn die Lebensgeister finden sich in ihnen leichter zusammen. Große aber erregen Ernst und Furcht, wie der Teutonenkönig Teutobald. Homo longus raro sapiens (ein langer Mensch ist selten klug), woran selbst Baco glaubte, weil er Länge mit hohen Häusern verglich, deren oberster Stock meist leer sei.«

Hofnarren waren an ihrer Tracht, die für sie Vorschrift war, zu erkennen: die Narrenkappe oder Gugel mit rotem Hahnenkamm, Eselsohren und Schellen sowie das Narrenzepter, eine Art Keule mit Narrenkopf, und ein breiter Halskragen.

~

HOLZSCHIFFBAUER (auch Schiffszimmerleute) übten an den Küsten, meist in den Hafenstädten, ein für die Seeschiffahrt unentbehrliches Gewerbe aus, das von äußerst schwierigen Arbeitsbedingungen geprägt war, wie Cornelius van Yk in seinem 1697 veröffentlichten Werk über die niederländische Schiffsbaukunst feststellte. Ihm »sei kein Handwerk bekannt«, hieß es in einem Kapitel, »bei dem der menschliche Körper auf so vielfältige Art geübt werde wie in der Schiffszimmerei. Der Schiffszimmermann müsse bei seiner täglichen Arbeit auf so vielfältige Weise Kraft anwenden, daß die Kleider vom Leib gescheuert würden und der Körper durch die angestrengte Arbeit vom Kopf bis zu den Zehen ›hohl‹ werde.« Der Schwere der Arbeit wurde zum Beispiel der Hamburger Rat durch eine Anordnung (1588) gerecht, wonach kein Lehrknecht jünger als achtzehn bis zwanzig Jahre sein durfte. Zu den Eigenschaften der Schiffszimmerleute meinte van Yk, »sie müßten wegen der schweren Arbeit gesund und stark sein, dabei geistig beweglich, jedoch nicht hastig, sondern ruhig, denn allzuviel Hast schade der Arbeit. Ein Schiffszimmermann müsse auch ein vorsichtiger Mann sein, denn er habe es mit scharfen Geräten und schweren Hölzern zu tun. Er müsse, wie man sagt, mit tausend Augen um sich sehen, damit er nicht sich und denen, die ihm helfen, ein schweres Unglück auf den Hals hole. Vor allem müsse er ein tugendsamer und frommer Mann sein, denn es sei unmöglich, daß der Baumeister, besonders wenn das Schiff groß sei, alle Teile besonders nachsehe. Er müsse sich in vielen Dingen auf die Treue und Gewissenhaftigkeit seiner Knechte verlassen können. Diejenigen Knechte, die sorglos und böswillig seien, ein Loch nicht gut bohrten, es nicht, wie sich gehört, gut dichteten, eine Naht schlecht kalfaterten, einen Bolzen nicht sorgfältig schlössen, unbrauchbares oder fast gebrochenes Eisenwerk einschlügen, könnten großen Schaden, ja Schiffern und Besatzung den Tod bringen.«

Selbst wenn hier gleichsam ideale Forderungen aufgestellt wurden, so waren gewiß ein hervorragendes Augenmaß, Formgefühl und großes Geschick im Umgang mit Material wie Werkzeug unerläßliche Voraussetzungen, ein so kompliziertes Bauwerk, wie es ein Holzschiff war, zunächst ohne jegliche Berechnungen zu schaffen. Die gesamte Technik beruhte ja überwiegend auf Erfahrung, Können und Vorbild, die sich von Generation zu Generation in der Form praktischer und mündlicher Unterweisung vererbten, mit einem Meister an der Spitze der handwerklichen Hierarchie. Auffallend war das Festhalten an Bautraditionen und die Scheu vor Neuerungen, was sich in gewisser Weise mit den exorbitanten Kosten eines Schiffbaus erklären läßt, die es schwer möglich machten, viel und riskant zu experimentieren. »Viele Schiffbauer haben zu ihrem Hauptzweck gemacht, die Methoden aufzufinden, Schiffe nachzubauen, von denen sie glaubten, daß sie den Beyfall der Seeleute erhalten hätten«, hieß es in dem damals bedeutendsten Lehrbuch über den Schiffbau des französischen Flotteninspektors und Naturforschers Henri-Louis Duhamel du Monceau aus dem Jahr 1752.

Zwischen dem 13. und 16. Jahrhundert entstanden verschiedenartige Schiffsformen in der sogenannten Schalenbauweise: im Mittelmeer die schwerfälligen, aber kampfkräftigen und für den Frachttransport geeigneten Galeassen und die leichteren Galeoten, die aus den Galeeren hervorgingen und vor allem die Küstenschiffahrt besorgten. Sie wurden nach wie vor von Sklaven und Sträflingen mit Segelunterstützung gerudert. Dazu kamen die gedrungenen Galeonen, unsichere Karracken und die sehr gut am Wind liegenden Karavellen; in der Nord- und Ostsee waren es die hanseatischen Koggen, später die Holken und die eigenwilligen, höchst erfolgreichen holländischen Fleuten. Bei der Schalenbauweise wurden die Planken schrittweise entweder überlappend (»klinker«) oder stumpf (»kraweel«) oder kombiniert zu einer großen hölzernen Schale zusammengesetzt und erst dann mit Rippen oder Spanten und Querbalken versteift. Eine regionale Eingrenzung der überlappenden oder stumpfen Rumpfbauweise ist schwer möglich, doch scheint der vorteilhaftere Kraweelbau (port. caravela) im Mittelmeerraum vorherrschend gewesen zu sein. Eine andere Bauart war, auf einem »platten« Boden die Seitenwände fast rechtwinklig, Planke um Planke, »kraweel« mit Wurzelknien als Spanten aufzusetzen. Die Zillen und Plätten der Binnengewässer wurden so gebaut, aber auch beispielsweise Koggen, die in flachen Gewässern, in Flußmündungen und in Küstennähe segelten.

Die ersten überlieferten Aufzeichnungen über den Schiffbau sind das Manuskript *Fabbrica di galere*, vermutlich aus dem Jahr 1410, und eine Sammlung von Beschreibungen und Skizzen des Giorgio Timbotta, eines Kaufmanns, der sich auch mit dem Schiffbau beschäftigte, aus der Zeit um 1445. Daraus haben Historiker geschlossen, daß in der ersten Hälfte des 15. Jahrhunderts in Italien bereits Schiffe in Skelettbauweise entstanden. Im Gegensatz zur Schalenbauweise wurde dabei zuerst ein Gerippe aus Kiel, Vor- und Achtersteven sowie Spanten gebaut, das bereits die geometrische Form des Rumpfes andeutete, auf das die Beplankung »kraweel«, also Kante an Kante, genagelt wurde. Durch diese Bauweise konnte eines der ärgsten Übel der Schiffe, ihr Undichtsein, das zu vielen katastrophalen Schiffbrüchen geführt hatte, wesentlich gemindert werden. Die Planken ließen sich nicht nur leichter einpassen, sondern auch besser abdichten (kalfatern). Der Wechsel zur Skelettbauweise ist sicher einer der bedeutendsten Schritte in der Geschichte des Schiffbaus, denn nun ging man daran, Schiffe mit dem Zirkel zu entwerfen. Ausführlich wurden die Kreisbogenkonstruktionen im ersten deutschen Werk über den Schiffbau von Joseph Furttenbach aus dem Jahre 1629 beschrieben. Die Schiffe wurden nicht nur größer, sondern durch den Ausbau der Takelage auf zunächst drei Maste (Fock-, Groß- und Kreuzmast) auch wesentlich schneller und durch das Heckruder manövrierfähiger. Ferner ging man dazu über, die Hauptabmessungen, also die Breite des Hauptspants, die Höhe des Decks über dem Kiel und die Kiellänge nach genauen Proportionen festzulegen. Diese Normierung, der vorerst keinerlei physikalische Gesetzmäßigkeiten oder technische Überlegungen zugrunde lagen, folgte vor allem harmonischen Maßstäben und ästhetischen Vorstellungen, vernachlässigte aber die Schwimmfähigkeit und Stabilität. Nach Einführung der Stückpforten (fensterartige Öffnungen) in den Bordwänden für die Geschütze trat das Problem der Stabilität deutlicher denn je zutage. Oft lag die unterste Geschützreihe durch Überladung gefährlich nahe an der Wasserlinie. Neigte sich das Schiff durch Winddruck, konnten die Kanonen nicht mehr auf das Ziel gerichtet werden, oder, was viel schlimmer war, das Schiff »krängte« so stark, daß es über die Stückpforten mit Wasser vollief und versank. Ein Schicksal, das vermutlich das englische Kriegsschiff Mary Rose bei einem Seegefecht mit den Franzosen 1545 vor Portsmouth ereilte.

Im 17. Jahrhundert herrschte in Frankreich, das seinen Außenhandel stärken und seine Flotte besonders fördern wollte, großes Interesse an den praktisch anwendbaren Naturwissenschaften. Finanzminister Jean Baptiste Colbert, seit 1669 auch Marineminister, forcierte die Entwicklung einer »Schiffstheorie«, an der sich Marineoffiziere wie Bernard Renau und so prominente Wissenschaftler wie Christiaan Huygens aus Leiden und die Brüder Jakob und Johann Bernoulli beteiligten. Einen überaus wichtigen Beitrag lieferte dazu Pierre Bouguer mit seinem *Traité du Navire*. Darin führte er 1746 den Begriff des Metazentrums ein, ein wichtiges Maß für die Standfestigkeit eines Schiffes. Aber auch die merkantilistische Politik des Absolutismus, die die Schranken des eigenbrötlerischen zünftigen Schiffbaus durchbrach, sorgte dafür, daß die Holländer ihre bisher führende Rolle im Schiffbau an die Franzosen verloren, die ihrerseits später von den Engländern überflügelt wurden.

Trotz aller Anstrengungen setzten sich wissenschaftliche Prinzipien im Schiffbau, der sich noch immer »rein empirisch und nach Gefühl vorwärtstastete«, nur langsam durch, und erst gegen Ende des 18. Jahrhunderts fanden sie auf den Schiffbauplätzen wirklich Beachtung. Die Überzeugung, daß »die Wissenschaft vom Schiffbau niemals vom letzten Grad der Vollkommenheit getragen sein kann und daß man ihr nicht alle möglichen Eigenschaften geben kann ohne Vereinigung der theoretischen und praktischen Kenntnisse«, vertrat der Schwede Fredrik Henrik Chapman, ein gelernter Schiffszimmermann, der in Stockholm und London Mathematik und Physik studierte. Er brachte 1768 ein Tafelwerk mit Rissen verschiedener Schiffstypen heraus (*Architectura Navalis Mercatoria*), ergänzte es später mit Abhandlungen über den Schiffbau und zeigte dem Schiffbauer nicht nur, wie er einen Schiffsrumpf zu zeichnen hatte, sondern auch, wie dessen hydrostatische

**Bau eines Dreimasters in einer Hamburger Werft.
Photographie, 1864**

Eigenschaften zu berechnen waren. In einem »Lastenmaßstab« ordnete er jedem Tiefgang eine bestimmte Wasserverdrängung zu, womit die Tragfähigkeit schon in der Planung berechnet werden konnte. Damit war das von Archimedes erkannte Prinzip des Auftriebs in der Praxis anwendbar.

Zu den wichtigsten Schiffen zählten vom 17. bis zum 19. Jahrhundert die mehrdeckigen Linienschiffe, nach deren Vorbild auch die »Ostindienfahrer«, die großen, stark bewaffneten Segelschiffe der ostindischen Handelskompanien, gebaut wurden. Durch die schon erwähnten Stückpforten erhielten die Schiffe eine erheblich größere Feuerkraft, wodurch die Kampftaktik des Rammens, Enterns und des Nahkampfs vollends überflüssig wurde. Statt dessen fuhren die gegnerischen Schiffe in zwei parallelen Linien zu Seegefechten auf und bekämpften einander mit den Geschützen ihrer Breitseiten; daher die Bezeichnung

»Linienschiffe«. Kleiner als die Linienschiffe waren die Fregatten, Korvetten, Briggs, Schoner sowie die Küstenfahrzeuge Ewer, Kuff, Jacht, Schaluppe, Kutter und Lugger. Ein Kennzeichen dieser Segelschiffe war unter anderem ihre Takelage, also Maste, Rahen, Gaffeln und Tauwerk (→ Segelmacher). Um die Mitte des 19. Jahrhunderts wurde in den Vereinigten Staaten als eine der Folgen des »Goldrausches« in Kalifornien der Klipper entwickelt. Als Erfinder dieses neuen, schnellsegelnden Schiffstyps gilt der Bostoner Schiffbauer Donald MacKay, dessen Schiffe Flying Cloud und Sovereign of Seas eine neue Ära im Schiffbau einleiteten.

Ein Schiffbauplatz war bis zur Endphase des Holzschiffbaus im 19. Jahrhundert meist nicht mehr als ein umzäuntes Grundstück am Wasser, auf dem noch Schuppen und Buden für das Material, die verschiedenen zum Trocknen aufgestapelten Bauhölzer und Geräte standen. Das Gelände mußte zum Wasser hin leicht geneigt sein, damit man die Schiffe später ablaufen lassen konnte. Maschinen gab es praktisch keine, wohl aber mußten die Schiffbaumeister eine Anzahl Gerätschaften besitzen, ohne deren Hilfe das oft tonnenschwere Eichenholz nicht bewegt werden konnte. Verschiedene Arten von Winden, Hebezeuge wie Hubschrauben, Rollen sowie Handbäume und Speichen aus Metall und Eschenholz gehörten zum festen Inventar. Die Planken und Balken wurden der Länge nach aus dem Stamm gesägt. Zwei Säger bedienten die Zieh- oder Kransäge, wobei der eine auf dem Stamm stand und die Säge führte, der andere von unten zog. Das Biegen der Planken war eine besondere Kunst, und um die erforderliche Krümmung oder Schmiege zu erhalten, wurden sie gebrannt oder gekocht. Neben diesen Geräten und Werkzeugen, die der Meister besitzen mußte, brachte jeder Schiffszimmerer selbst eine ganze Anzahl von Werkzeugen, die sein Eigentum waren, mit auf den Bauplatz. Dazu gehörten Schneidwerkzeuge wie Beile und Dechsel (Deißel), Bohrer verschiedener Größen und Brustleier, Stemmeisen, Hämmer (wie die schweren Mooker zum Einschlagen eiserner Bolzen) sowie diverse Handsägen und Hobel. Ferner Meßwerkzeuge wie Zirkel, Zollstock, Schmiegen zum Übertragen von Winkeln und hölzerne Gelenkketten (Ledemall) zum Übertragen von Kurven.

Die Beschaffung von geeignetem Bauholz galt als schwierig, denn nirgends kam es derart auf makellose Dichte des Holzes an wie im Wasser, wo Astlöcher und faule Stellen zum Verhängnis werden konnten. Die Eichenstämme wurden nach dem Fällen zunächst im Wasser gelagert, das allmählich den Saft und etwaige Pilzsporen herauslöste, und danach bei guter Luftzufuhr getrocknet. Bei richtiger Behandlung lagen zwischen dem Fällen und der Verwendbarkeit des Holzes an die zehn Jahre. Bei der chronischen Knappheit an Bauholz von großer Länge und Stärke kam es häufig vor, daß die Bäume nicht im Winter geschlagen und zu kurz getrocknet wurden. Die Folge waren Fäulnisschäden, die den Schiffen eine nur kurze Lebenszeit bescherten. Bekannt wurde zum Beispiel der Fall der Queen Charlotte, die, 1810 in England gebaut, zwei Jahre nach ihrem Stapellauf fast vollständig verfault war, ohne je die offene See gesehen zu haben. Holzbeschaffung und Holzverknappung wurden im Schiffbau zu hochpolitischen Themen, und rigorose staatliche Maßnahmen sorgten für den Schutz bestimmter Wälder zur Sicherung des expandierenden Schiffbaus.

Der Bau eines Schiffes begann mit dem Auslegen des Kielbalkens (»auf Kiel legen«) auf der geneigten Helling, dem Bauplatz. An den Enden des Kiels wurden Vor- und Achtersteven angefügt und dann die Spanten nach einem Spantenplan auf dem Kielbalken aufgerichtet. Steven und Spanten wurden bei größeren Schiffen aus einzelnen Hölzern zusammengesetzt und mit Holz- oder Eisendübeln verbunden. Wenn möglich, nützte man die vorhandenen Krümmungen des gewachsenen Holzes aus. Auf dieses Spantgerippe brachte man nun die äußere und innere Beplankung auf, wobei die innere der zusätzlichen Festigkeit und dem Schutz der Ladung vor Feuchtigkeit diente. Nach dem Einbau der Decksbalken und dem Verlegen des Decks wurden die äußeren Plankennähte mit Werg und Pech abgedichtet. Jetzt konnte der Schiffsrumpf auf einer eingefetteten Bahn »vom Stapel« ins Wasser laufen, damals wie heute ein aufregendes und festliches Ereignis. Der Orientalist Joseph Freiherr von Hammer-Purgstall berichtet anläßlich eines Halwafestes 1799 aus Konstantinopel: »Am nächsten Tag wurde ein eben vollendeter Dreidecker in Gegenwart des

Sultans von Stapel gelassen. […] Alle Schiffe des Hafens flaggten und donnerten Kanonengrüße. Der Kapudan-Pascha verteilte Pelze und Medaillen an die Schiffbauer und ihre Leute, er selbst wurde durch den Beifall des Sultans belohnt.«

Mit dem Stapellauf war die Arbeit des Schiffszimmermanns im großen und ganzen beendet, und die Tätigkeit des Schiffers und der Bootsleute setzte ein, die das Schiff nun mit Masten, Rahen, Gaffeln sowie der übrigen Takelung (»stehendes und laufendes Gut«) und mit Segeln ausstatteten. So waren am Bau eines Schiffes und seiner Ausrüstung neben den Schiffszimmerleuten (Lehrknechte, Werkleute und Meister) und ihren Hilfskräften wie Grobhauer, Säger, Bohrer, Wergpflückerinnen, → Kalfaterer, → Pech- und Teersieder auch Schmiede (z. B. → Grob-, Nagel-, → Kupfer- und Ankerschmiede), Reepschläger, → Segelmacher, Blockdreher, Mastenmacher, Takler, Blechschläger und Kompaßmacher beteiligt.

Die Arbeitszeit der Holzschiffbauer war genau vorgeschrieben und richtete sich nach dem Tageslicht, denn offenes Licht war wegen der Gefahr von Feuersbrünsten zu gefährlich. Gearbeitet wurde im Sommer von morgens um fünf Uhr bis abends um neunzehn Uhr, im Winter von sechs Uhr bis zum Dunkelwerden; wer zu spät oder mit stumpfem Werkzeug kam, dem wurde eine Stunde vom Tagelohn abgezogen. Die Werkleute wurden auch kontrolliert, ob sie nicht zuviel Holz vom Bauplatz mit nach Hause nahmen oder mutwillig Bauholz zerschnitten. Größter Wert wurde darauf gelegt, daß der Werkmann die angefangene Arbeit am Schiff nicht vor dessen Fertigstellung verlassen durfte, es sei denn, er erhielt Urlaub vom Meister oder er wollte zur See fahren. Diese Einschränkung traf man deshalb, um auch die Schiffe auf See ständig mit Schiffszimmerleuten zu versorgen. Denn auch während der Fahrt benötigte man ja Schiffszimmerleute, um etwaige Schäden oder durch Stürme verursachte Mastbrüche und Lecks zu reparieren.

~

HUTMACHER (auch Huter, Hutwalker, Hutfilter) waren bereits im 13. Jahrhundert in Paris tätig, in Lübeck werden 1321 die Meister der Filter erwähnt, 1360 traten sie in Nürnberg unter dem Namen Filzkappenmacher auf, in Wien erhielten sie 1400 ihre erste Handwerksordnung, und von 1407 stammt eine erste Ordnung der hudemecher in Frankfurt am Main. Das Handwerk der Hutmacher hat sich aus dem der → Tuchmacher und → Wollschläger entwickelt, denn eine der wichtigsten Arbeiten der Hutmacherei, das Fachen, war dem Wollschlagen sehr ähnlich. In Straßburg haben Hutmacher bis zur Mitte des 14. Jahrhunderts auch Wolle um Lohn geschlagen, in München fand erst 1428 eine Abgrenzung zwischen den Lodenwebern und den Hutmachern statt, und in Hamburg bildeten sie noch bis zum Beginn des 15. Jahrhunderts mit den Tuchmachern ein Amt.

Eine weitverbreitete Hutform war der kegelförmige Filzhut, der seit dem 11. Jahrhundert vor allem vom Adel getragen und später mit aufgekrempeltem Rand und mit Pelz oder Pfauenfedern ergänzt wurde. Die Juden mußten einen behördlich verordneten gelben Spitzhut tragen, der sie dem Spott der Straße preisgab. Der Spitzhut wurde dann eine Zeitlang durch die Gugel verdrängt, kam aber bald in Verbindung mit ihr als Gugelhut wieder auf und erhielt sich bei Jägern und Reisenden bis ins 16. Jahrhundert. Nach der Zeit des Baretts kam um 1550 wieder der Hut zu Ehren, zuerst als hoher, gesteifter spanischer Hut ohne Krempe, dann als niederländischer, später sogenannter Rubenshut und bald nach Beginn des 17. Jahrhunderts als breitkrempiger schwedischer Schlapphut oder »Wallensteiner«. Unter Ludwig XIV. wurden die Hüte auch hinten aufgeschlagen und auf beiden Seiten hinaufgebogen, woraus die zweispitzigen und die dreieckigen Hüte (Dreimaster, Dreispitze) entstanden, die fast hundert Jahre hindurch überall getragen wurden. Auf die dreieckigen Hüte folgten die Chapeaux bas, ganz flache Hüte, die nur unter dem Arm getragen wurden. Kurz vor der Französischen Revolution kamen, zuerst in England, dann auch in Frankreich, die runden Hüte auf. Die dreieckigen Hüte herrschten noch, besonders in Deutschland, bis zum Ende des 18. Jahrhunderts vor. In Frankreich kamen nach 1796 eine Zeitlang wieder dreieckige Hüte, die Incroyables, mit ungeheuer großen Krempen auf.

Seidene Zylinderhüte tauchten, obgleich in ähnlicher Form bereits im 15. Jahrhundert getragen, als Modeerzeugnis zuerst um 1805 in London auf und bestanden aus schwarzem Felbel (Seidenplüsch) mit einem Gestell aus Pappe, die mit Schellack gesteift war.»Mechanische« oder Gibushüte (Chapeaux claques) bestanden aus Tibetstoffen oder Atlas, der über einen Mechanismus zum Zusammenklappen gespannt war und bei höchster Gala, bei Hof und von Diplomaten getragen wurde. Die bei den revolutionären Bewegungen in der ersten Hälfte des 19. Jahrhunderts aufgekommenen breitkrempigen niedrigen (hellfarbigen oder schwarzen), anfangs als Carbonari-, Hecker-, Turner- und Demokratenhüte mißliebigen Hüte sind in vielerlei Formen verwendet worden. Der Hut galt auch als Standeszeichen der geistlichen Würdenträger (Kardinals-, Erzbischofs-, Bischofs- und Protonotarienhut) und weltlichen Standespersonen (Fürsten-, Markgrafen-, Kur-, Herzogs- und Doktorhut).

Die Hauptaufgabe der Hutmacher war es, durch Verfilzung aus Wolle oder Tierhaaren ohne Bindemittel einen festen und dichten Stoff zu bilden und diesem Filz ohne Naht eine beliebige Form zu geben. Für die nicht aus Schafwolle verfertigten Hüte verwendete man vor allem Haare von Bibern, Bisamratten, Seehunden, Affen, Kamelen, Waschbären, Fischottern, Hasen, Kaninchen und Ziegen. Zur Herstellung des Hutfilzes wurden nun die Haare der mit Scheidewasser (das Quecksilber und Arsenik enthielt) gebeizten Felle durch Rupfen mit einem Rupfeisen oder Schneiden (Abmeißeln) mit dem Schneidblech entfernt, sortiert, gewaschen und getrocknet. Die Beize und ihre Zusammensetzung hat man früher streng geheimgehalten und ihr deshalb den Namen secret gegeben. Dieses Geheimnis trug freilich zur typischen Hutmacherkrankheit bei, die sich durch Zittern in den Gliedern, Gliederschmerzen und Lähmungserscheinungen äußerte. Ja bisweilen traten sogar geistige Störungen auf, und der englische Ausdruck as mad as a hatter,»verrückt wie ein Hutmacher«, verweist aller Wahrscheinlichkeit nach auf diese Erkrankung. Die nächste Arbeit war das »Fachen« auf der Fachtafel, dem Arbeitstisch. Mit Hilfe des Fachbogens, einer langen Holzstange, die mit einer Darmsaite bespannt war und mit dem Schlagholz zum Schwingen gebracht wurde, lockerte

Männer bei der Herstellung von Hüten in einem Berliner Kostümatelier. Photographie, um 1900

man die Haare auf und formte aus der sich bildenden flaumigen Haarschicht ein dreieckiges sogenanntes Fach. Das Fach wurde angefeuchtet und durch Drücken, Reiben, Schieben unter Benutzung eines Siebes (Fachsieb) und weiteres Kneten in Leinentüchern oder dickem Papier in Filz verwandelt. Zum Formen des Hutes vereinigte man kegelförmig zwei Fache an den Rändern durch andauerndes Walken mit den Händen unter Zuhilfenahme des Rollholzes und Eintauchen in eine siedende Walkbeize; dabei wurde die Krempe gebogen und dann der Boden (Kopf) durch Ein- und Ausstoßen in die Form gebracht (in den Kranz geschlagen). Zum Trocknen und zur Formvollendung zwang man den Hut über eine Form aus Linden- oder Erlenholz. Die Anfertigung wollener Filzhüte war mühsamer und nahm mehr Zeit in Anspruch als bei Haarhüten; diese wurden aus Wollvlies, das wie ein

Fach zugeschnitten war, gewalkt und geformt. Nach dem Färben und Lüften erfolgte über Holzformen ein abermaliges Waschen mit weichen Bürsten, das sogenannte Glänzen, und nach dem Trocknen das Steifen mit Leim, der eingedampft wurde. Nun konnte der Hut zugerichtet werden, wobei er durch Bügeln Strich und Glanz erhielt. Seine gänzliche Vollendung erhielt er durch das Staffieren (Ausschmücken), worunter das Einfassen der Krempe, das Anbringen des Futters und des Schweißleders, das Aufnähen von Tressen und Federn gemeint war. Zu Beginn des 17. Jahrhunderts bildete sich ein eigenes, meist unzünftiges Gewerbe der Staffierer (Hutschmücker, Hutstepper) heraus, die auch Putzmacherinnen beschäftigten. Gegen Ende des Jahrhunderts finden sich in Deutschland mehr und mehr (meist durch Hugenotten betriebene) Hutmanufakturen, beispielsweise in Berlin und Erlangen; aber auch im kleinbetrieblichen Handwerk setzte sich die Arbeitsteilung allmählich durch. Das Haarrupfen und -schneiden, das Fachen und Walken, das Färben und Staffieren wurde immer mehr von unterschiedlichen Arbeitskräften verrichtet. Den Meisterfrauen und Töchtern war es jedoch untersagt,»Männerarbeit« zu leisten, und ihr Beitrag beschränkte sich auf das Hutschmücken und den Verkauf. Ende des 19. Jahrhunderts hatte sich die fabrikmäßige Hutproduktion schließlich durchgesetzt und das Handwerk weitgehend verdrängt. Gelegentlich bezogen die Hutmacher noch gefärbte Stumpen, die sie zu Hüten formten und staffierten, doch immer mehr verlegten sie sich auf den Handel, das Umformen und die Reparatur.

Ein redlicher, arbeitsamer und geschickter Handwerksmann oder Künstler ist eine der nützlichsten Personen im Staate und es macht unsern Sitten wenig Ehre, daß wir diesen Stand so gering schätzen. Was hat ein müßiger Hofschranze, was hat ein reicher Tagedieb, der um sein bares Geld sich Titel und Rang erkauft hat, vor dem fleißigen Bürger voraus, der seinen Unterhalt auf erlaubte Weise durch seiner Hände Arbeit erwirbt?

Adolph Freiherr Knigge

KALFATERER nahmen die Dichtung der Plankennähte eines Holzschiffes mit Werg und Pech vor. Die Arbeit bestand darin, in Drähte gewickeltes Werg mit Hilfe des Kalfat- oder Dichteisens in die Nähte zu schlagen. Man schlug üblicherweise drei bis vier Drähte übereinander. Zum tieferen Eintreiben des Wergs bzw. zum Öffnen der Plankennaht benützte man das Klammeisen, während das Rabatteisen dazu diente, den letzten Wergdraht zu glätten. Nach dem Dichten vergoß man die Nähte mit Hilfe eines Pechlöffels mit Pech, um das Werg gegen Feuchtigkeit und Verrottung zu schützen. Die Arbeit des Kalfaterns wurde bisweilen auch von den Schiffszimmerleuten verrichtet.

~

KAMMACHER (auch Strählmacher) verfertigten in ihren übelriechenden Werkstätten Kämme hauptsächlich aus Horn, aber auch aus Schildpatt, Elfenbein, Ochsenknochen, Buchsbaum- und Ebenholz. Zahlreich waren die Gattungen von Kämmen: feine und ordinäre Staubkämme, Toupet- oder Frisierkämme, Aufsteck- oder Putzkämme, weite Ausricht-, krumme Stirn-, Locken- und Chignonkämme. Bereits 1428 erhielten die Wiener Kammacher eine Ordnung, und in Nürnberg schlossen sie sich 1535 mit den Hornrichtern und Kalamalmachern (Schreibzeugmachern) zusammen.

Sehr beliebt war ungarisches Ochsenhorn, dessen hohle Teile, wie auch die von anderen Hörnern, vorerst zu Platten gepreßt und mit der Örtersäge in dünne Scheiben geschnitten wurden (Hornschneider). Die meist zu dicken Platten wurden dann mit dem Meißel gespalten, wieder gepreßt, mit dem Behaumesser an der Zahnseite keilförmig verdünnt und mit dem Bockmesser völlig eben geschabt. Zum Abrichten ihrer Kanten und zum Glätten aller Flächen bediente man sich der Bestoß- und Handfeile. Schildpatt, Elfenbein oder Buchsbaumholz bedurften weit weniger Vorarbeit als Horn. Das folgende Einschneiden der Zähne blieb bis zur Mitte des 19. Jahrhunderts ausschließlich Handarbeit. Die Länge der Zähne wurde vorgezeichnet oder angerissen und die Hornplatte in eine hölzerne Kluppe eingespannt, die auf einer niedrigen Bank befestigt war. Die Sägen zum Einschneiden waren nach Stärke oder Feinheit der Zähne verschieden. Die fertigen Zähne wurden mit Feilen angespitzt und gerundet. Völlige Glätte und höchsten Glanz erhielten die Kämme durch Schleifen (Reiben) und Polieren. Oft waren die Kämme an Schild oder Feld mit durchbrochenen oder gepreßten Verzierungen versehen, gebeizt oder gefärbt. Im 19. Jahrhundert wurde das Horn und Bein dann weitgehend durch die billigeren Materialien wie Hartgummi, Zelluloid und Galalith verdrängt, die maschinell in größeren Betrieben verarbeitet wurden.

~

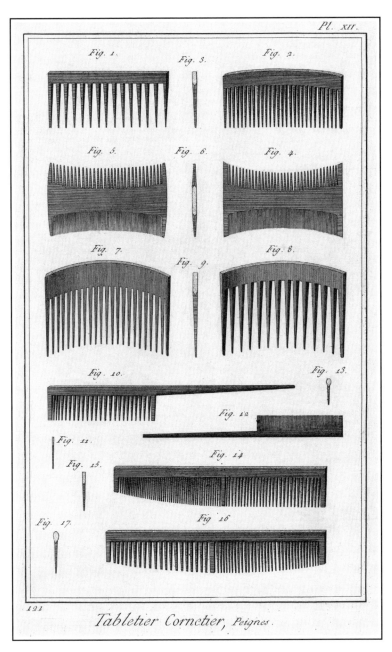

Kämme (Peignes). Kupferstich, 1771

KASTRIERER (auch Geizer, Gelzenleichter, Sauschneider, Nonnenmacher) verstanden sich auf den Kunstgriff, weiblichen Tieren die Eierstöcke und männlichen die Hoden zu entfernen. Daß man sie für infame, des Handwerks unfähige Leute hielt, sei nichts anderes als »des gemeinen Pöbels Irrwahn«, wie sich eine österreichische Verordnung von 1699 ausdrückte. In dieser besonderen »Deklaration« Kaiser Leopolds werden übrigens die »supplicirenden Schwein-Schneider« für zunftfähig erklärt. Jedoch das Kastrieren blieb ein verspottetes Gewerbe, und eines der beliebtesten Volkslieder des 18. Jahrhunderts hieß *Acht Sauschneider müssen sein*, das sogar im *Galimathias musicum* des zehnjährigen Mozart und im *Capriccio in G-Dur für das Fortepiano* von Haydn vorkommt.

Ursprünglich ein sakraler Ritus, wurde das Tierverschneiden später meist aus wirtschaftlichen Gründen von den Kastrierern an Männchen, weniger an Weibchen ausgeführt; heute praktizieren es hauptsächlich die Tierärzte. Der männliche Kastrat heißt beim Pferd Wallach, beim Rind Ochse, beim Schaf Hammel, beim Schwein Borg, beim Huhn Kapaun; die kastrierten Hennen heißen Poularden und Geize das kastrierte weibliche Schwein.

~

KATTUNDRUCKER beherrschten die Kunst, Baumwollgewebe (Kattune, Kalikos, Kammertuch, Perkal, Musselin, Croisé) mit farbigen Mustern zu bedrucken (örtliche Färbung). Dazu bedienten sie sich verschiedener Druckmodelle, Beizen und Farben. Die Druckform wurde mit Farbe versehen, auf das Gewebe gebracht und die Farbe durch einen Schlag mit einem hölzernen Hammer auf die Rückseite des viereckigen Holzblocks in das Zeug getrieben. Eine Nachahmung der Handarbeit war die Plattendruckmaschine (nach dem Erfinder Perrot aus Rouen Perrotine genannt) mit mechanischer Auf- und Abwärtsbewegung der flachen hölzernen Formen, auf denen das Muster durch herausragende Messingfiguren gebildet war. Für jede Farbe war eine Form vorhanden, und alle Formen druckten gleichzeitig. Das Gewebe wurde auf einem gepolsterten Tisch ausgespannt; nach jedem Druck gingen die Formen zurück, wurden mit Farbe versehen, während das Gewebe jedesmal um die Breite einer Form vorrückte. Dieser Pressendruck wurde von der wirtschaftlicheren Walzendruckmaschine abgelöst. Die Technik der Woll-, Seiden- und Leinendruckkerei glich jener der Baumwolldruckerei.

Beliebt waren, nach orientalischem Vorbild, Rotdrucke, chinesische Motive, ornamentale und landschaftliche Dekorationen, besonders aber Nachahmungen der Seidenstoffmuster des Rokoko- und des Empirestils. Volkstümliche Zeugdrucke bildeten Taschentücher, oft mit politischen Darstellungen, Vivatbänder mit Gedichten zu Hochzeiten oder als Erinnerungen an Schlachten.

~

KÖHLER (auch Kohlenbrenner) lebten meist in der einsamen Abgeschiedenheit dunkler Wälder, wo sie in Meilern Holz zu Holzkohle verkohlten. Ihre Lebensart war recht armselig und mühsam. Tag und Nacht mußten sie wachsam sein, und die wenigen Stunden, die zum Ausruhen blieben, verbrachten sie in primitiven Hütten (Kothen) auf einem Lager aus Reisig und Baumrinden. Es wurde berichtet, das Köhlerdasein sei durch Schlafmangel und »dauernde Angstzustände« und die meisten Köhler »durch vernarbte Brandwunden« gekennzeichnet gewesen. Ihre tägliche Mahlzeit bestand oft nur aus einer dünnen Wassersuppe, und hin und wieder fingen sie einen Hasen oder Fuchs. Sie galten als rebellische Gesellen, deren Symbole und Riten beispielsweise von den Carbonari, einem politischen Geheimbund, der während der französischen Herrschaft über Neapel 1806 entstand, entlehnt wurden. Die »Reinigung des Waldes von Wölfen«, das hieß der Kampf gegen die Tyrannei, war die Grundlage ihrer Symbole; die Mitglieder nannten sich »gute Vettern«; der Versammlungsort hieß »Hütte« (baracca), deren Inneres »Kohlenverkauf« (vendita). Sie strebten nach nationaler Unabhängigkeit und freisinnigen Staatsformen. Auch Frauen finden sich in der Köhlerei, die in den Ostalpen ein Erwerb für ältere, steif gewordene Waldarbeiter war, und in den Pyrenäen wurde sie von Leprakranken und ihren Nachkommen betrieben.

Die Holzkohle war der wichtigste Brennstoff für die Eisenverhüttung

Köhler zünden von oben den Kohlenmeiler an.
Photographie, 1928

und -verarbeitung in früheren Zeiten. Die Hochöfen verschlangen riesige Mengen an Meilerkohle. Forstbeamte des englischen Königs zählten schon Ende des 13. Jahrhunderts allein im Forest of Dean in der Grafschaft Gloucestershire mit einer Waldfläche von etwa hundertzwanzig Quadratkilometern zweitausenddreihundert Meiler. Wo das Holz, wie im Gebirge, nicht am Schlag verkohlt werden konnte, mußten die Stämme im Sommer auf Holzriesen oder in Flüssen getriftet oder im Winter auf Schlitten ins Tal transportiert werden, wo in der Nähe der Stauweiher und Schleusen Zentralköhlereien eingerichtet waren. In Österreich gab es solche unter anderem an der Enns bei Hieflau und Großreifling, wo zu Beginn des 19. Jahrhunderts jährlich zwölftausend bis achtzehntausend Klafter Holz verkohlt wurden.

Bei der seit dem Altertum üblichen Meilerverkohlung wurden gesunde, lufttrockene Holzscheite in kegelförmigen Haufen (Meilern) um Pfähle (Quandel) aufgesetzt und mit einer luftdichten Decke von Gras, Laub, Moos und feuchter Walderde überzogen. Nun zündete man den mit trockenem Reisig, dürren Blättern und Kienspänen gefüllten Feuerschacht, der rund um den Pfahl frei gelassen worden war, von oben an, und nach sechs bis acht Tagen »kochte« der ganze Meiler. Bei einer Temperatur von dreihundert bis dreihundertfünfzig Grad Celsius verflüchtigten sich Wasser, Teer, Kohlensäure, Kohlendioxyd, Wasserstoff und Kohlenwasserstoff, und der Kohlungsprozeß setzte ein. Die Aufgabe des Köhlers war es, mit Fingerspitzengefühl Tag und Nacht den Windzug so zu »dirigieren«, daß der Meiler weder erlosch noch in helle Flammen geriet und »durchging«. Große Meiler mit einem Volumen von sechzig bis hundert Raummetern brannten bei guter Witterung für gewöhnlich mehrere Wochen. Verkohlt wurde auch in Gruben und ab dem Ende des 18. Jahrhunderts in Öfen. Liegende Meiler, bei denen das Holz horizontal um die Achse geschichtet wurde, waren speziell im östlichen Europa und in Skandinavien gebräuchlich.

~

KORBFLECHTER (auch Körber, Kerbler, Zeinler) stellten Flechtwerke hauptsächlich aus Ruten der strauchartig wachsenden Weiden (Korb-, Sal- und Blendweiden) her, die in der Regel Ende April oder Anfang Mai geschnitten wurden. Mit einem einfachen Werkzeug, einer Art Zange, die man »Klemme« nannte, wurden die Weidenruten geschält. Für feine Geflechte spaltete man die Zweige oft noch mit dem »Reißer« in zwei oder mehrere Teile (Schienen), hobelte die rauhen Schnittflächen mit dem Korbmacherhobel und beschnitt die Kanten mit dem »Schmaler«. Um die Biegsamkeit der zugerichteten »Schienen« zu verbessern, weichte man sie vor der Verarbeitung ein. Die Flechtarbeit bei einem Korb beispielsweise begann mit dem Bodenkreuz, in das die Ruten für das Gerüst hineingesteckt wurden. In das Gerüst wurde dann der Rumpf geflochten, wobei die ersten über dem Boden angebrachten Flechtringe »Kimme«, der angeflochtene untere Rand »Fuß« und der obere »Borde« genannt wurden. Viele Körbe fertigte man über hölzerne Klötze oder Formen, um leichter die regelmäßige und symmetrische Gestalt zu erhalten. Während des Flechtens schlug man die Ruten oder »Schienen« mit einem Klopfeisen ständig dicht zusammen. Die Erzeugnisse des Korbmachers reichten vom einfachen Korb über Reise- und Flaschenkörbe, Handarbeits- und Blumenkörbe, muschelförmige Wannen (zur Reinigung des Getreides und für verschiedene Sämereien) bis hin zu Korbmöbeln (»Gestellarbeit«).

~

KUPFER- UND KUPFERHAMMERSCHMIEDE

unterschieden sich dadurch, daß die einen in handwerklichen Kleinbetrieben, die anderen in arbeitsteiligen Hammerschmieden mit wassergetriebenen Hämmern ihre Produkte herstellten, wobei sich das Arbeitsgebiet bei größeren und schwereren Kesseln und Zubern für Bierbrauer, Färber, Seifensieder und Lichterzieher, zum Baden, Waschen und Kochen überschnitt.

Kupfer war wohl das erste Gebrauchsmetall zur Herstellung von Waffen und Geräten. Die Ägypter betrieben schon 5000 vor Christus auf der Halbinsel Sinai den Kupferbergbau, und die Phönizier bauten

Kupferschmiede in der Werkstatt. Photographie, um 1920

den »roten Stein« in eigenen Gruben auf Zypern, der wichtigsten antiken Lagerstätte, ab. Nach der Insel benannten die Römer das Metall aes cyprium, später cuprum. Während der Völkerwanderung kamen viele Bergbaubetriebe zum Erliegen – mit Ausnahme der im fränkischen Lahngebiet und Siegerland gelegenen. Fränkische Bergleute verbreiteten dann wieder die Kenntnis von der Gewinnung des roten Metalls. Im 15. und 16. Jahrhundert errichteten die Fugger nahezu ein Kupfermonopol durch Konzentration der Gewinnung in Tirol, Ungarn und Spanien sowie durch ihre überregionalen Handelsgesellschaften.

Um die nachteiligen Eigenschaften des Kupfers, etwa seine geringere Härte, auszugleichen, legierte man es beispielsweise mit Zinn zu Bronze oder mit Zink zu Messing. Dadurch eröffnete sich eine Vielfalt an Verarbeitungstechniken und Erzeugnissen, die schon im Spätmittelalter zum Entstehen von kupferverarbeitenden Berufen beitrug. Die Messing- und Beckenschläger, Gelbgießer, Blechschmiede, → Gürtler, → Zeug- und Zirkelschmiede, Waagen- und Gewichtemacher stellten Waren für den eher gehobenen Bedarf her, während die Kupferschmiede vor allem Gebrauchsgegenstände für den täglichen Bedarf verfertigten. Sie hießen auch nach ihrem verbreitetsten Produkt Kesselschmiede oder Keßler und nach der hauptsächlichen Arbeitstechnik Kaltschmiede. Neben den schon genannten Großgefäßen hämmerten, dengelten und trieben die Schmiede in ihren Werkstätten aus Kupfertafeln und -blechen Pfannen, Töpfe, Becher, Backformen, Flaschen, Kannen, Herdschiffe, Wasserbehälter, Gießkannen, Badewannen, Waschbecken, Trichter, Siebe, Fuß- und Bettwärmer, aber auch anspruchsvollere Geräte wie Samoware, Branntweinblasen und Kühlröhren, Leuchter und Lampen. Zu ihrem Arbeitsbereich gehörte ferner die Verkleidung von Dächern und Turmspitzen mit Kupferblechen. Die wichtigsten Werkzeuge waren neben diversen Ambossen verschiedener Größe Gesenke und Punzen, der Polter-, Boden-, Seiten- und Stemphammer aus Holz sowie der Verschlag-, Reihen-, Tief-, Weiter-, Kreuz- und Kruglhammer aus Eisen; ferner Schneid- und Beißzange, Lötkolben, Meißel, Durchschläge, Feilen und Raspeln, Schabeisen und Grabstichel, Schraubstock und Gerbstahl (zum Polieren) sowie die Esse mit dem Blasebalg. Zusammengefügt wurden die Werkstücke durch Löten mit Hartlot, durch

Falzen und Nieten, und oft verzinnte, versilberte oder vergoldete man sie noch.

~

KUPFERSTECHER übten die Kunst aus, durch Eingravieren einer Zeichnung in eine Kupfertafel eine Druckplatte herzustellen, die beim Abdruck ein Abbild der Zeichnung ergab. Bei dem eigentlichen Kupferstich wurden mit dem Grabstichel gerade, geschwungene, an- und abschwellende Linien in die Platte eingegraben. Eine andere Technik war die Radierung, bei der man die völlig ebene und polierte Platte mit einem Ätzgrund aus harzigem Firniß überzog und die Zeichnung mit der spitzen Radiernadel einritzte. Sodann goß man das Ätzwasser (Salpetersäure) auf, das die geritzten Linien sofort angriff und vertiefte. Waren alle Striche hinreichend geätzt, wurde die Platte mit Wasser abgewaschen und der Ätzgrund mit Terpentinöl und einem Lappen entfernt. Im Gegensatz zur Radierung wurden bei der Aquatinta (Ätzlavierung), einer weiteren, von Jean Baptiste Leprince um die Mitte des 18. Jahrhunderts erfundenen schwierigen Technik, die Umrisse der Zeichnung leicht eingeätzt, dann wurde die Platte gleichmäßig mit Kolophonium oder Mastix bestäubt und erwärmt. Auf der so erhaltenen rauhen Fläche wurden durch wiederholtes Abdecken oder Ätzen Lichter, Halbschatten und Schatten abgestuft. Zuletzt sei noch die Crayonmanier (von Jean-Charles François um 1750 erfunden) zur Nachahmung von Kreidezeichnungen erwähnt, bei der man mit der Roulette, einem kleinen, gezahnten Rädchen, dem Mattoir, einer gezahnten Punze, sowie mit Nadeln und Grabsticheln die Zeichnung in Punkten auftrug. Der farbige Kupferstich, der in Aquatinta oder Crayonmanier eine buntfarbige Darstellung erzeugte, wurde mit mehreren verschiedenfarbigen Kupferplatten nacheinander ausgeführt (Farbenkupferdruck).

Bedeutende Kupferstecher waren Martin Schongauer, Albrecht Dürer, Lucas Cranach, Jost Amman, Matthäus Merian, Christoff Weigel, Daniel Chodowiecki, Francisco Goya und Käthe Kollwitz.

Das Geflecht menschlicher Tätigkeiten gleicht dem Kosmos; wie er ist es unermeßlich und unergründlich. Der Versuch, die verschwundene Arbeit ans Tageslicht zu fördern, ist gewagt und heißt nach den Sternen greifen.

Rudi Palla

Landsknechte waren »Leute aus dem Lande« und verdingten sich vom 15. bis zum Ende des 17. Jahrhunderts, als es in Deutschland noch keine stehenden Heere gab, »der blanken Gulden wegen« als Söldner bei den jeweiligen Kriegführenden. Krieg geführt wurde damals fortwährend, und ein Heer aufzustellen war nur eine Frage des Geldes, denn Berufssoldaten und solche, die es werden wollten, gab es genug. Es waren Handwerksgesellen darunter, die das Betteln um Arbeit und die Ausbeutung durch die Meister leid waren; Bauern, die durch Überfälle Hof und Familie verloren hatten, entlaufene Mönche, verbummelte Studenten, ganze Räuberbanden aus Leuten, die der Fron entflohen waren; abenteuerlustige Söhne reicher Bürger, die sich eine Offiziersstelle zu kaufen trachteten und reiche Beute machen wollten; und alle jene, die kein Dach über dem Kopf und nichts im Magen hatten, aber doch leben wollten. Der Kriegsherr gab einem erprobten Krieger als Feldhauptmann oder Feldoberst das Patent (Artikelbrief), »ein Regiment Knechte aufzurichten«. Der Feldhauptmann hatte meist schon seinen Stellvertreter (Oberstleutnant) zur Hand, auch ein paar bewährte Hauptleute, oft heruntergekommene Adlige, die ihrerseits kampferfahrene Haudegen um sich hatten, die ihre Leutnants und Feldwebel wurden. Was sich in diesen Landsknechtsheeren zusammenfand, war ein wildes Volk mit »Haaren auf den Zähnen«, das heißt mit dem Schnauzbart auf der Oberlippe, in auffälligem Kleiderprunk, dem vielfach geschlitzten Obergewand, durch das überall das Unterfutter farbenprächtig hervorquoll, dem herausfordernden Hosenlatz und später der verrufenen Pluderhose. Die sich gerne selbst als die »frummen Landsknechte« bezeichnenden Soldaten erhielten ein Handgeld (Laufgeld) und wurden in eine Musterrolle eingetragen. Sein Handwerkszeug – Piken, Hellebarden, Schwerter, Schußwaffen, Blechhaube und Harnisch – hatte jeder Landsknecht selbst mitzubringen; besonders gut Ausgerüstete erhielten doppelten Sold. Den Sold zahlte der Pfennigmeister aus (Spießträger erhielten beispielsweise vier Gulden, Hauptleute vierzig und Obersten vierhundert), und nach geglücktem Feldzug gab es Schlacht- oder Sturmsold und meist reiche Beute. Die wichtigsten Personen im Stab (»hohe Ämter« oder Offiziere) waren: Schultheiß (Auditor), Wachtmeister, Quartiermeister und Profos (Ankläger), dem der Stockmeister mit den Steckenknechten zum Vollzug der Leibesstrafen unterstand, der Freimann (Henker) und für den Troß aus Marketendern und Marketenderinnen, Wirten, Köchen, Huren, Soldatenfrauen und -kindern, Schacherern und allerlei Gesindel der Hurenweibel (im Hauptmannsrang) mit Rennfähnrich und Rumormeister. Der Hauptmann befehligte das Fähnlein, das aus vierhundert Mann bestand (ein Regiment hatte zehn bis sechzehn Fähnlein), und als seinen Stellvertreter ernannte er den Locotenente oder Leutnant. Jedes Fähnlein hatte noch einen Fähnrich, einen Feldwebel, dem auch die taktische Ausbildung oblag, einen von den Leuten gewählten Gemeinweibel und die Rottmeister, welche die »Rotten« zu zehn Mann führten. Durch eine strenge Gerichtsbarkeit und das »Recht mit den langen Spießen« wurden die »turbulenten und aufsässigen Renommisten« notdürftig in Zucht gehalten. Ein zum Tode Verurteilter mußte sich selbst in die Spieße einer Gasse von Landsknechten stürzen. Bei Streitfällen trugen Ambosaten den Hauptleuten die Beschwerde der Söldner vor.

Auf ihren völlig ungeordneten Märschen übers Land war diese verwilderte Soldateska im wahrsten Sinne des Wortes eine Landplage, und

Die deutschen Landsknechte: Die Musterung.
Kupferstich aus »Die Illustrirte Welt«, 1865

Bürger und Bauern waren vor ihnen nie sicher. Nach einem zeitgenössischen Ausspruch (Hans Michael Moscherosch) bestand die Eigenschaft eines echten und tüchtigen Soldaten darin, alles, was ihm vorkam, zu rauben, zu verderben und umzubringen. Ging man »auf Partei«, so wurden Plünderungen in der Feldsprache genannt, wendete man die grausamsten Mittel an, um des von den Bauern versteckten Gutes habhaft zu werden. In der bekannten Plünderungsszene im *Simplizissimus* (I. Buch, 4. Kapitel) schildert Grimmelshausen, »was für Grausamkeiten in diesem unserm Teutschen Krieg hin und wieder verübet worden«. Der »schwedische Trunk« bedeutete beispielsweise das Eingießen von Jauche in den mit einem Holzstück geöffneten Mund. Man rieb den Opfern die Fußsohlen mit Salz ein und ließ sie von Ziegen ablecken. Führte auch das nicht zum Ziel, so band man den Hartnäkkigen die Hände auf den Rücken und zog mit einer Ahle ein Roßhaar durch die Zunge und bewegte dieses leicht auf und ab. Und auch die Drohung mit dem »roten Hahn«, dem Abbrennen von Haus und Hof, verfehlte ihre Wirkung selten. »Landsknechte lassen nichts liegen als Mühlsteine und glühende Eisen«, war eine sprichwörtliche Redensart. Wo man aber hinkam und nichts mehr mitnehmen konnte, vergewaltigte man Frauen und Kinder. Entlassene Landsknechte bedeuteten ein ständiges Element der Unruhe, und viele haben sich als Einzelgänger oder auch haufenweise dem Gaunertum angeschlossen.

Im Winter 1620 gehörte ein gewisser Chevalier du Perron zu den Truppen des deutschen Kaisers in Südböhmen. Ein Glücksritter, ein Söldner ohne Sold, der nur mit einem Anteil an der Kriegsbeute bezahlt wurde – und den man »die feinste Klinge Europas« nannte. Hinter dem Namen verbarg sich kein Geringerer als René Descartes, der große Erneuerer der abendländischen Philosophie und Begründer der modernen Mathematik.

~

LATERNENANZÜNDER sorgten bei Einbruch der Dunkelheit für das tägliche Anzünden (und Löschen) der Straßenbeleuchtung, als man in Wien Laternen einführte, die zunächst mit Öl und ab 1839 mit Gas betrieben wurden. Im Jahr 1688 wurde per kaiserlicher Resolution die öffentliche Beleuchtung von Straßen verfügt. Der erste Versuch fand mit siebzehn Laternen, die von Talglichtern erhellt wurden, in der Dorotheergasse statt. Neunzig Jahre später führte der Reformer Joseph Freiherr von Sonnenfels als Direktor der »Illuminationsanstalt« eine neue Öllampe ein, die »Stadtglocke« genannt wurde; sie bestand aus birnenförmigem weißem Glas mit kleinem Blechdach und Kamin. Dazu stellte Sonnenfels eine Truppe von Lampenknechten, sogenannten »Ölerern«, ein, die für die Wartung der dreitausend Öllampen der Stadt zuständig waren. Zu den Pflichten der Laternenanzünder, wie sie bald hießen, gehörte es auch, zu sorgen, daß den Laternen »von muthwilligen Frevlern und betrunkenen Leuten kein Schaden zugefügt« wurde.

Die neuen städtischen Gaslaternen waren mit Glühstrümpfen von Auer-Welsbach ausgerüstet, die mit Stadtgas zum Leuchten gebracht wurden. Der wichtigste Ausrüstungsgegenstand, gleichzeitig das Erkennungsmerkmal der Laternenanzünder, war die Hakenstange; mit ihr konnte, ohne daß man auf einer Leiter zur Lampe hinaufsteigen mußte, die Gaszufuhr mittels eines hebelförmigen Hahns geöffnet und wieder geschlossen werden. Ab 1912 wurden die Gaslaternen mit Zeitautomaten versehen, wodurch das tägliche Anzünden und Löschen der Glühstrümpfe entfiel. Die Laternen mußten nur mehr einmal in der Woche von den städtischen Laternenwärtern aufgesucht werden, um die Uhren aufzuziehen und die Glaszylinder zu putzen. Mitte der 1920er Jahre begann der Übergang zur elektrischen Straßenbeleuchtung, dennoch dauerte es bis November 1962, bis die letzte Wiener Gaslaterne im Rahmen eines Festakts gelöscht wurde.

Kurt Tucholsky, der große deutsche Satiriker und Gesellschaftskritiker, machte sich 1925 in einer Glosse, die in der *Weltbühne* erschien, über die Berliner Laternenanzünder, die er »Lucifaktoren« nannte, lustig:»Die Anforderungen an den Beruf sind hohe; der Mann, der sich als Aspirant vorstellt, muß über tadellose Papiere verfügen, aus politisch unbelasteter Familie stammen, eine freiwillige Übung bei einer Reichswehrbrigade mitgemacht haben und die Primareife eines Oberrealgymnasiums besitzen. Die Ausbildung erfolgt auf den Technischen Hochschulen, die Teilnahme an den dortigen Leibesübungen ist für den künftigen Verwaltungsbeamten absolut unerläßlich (Rumpfbeugen, Geschmeidigkeit des Körpers). Die Vorlesungen umfassen: Wesen und Begriff der Lichtwissenschaft; Geschichte des Beleuchtungswesens, unter besonderer Berücksichtigung des betreffenden Bundesstaates; Theorie der Lichtgebung; Ablicht und Anlicht; zur Soziologie der Beleuchtungswissenschaft. Dem Studium folgt ein Staatsexamen. Nach zehn bis zwölf Jahren Wartezeit erfolgt gewöhnlich die Ernennung zum Laternenanzünder, nach weiteren zwanzig bis dreißig Jahren die Beförderung (nicht: Ernennung) zum Chef-Laternenanzünder.«

In die Literatur eingegangen ist der Laternenanzünder durch Antoine de Saint-Exupéry. Im vierzehnten Kapitel seines empfindsamen Büchleins läßt er den kleinen Prinzen über ihn sagen:»Seine Arbeit hat wenigstens einen Sinn. Wenn er seine Laterne anzündet, so ist es, als setzte er einen neuen Stern in die Welt oder eine Blume. Wenn er

**Einer der letzten Pariser Laternenanzünder auf dem
Place de la Concorde. Photographie, um 1931**

seine Laterne auslöscht, so schlafen Stern oder Blume ein. Das ist eine sehr hübsche Beschäftigung.«

~

LATERNENTRÄGER boten ihre Dienste seit dem 17. Jahrhundert in den europäischen Großstädten an. Sie erfüllten die Funktion einer sozusagen mobilen öffentlichen Beleuchtung, und man konnte sie wie Droschken mieten, um sich heimleuchten zu lassen. Zu sehr unterschiedlichen Berufsauffassungen scheint es bei den Laternenträgern in Paris und London gekommen zu sein. In Paris waren häufig Polizeispitzel unter ihnen zu finden, berichtete Louis-Sébastien Mercier in Paris am Vorabend der Revolution (dt. 1967): »Die nächtlichen Wanderer mit ihren brennenden Laternen stehen im Dienst der Polizei und sehen alles, was vorgeht; Spitzbuben, die in kleineren Straßen Schlösser aufbrechen möchten, sind vor diesen unverhofft auftauchenden Lichtern niemals sicher. Der Laternenträger geht sehr spät schlafen und berichtet der Polizei am nächsten Tag alles, was er bemerkt hat. Nichts unterhält die Ordnung und verhindert die verschiedensten Unfälle wirksamer als diese Fanale, die hier und dort herumgehen und durch ihr plötzliches Auftauchen nächtliche Delikte unterbinden. Beim geringsten Tumult laufen sie zur Wache und legen Zeugnis über den Hergang ab.«

Die Londoner Laternenträger hingegen waren für ihre Kontakte oder gar Zugehörigkeit zur Unterwelt bekannt. Auch darüber gibt ein schriftlicher Beleg Auskunft, verfaßt 1892 von William C. Sidney (*England and the English in the 18th Century*): »Häufig steckten diese Diener der Öffentlichkeit mit Straßenräubern und Wegelagerern unter einer Decke und zögerten selten, auf das kleinste Zeichen solcher Komplizen hin das Licht auszulöschen und in der Dunkelheit zu verschwinden.«

~

LAVENDELWEIBER gehörten besonders im Sommer zum Wiener Straßenbild und fielen durch ihren melancholisch gesungenen Ruf »Kaufts an Lawendel / Zwanz'g Groschn a Bischal Lawendel, / an Lawendel hauma do / wer kauft uns an o!« auf. Der Feuilletonist Joseph August Lux schrieb 1910 im *Neuen Wiener Tagblatt* über die Lavendelverkäuferinnen:»Das arme Weiblein ist fast schon ein Stück Legende, eine freundliche Spukgestalt. Man sieht es so selten, man hört nur seinen Klagegesang. Er scheint aus zeitlichen Fernen herzukommen, aus den Fernen der Vergangenheit, aus den Fernen unsrer eigenen Kindheit.« Lavendel wurde unter anderem gegen Mottenfraß gern verwendet.

Eine andere saisonale Erscheinung auf Plätzen, Märkten und an Straßenecken waren die Blumenfrauen. Sie entstammten den städtischen und ländlichen Unterschichten und genossen geringes soziales Ansehen. Meist waren es verwitwete oder alleinstehende Frauen, die der Verarmung ausgeliefert waren und die sich durch das Feilbieten von Blumen ihren Lebensunterhalt mehr schlecht als recht verdienten.

~

LEBZELTER (auch Lebküchler) stellten Backwerk aus Mehl und Honig (Honig- oder Pfefferkuchen) her und verfeinerten es mit Gewürzen, Mandeln und Nüssen. Seine Beliebtheit verdankt der Lebzelter aber vor allem den vielfältigen Formen (Tafeln, Scheiben, Herzen, Rauten) und Gestalten (Nikolaus und Krampus, Wickelkinder, Soldaten, Reiter, Jäger, Paare, Hirsche, Adler), die oft noch mit religiösen oder profanen Motiven oder Schriften verziert waren, die mit Holzmodel in den Teig gepreßt wurden. Gebräuchlich war die Darstellung des Lebensbaums, der »Acht Seligkeiten«, von Sicheln, Sagengestalten oder Gnadenbildern, und die Zahl drei auf einem Lebkuchenherz bedeutete – durch den annähernden Gleichklang beim Aussprechen – soviel wie »treu«.

Der richtige Lebzeltteig, dessen genaue Rezepte gut gehütet wurden, mußte nicht nur mühevoll geknetet werden, sondern etliche Wochen im Keller »rasten«. Berühmtheit erlangten die Nürnberger Lebkuchen, stets durch die eingedrückten fünf Mandelkerne erkenntlich, die Lekkerli aus Basel, deren Oberfläche mit Vanillezucker marmoriert war, die »Karlsbader«, mit einer dichten Eiweißglasur überzogen, die »Preßburger«, mit gestifteten Mandeln bestreut, und schließlich der Lebzelten aus Thorn und Danzig. Im 19. Jahrhundert kam dann die »beeiste Ware« auf, bei der mit Spritzsäcken feine Linien, breitere Bänder und aufgesetzte Rosetten aus weißem oder farbigem Zuckereis aufgetragen wurden. Lebzelter übten recht oft auch den Beruf des Wachsziehers aus, denn für beide Produkte waren der Honig und das Wachs der Bienen erforderlich. Pfeffern hieß ein weihnachtlicher Volksbrauch in Süddeutschland und Österreich, worunter das Peitschen mit der glückbringenden Rute und das Beschenken des Schlagenden mit Lebkuchen verstanden wurde. Als Pfefferleinstag galt meist der Stephanitag (26. Dezember) oder der Tag der »unschuldigen Kinder« (28. Dezember).

~

LEDERER (auch Gerber) verarbeiteten tierische Häute und Felle mit Gerbstoffen zu Leder. Das Handwerk wurde zunächst auch von Kürschnern, Schuhmachern, Riemern, Sattlern und Säcklern, meist für den eigenen Bedarf, ausgeübt, und gelegentlich waren die einen oder anderen mit den Lederern in einer Zunft vereint. Unklare Abgrenzungen zwischen den einzelnen Handwerken und ökonomische Probleme führten an vielen Orten immer wieder zu heftigen Streitigkeiten, wie eine Vielzahl von Verordnungen belegt. Schon im Mittelalter fand eine deutliche Aufspaltung des Lederergewerbes nach den unterschiedlichen Gerbverfahren statt.

Die Weißgerber (Irher, Ircher) stellten vor allem aus Kalbs-, Schafs- und Ziegenfellen durch Mineralgerbung mit Alaun oder Kochsalz die edleren und dünneren Ledersorten (beispielsweise Glacé- und Kidleder beziehungsweise Chevreaux) her.

Die Rot- oder Lohgerber (Loher, Lorer, Lauer) verarbeiteten die Häute fast aller Tierarten zu Sohl-, Brandsohl- und Oberteilleder, zu Riemen-, Koffer- und Möbelleder, zu Wagenverdeck-, Geschirr-, Zeug- und Blankleder für die Sattlerei und den Wagenbau. Als Gerbstoffe benutzte man besonders Rinden, zum Beispiel von Eiche, Fichte, Tanne, Weide, Hemlocktanne, Birke und Erle. Rotgerber waren ferner spezialisiert auf die Herstellung von Luxusleder wie Lack-, Saffian-, Marokkoleder und Juften oder Juchten und zählten, im Gegensatz zu den Weißgerbern, meist zu den wohlhabenden und sozial angesehenen, oft im Rat einer Stadt vertretenen Handwerkern. Corduaner (Lederbereiter) hießen jene Gerber, die Corduanleder für feine Schuhmacher-, Buchbinder- und Galanteriearbeiten aus Ziegenfellen verfertigten, die mit Sumach (Blätter des Essigbaums) gar gemacht und anschließend gekrispelt wurden.

Die Sämischgerber, die mit den Weißgerbern eng verbunden waren, verwendeten als Gerbstoffe tierische Fette, vor allem Trane (Robben-, Wal-, Seehund-, Leber- und Fischtrane), die in die Haut der Kalbs-, Ziegen-, Schafs- und Rotwildfelle gewalkt wurden. Das auf diese Art gegerbte Sämisch- oder Waschleder war angenehm weich und außerordentlich widerstandsfähig gegenüber Wasser und Hitze und wurde vorzugsweise für Handschuhe, Bandagenzwecke, Reithosen, Wämser, Schürzen und Putzleder verwendet.

Die frischen Häute, die zur Verhütung der Fäulnis entweder sofort verarbeitet oder mit Kochsalz konserviert werden mußten, bezeichnete man als grüne Häute. Die erforderliche Vorbereitung für die Gerbung war für alle Verfahren ungefähr gleich. Die grünen Häute kamen in die sogenannte Wasserwerkstatt und wurden zur Reinigung und zum Aufquellen (Weichen) in reines Wasser geworfen oder eingehängt. Gewässert wurde einige Tage in Bächen und Flüssen oder in besonderen Weichbottichen. Danach kamen die Häute mit der Fleischseite nach oben auf den Schabebaum und wurden mit dem Scherdegen (Streicheisen) von Fleisch- und Fettresten befreit. Der nächste Schritt war die Enthaarung und Beseitigung der Ober- (Epidermis) und Unterhaut (vom Lederer als Fettschicht oder Fleisch bezeichnet), um die eigentliche Lederhaut, das Corium, zu erhalten. Die älteste Methode war das Schwitzen in feuchten, warmen Räumen oder Kammern; es trat Enthaarung durch Fäulnis ein. Die übliche Methode zur Haarlockerung aber war das Einwirken von Kalk, was als Äschern bezeichnet wurde. Das Äschern wurde in mit Holz ausgekleideten, später gemauerten Gruben vorgenommen, in die man die geweichten Häute zuerst mehrere Tage einem alten, abgearbeiteten Weißkalkäscher, dem sogenannten Fauläscher, und nachher etwa die gleiche Zeit einer frisch angesetzten Kalkmilch, dem Schwelläscher, aussetzte. Waren die Haare bzw. die Wolle genügend gelockert, wurden die Häute wieder gespült und mit Hilfe des Scherdegens auf dem Schabebaum von Ober- und Unterhaut befreit. Diese Arbeit erforderte besonderes Geschick, um die Lederhaut nicht durch Schnitte zu beschädigen und damit zu entwerten. Die Abfälle der Unterhaut, Leimleder genannt, fanden Verwendung in der Leimherstellung (→ Leimsieder).

Nach dem Ausscheren folgten die Reinmachearbeiten. Die Häute, die nun Blöße hießen, mußten von Haar- und Hautresten, Fettstoffen, und jene, die geäschert worden waren, von Kalkrückständen befreit werden. Zu diesem Zweck wurden sie erneut gewässert und dann auf dem Baum mit dem Streicheisen geputzt oder gestrichen. Das Entkalken der geäscherten Blößen erfolgte durch Beizen in lauwarmen Aufgüssen von Hunde-, Hühner- oder Taubenkot. Diese ekelerregenden Kotbeizen verschwanden zu Beginn des 19. Jahrhunderts und wurden durch künstliche Beizen abgelöst.

Nun konnte der eigentliche Gerbprozeß beginnen, bei dem man eben verschiedene Gerbverfahren unterschied. Die Weißgerberei war bereits den alten Ägyptern bekannt, die sie bei der Leichenkonservierung (Mumifizierung) anwandten. Man gerbte die Blößen einfach durch Einhängen in eine Alaunbrühe, was in der Regel höchstens drei Monate dauerte. In der Rot- oder Lohgerberei hingegen wurden die Blößen ursprünglich mit Lohe (zerkleinerte Eichenrinde oder andere) in Gruben abwechselnd geschichtet und dann mit Wasser übergossen (Grubengerbung). Je nach der Dicke war das Leder erst in ein bis drei Jahren »lohgar«. In manchen Gerbereien dehnte man den Gerbprozeß zuweilen auf vier bis fünf Jahre aus. Schneller kam man mittels eines Fasses ans Ziel, das mit den Blößen und einer durch Auflösen von Gerbextrakten entstandenen Brühe (Flotte) gefüllt und hin- und hergerollt wurde. Dabei erneuerte der Gerber mehrmals in bestimmten Zeitabständen, entsprechend seiner Erfahrung, die Brühe in jeweils höherer Konzentration, bis die Leder vollständig gar waren, was in wenigen Monaten oder sogar Wochen erreicht werden konnte (Faßgerbung). Bei der Sämischgerberei walkte der Gerber die Blößen mit den Händen wiederholt im Tranfaß, bis sie kein Fett mehr aufnahmen. Dann spannte er sie auf Rahmen und setzte sie der Luft aus, wodurch sich der Gerbprozeß als chemische Reaktion vollzog. Nach vollständiger Gare mußte das überschüssige Fett mit Hilfe einer Soda- oder Pottaschelösung ausgewaschen werden. Zum Walken bedienten sich viele Weißgerber gerne der von den Textilhandwerkern genutzten Walkmühlen. Nach beendeter Gerbung wurden die Häute zur Entfernung des überschüssigen Gerbstoffes mit Wasser gewaschen. Dann warf man sie zum Abtropfen auf einen Bock und hängte sie zum Ablüften auf Stangen in den Trockenboden, in dem man durch witterungsbedingtes Öffnen und Schließen der Türen und Fensterläden den Luftzug regulierte.

Die Zurichtung war der letzte Arbeitsschritt, der meist von den Lederzurichtern besorgt wurde und bei dem das Leder durch Hämmern, Walzen, Glätten, Falzen, Spalten, Stollen am »Stollpfal«, Schlichten, Blanchieren, Beschneiden und Fetten geschmeidig und in eine seiner Verwendung entsprechende Beschaffenheit gebracht wurde.

Der enorme Wasserbedarf brachte es mit sich, daß die Häuser der Lederer üblicherweise an Flüssen oder Bächen lagen, was zu einer starken Verschmutzung der Gewässer führte. Der scheußliche Gestank, der von Gerbereien ausging, zwang sie häufig zur Ansiedlung am Stadtrand, oder es wurden ihnen bestimmte Quartiere bzw. Straßen zugewiesen. In Prag wurden die Lederer im Spätmittelalter schlicht als »Stänker« verunglimpft.

Die Arbeit der Lederergesellen war strapaziös und bedrohte zudem ihre Gesundheit. Am meisten gefährdet waren jene, die mit den rohen Häuten zu tun hatten, weil davon häufig Milzbrandinfektionen ausgingen, die fast stets tödlich endeten. Beim Arbeiten in den Kalkäschern litt die Haut der Hände durch die Ätzwirkung des Kalkes, und das lange Stehen im kalten Wasser und die Durchnässung führten zu andauernden Erkältungen und rheumatischen Leiden.

Der Rückgang der handwerklichen Produktion, zuerst in den Städten, dann in den ländlichen Gebieten, war im Laufe des 19. Jahrhunderts unübersehbar. Immer mehr Lederfabriken entstanden, die einerseits mit der Einführung des Quebrachoholzes als Gerbstoff und mit der Chromgerbung (mit Metallsalzen) den Gerbprozeß immer mehr verkürzen konnten; andererseits brachte die Mechanisierung und Arbeitsteilung die Entbehrlichkeit von gelernten Gerbern mit sich.

~

LEIMSIEDER stellten ein Bindemittel für Papier, Pappe, Holz, Leder und dergleichen her. In einem Leimkessel aus Kupfer wurde das aus Häuten und Leder, Knochen, Fischschuppen, aus Abfällen der Gerberei, Schlächterei und Abdeckerei bestehende Leimgut mit Wasser so lange unter mäßigem Aufwallen gekocht, bis die festen Teile aufgelöst waren und eine mit einer halben Eierschale entnommene Probe an der Luft nach einigen Minuten eine feste Konsistenz annahm. Dann wurde die heiße Flüssigkeit in einen mit Bleiblech ausgelegten Kübel oder Bottich abgelassen und zum Schutz vor Fäulnis mit fein gepulvertem Alaun versetzt. Noch in heißem Zustand wurde die Leimbrühe in Fichtenholztröge abgezogen, wo sie zu Blöcken erstarrte.

~

LEINENWEBER verarbeiteten ursprünglich sowohl gesponnenen Flachs als auch Hanf zu Leinwand; seit etwa 1500 wurde Hanf hauptsächlich nur noch für Haustuch, Sack- und Packleinwand, grobe Zeuge wie Segeltuch und Seilerwaren verwendet. Der Flachsanbau und die Leinenweberei sind uralt. Gräberfunde zeigen, daß die Weberei in Ägypten bereits 2000 Jahre vor Beginn unserer Zeitrechnung auf hohem Niveau stand. So wurden beispielsweise Mumienbänder aus feinstem Leinen mit 152 Fäden in der Kette und 71 Fäden im Schuß auf einen Quadratzoll gefunden.

Im Gegensatz zur Tuchmacherei (Wollweberei), die sich doch meist als städtisches Handwerk etablierte, war die Leinenweberei lange Zeit im ländlichen Raum als Heimgewerbe verbreitet und wurde vielfach von hörigen Bauern und Tagelöhnern, die als unehrlich galten, betrieben. Von den Webern hieß es, sie machten aus fremdem Garn ihre

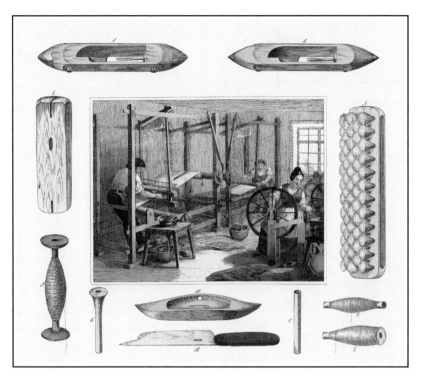

Weber. Lithographie, um 1860

Leinwand, und überhaupt brandmarkte sie der Volksglaube als Diebe, obwohl sie den »Galgen«, gemeint war der Webstuhl, stets vor Augen hatten. Wenn sie das Schiffchen hin und her warfen, so war es mit »tausend Sakrament« beladen, denn kein Handwerk war angeblich mehr dem Fluchen und Schelten ergeben als dieses. Das seltsamste der altdeutschen Spottlieder auf die Leinenweber ist wohl das über Igel und Leinweber. Es schildert, wie die Leinenweber sich vermessen, den Igel totzuschlagen, dann aber im Kampf mit ihm schmählich unterliegen.

Die einjährige Pflanze des zur Gattung Linum gehörenden Gemeinen Flachses (Lein) mit lanzenförmigen Blättern, blauen Blüten, zehnfächeriger Kapsel und öl- und schleimreichem Samen wurde von den Landwebern selbst angebaut und versponnen. Sobald das untere Drittel der Stengel »zeisiggelb« geworden und die Blätter abgefallen waren, wurde der Flachs gerauft. Beim Raufen begann schon das Sortieren nach Länge, Stärke und Reife der Stengel, die dann auf dem Feld ausgebreitet wurden, bis sie lufttrocken waren. Danach wurden die Samenkapseln (Leinknoten) abgedroschen, später mit der Riffel oder der Riffelbank, einem eisernen Kamm, abgeriffelt, und der Bast wurde in warmem Wasser mehrere Tage geröstet (gerottet). Der geröstete Flachs wurde dann getrocknet (gedörrt), gebrochen, mittels einer Schwinge (einer stumpfen Holzklinge) geschwungen, um die holzigen Teile (Schäbe) vollständig zu entfernen, und zuletzt gehechelt. Beim Durchziehen durch die spitzen Stahlnadeln der Hechel wurde der Bast in Fasern zerlegt, und kurze Fasern (Werg, Hede) und noch eingeschlossene Holzteilchen wurden ausgeschieden. Der so gewonnene Reinflachs zeichnete sich durch seidenartigen Glanz, Feinheit und Weichheit aus. Für die Herstellung feinster Garne wurde der Reinflachs noch geklopft und gebürstet sowie durch Kochen mit Pottaschelösung vom Pflanzenleim befreit.

Leinwand war im Mittelalter ein hochgeschätztes Gewebe, aus dem nicht nur Hemden und Bettzeug, sondern auch Kleider, Waffenröcke, Satteldecken, Hutbezüge und Paniere verfertigt wurden. Nach Art der Webtechnik unterschied man Stoffe mit Leinwand- (Hausleinwand, Batist), Köper- (Zwillich- und Drillicharten, Gradl) und Atlasbindung (Damast).

Die Zentren der Leinenweberei waren ursprünglich die Niederlande und Westfalen, dann blühte sie nach und nach in der oberschwäbischen Landschaft (Konstanz, Augsburg, Ulm), in Hessen, Thüringen, Böhmen, Oberösterreich (Linz) und Sachsen auf. Bedeutendstes Leinengebiet war um 1800 Schlesien. Bereits Friedrich der Große förderte die Ansiedlung von Webern in Schlesien, teils durch wirtschaftliche Versprechungen, teils durch »gewaltsamen Menschenraub« in seinen weniger mächtigen Nachbarstaaten. Die Leinenproduktion steigerte sich zwar bis zur Mitte des 19. Jahrhunderts, doch verstärkte sich auch durch irische, böhmische und russische Konkurrenz der Preisdruck auf dem Weltmarkt, wodurch die Handleinenweberei in eine schwere Krise geriet. Weberelend und Weberaufstände, nicht nur in der Leinen-

~146~

weberei, waren die unausweichlichen Folgen und wurden zum zentralen Thema nicht der Machthaber, die mit brutaler Gewalt jedes Aufbegehren erstickten, sondern vieler Dichter und bildender Künstler. Der Hungerrevolte und den aufständischen schlesischen Webern von 1844 beispielsweise, der ersten bedeutenden Erhebung des deutschen Proletariats, widmete Gerhart Hauptmann sein in Peterswaldau (von wo aus der Aufstand auf andere schlesische Dörfer übergriff) spielendes Drama *Die Weber*. Käthe Kollwitz schuf einen Zyklus von Radierungen, die das revolutionäre Geschehen jenes Frühsommers zum Gegenstand haben; und auch der aus politischen Gründen verfolgte und zur Emigration nach Frankreich gezwungene Heinrich Heine ergriff Partei für die verelendeten Weber mit seinem Gedicht *Die schlesischen Weber*, dessen dritte Strophe heißt:»Ein Fluch dem König, dem König der Reichen, / Den unser Elend nicht konnte erweichen, / Der den letzten Groschen von uns erpreßt, / Und uns wie Hunde erschießen läßt – / Wir weben, wir weben!«

Der Verdrängungsprozeß wurde durch Maschinengarn und mechanische Webstühle verstärkt, und schließlich versiegte um 1900 der Flachsanbau, da die Nachfrage nach Leinen zurückging, dafür die nach Baumwollgeweben stieg (→ Baumwollweber).

~

LICHTPUTZER waren mit der Aufsicht und Pflege der Beleuchtungseinrichtungen auf der Bühne und im Zuschauerraum von Theatern betraut. Im Barocktheater des 17. Jahrhunderts und auch später glich das Auditorium ja mehr einem Festsaal, der wie die Bühne beleuchtet war. Der allabendliche Einsatz an Beleuchtungsmaterial eines großen Theaters war nicht nur mengenmäßig beachtlich, sondern auch äußerst kostspielig. In Molières Palais Royal rechnete man für Saal, Bühne und Nebenräume mit einem Tagesverbrauch von zweihundertachtundsechzig Kerzen, und bei der Eröffnung des königlichen Opernhauses in Berlin 1742 brannten Hunderte dicke Wachslichter auf insgesamt acht Kronleuchtern an der Decke des Zuschauerraumes und des Proszeniums, in Wandleuchtern in den Logen sowie an deren

Brüstungen. Neben den teuren, aber weniger rußenden Wachskerzen verwendete man als Lichtquelle Kerzen aus Unschlitt, Pech- und Wachsfackeln und Öllampen, die aber qualmten und überdies einen unangenehmen Geruch verbreiteten. Eine Besucherin der Pariser Opéra echauffierte sich nach einer Vorstellung,»daß der sich ergebende Dampf schwarzbraun und dicht, wie aus einer Bierbrauerey in die Höhe stieg. Wir mußten ihn einathmen.« Und natürlich blieben auch die Schauspieler und Sänger vom stinkenden Qualm des »huile de pied de bœuf« nicht verschont.

Die Bühne wurde an der Rampe von unten mit Wachs- oder Talgkerzen erleuchtet, dem sogenannten Rampenlicht, hinter dem sich die Schauspieler, so wurde es jedenfalls berichtet, sehr oft um einen effektvollen Platz drängelten. Der Ausdruck Lampenfieber für eine nervöse Erregung vor einem öffentlichen Auftreten hieß ursprünglich Rampenfieber und stammt aus dieser Zeit.

Jedes Theater beschäftigte einen oder mehrere Lichtputzer, die während einer Aufführung die Dochte mit Lichtputzscheren »putzen« oder »schnuppen«, schief brennende Kerzen aufrichten, Öl nachfüllen oder Kerzen austauschen und Reflektoren reinigen mußten. Ihrer Aufgabe kamen sie während der Zwischenakte nach oder aber auch auf offener Szene. In Frankreich hießen die Lichtputzer moucheurs, und sie gehörten gleichsam zur Aufführung dazu. Erledigten sie ihre Arbeit mit Sorgfalt und Eleganz, so sparte das Publikum nicht mit gehörigem Beifall und lobenden Zurufen. Sie sollen sogar gelegentlich in »kleinen Rollen« aufgetreten oder für sich unpäßlich fühlende Schauspieler eingesprungen sein. Aus Hamburg ist bekannt, daß man Lichtputzer »die Acteurs und Actrizen richten, puzzen und schneuzen« ließ. Ganz anders ging es an Englands Theatern zu, wo zunächst die Garderobiers für die Beleuchtung zuständig waren. Dort pflegte das Publikum einen ziemlich rauhen Umgang mit den candlesnuffers, die recht oft groben Witzen und übermütigen Tätlichkeiten ausgesetzt waren.

Mit der Einführung der sogenannten Argand-Lampe, einer Öllampe mit einem röhrenförmigen Docht und einem Glaszylinder, die keine Rauchwolken mehr von sich gab, und verbesserter Dochte erübrigte sich allmählich das Putzen der Kerzen. Die beliebte Theaterfigur des Lichtputzers wandelte sich zum Beleuchter, zum Lampier, zum Lampinisten.

~

LITHOGRAPHEN übten das älteste Flachdruckverfahren aus, das auf dem Gegensatz von Fett und Wasser beruhte und bei dem als Druckform eine Platte aus Kalkstein diente. Die besten Steine kamen aus der Umgebung von Solnhofen in Bayern, ein Schiefer, der sehr feinporig ist und Wasser und Fett leicht aufnehmen kann. Der 1771 in Prag geborene Schauspieler und Theaterschriftsteller Alois Senefelder entdeckte bei Vervielfältigungsversuchen von Musiknoten, daß eben dieser Solnhofer Schiefer, mit Fettkreide, die aus Wachs, Seife, Hammeltalg und Lampenruß bestand, oder Tusche beschrieben und mit Scheidewasserlösung geätzt, nur an den beschriebenen Stellen Druckfarbe annahm. Seine Erfindung nannte er chemische Druckerei oder Steindruckerei, die in Frankreich seit etwa 1803 Lithographie genannt wurde. Die Lithographiesteine waren fünf bis zwölf Zentimeter dick und konnten durch Abschleifen der Oberfläche wieder zur Aufnahme neuer Zeichnungen hergerichtet werden.

Zunächst wurde der Steindruck nur für nichtkünstlerische Zwecke wie den Text- und Notendruck und bis ins späte 19. Jahrhundert für Reproduktionen angewandt. 1826 gelang Senefelder der Druck farbiger Blätter, die Ölgemälden ähnlich waren, und 1833, kurz vor seinem Tod in München, der Druck auf Stein übertragener Ölgemälde auf Leinwand. Der Komponist und Musikverleger Johann Anton André (1775-1842) aus Offenbach am Main veranlaßte die Verwendung der Lithographie für die Vervielfältigung von bildnerischen Darstellungen und leitete damit die Entwicklung der Lithographie für künstlerische Zwecke ein, die 1803 mit der Herausgabe der *Specimens of Polyauthography* (Sammlung von Künstlerlithographien) in London begann, denen 1804 in Berlin Wilhelm Reuter mit den Polyautographischen Zeichnungen folgte.

~

LÖHER schälten üblicherweise im Mai, wenn der Saft steigt, die Eichenrinde vom stehenden Stamm, die zur Lohegewinnung an die → Lederer geliefert wurde. Lohgerber schätzten am meisten achtzehnjährige Eichen, die nach der Entrindung gefällt und zu Holzkohle verkohlt wurden. Besonders im 18. und 19. Jahrhundert war der Verkauf von Eichenlohe so einträglich, daß allein dieses Geschäft den Waldbau rentabel machte. Zu jener Zeit legten vor allem in Franken, wo die Lederherstellung aufblühte, viele Grundbesitzer Eichenschälwälder an. Die Zunft der Löher und Schuhmacher galt als vornehmste Bruderschaft des Siegerlandes. Die Nachfrage nach Eichenlohe nahm erst ab, als am Ende des 19. Jahrhunderts ausländische Gerbstoffe (Extrakte aus Quebrachoholz) importiert wurden.

~

LOHNKUTSCHER wurden auch Fiaker genannt, obwohl, entrüstet sich der edle Ritter von Coeckelberghe-Dützele 1846 in seinem *Curiositäten- und Memorabilien-Lexicon von Wien*, »mir diese sinnlose Benennung immer schon ein Gräuel war. Wenn man bedenkt, daß Fiaker ein französischer Heiliger ist, der dort ehemals sehr verehrt wurde, und daß gar kein Grund vorhanden ist, eine rohe Volksklasse mit diesem Namen zu bezeichnen. 1680 erhielt zu Paris ein gewisser Sauvage die erste Bewilligung, Lohnwagen zu halten, die er bei dem Hotel St. Fiacre aufstellte, woher in der Folge alle Lohnkutscher den Namen des Heiligen erhielten.«

~

LUMPENSAMMLER (auch Hödel, Hodeler) traten vermutlich in Erscheinung, als Papier durch Verfilzung aus Gewebeabfällen (Lumpen, Hadern, Strazzen) hergestellt wurde. In der Regel waren es arme, invalide, arbeitsunfähige, teils aus Randgruppen stammende Menschen, die diesem Gewerbe nachgingen. Bei den Lumpensammlern, aber auch im Lumpenhandel, waren viele Juden vertreten, besonders in der österreichisch-ungarischen Monarchie. In Nürnberg war

Wiener Fiaker, Österreich. Photographie, um 1890

das Sammeln von Lumpen von Frühzeit an das Vorrecht von Frauen, auch in Wien sind Frauen als Lumpensammlerinnen überliefert, während im allgemeinen der Anteil der Frauen an diesem Gewerbe erst im 19. Jahrhundert wuchs. Das Erscheinungsbild der in ihrem »Reich« herumziehenden Lumpensammler war meist erbärmlich; ihre Gesichter und Hände waren von Dreck und Staub geschwärzt, und ihre abgetragene, zerschlissene Kleidung ähnelte mitunter mehr der zusammengetragenen Lumpenfracht, die sie auf Karren hinter sich herzogen oder von vorgespannten Hunden ziehen ließen. Ihre Tätigkeit wurde lange Zeit als unehrliches Gewerbe diskriminiert, man beschimpfte sie als Haderlumpen und überschüttete sie mit unflätigen Worten, wenn sie beispielsweise ihre stinkenden Hadern irgendwo zum Trocknen ausbreiteten. Sie standen unter den Lumpenreißern an letzter Stelle der Papiermacherhierarchie und gehörten eigentlich gar nicht zum Handwerk, obwohl sie eine so wichtige Tätigkeit ausübten. Denn die ausreichende Versorgung der Papiermühlen mit dem begehrten Rohstoff war durch den stetig steigenden Bedarf an Papier seit der Erfindung des Buchdruckes zu jeder Zeit problematisch, ja es herrschte sogar hin und wieder eine regelrechte Lumpennot.

Zu jeder Papiermühle gehörte damals ein bestimmter Lumpensammelbezirk, der durch die Erteilung eines Lumpensammelprivilegs geschützt wurde. Die Lumpensammler konnten auf eigene Rechnung tätig oder von Lumpenhändlern oder Papiermüllern (→ Papiermacher) verpflichtet werden. Vom Konzessionsinhaber des Lumpensammelbezirkes bekamen sie Berechtigungsscheine, die bei Nachfrage vorzuweisen waren. Meist mußten sie noch zusätzlich einen Eid ablegen, daß sie die Lumpen ordnungsgemäß beim Konzessionsinhaber abliefern und auch nicht betrügerisch handeln würden. Die Lumpenausfuhr war infolge der ständigen Rohstoffknappheit in den meisten Ländern streng verboten, für den einträglichen Lumpenschmuggel wurden harte Strafen angedroht. Sogar die Pfarrer forderten in eigenen »Lumpen-Predigten« die Gläubigen auf, ihre Lumpen sorgfältig aufzubewahren und sie nur den befugten Lumpensammlern zu geben.

Häufig wurden die Lumpen nicht bezahlt, sondern gegen Naturalien wie Bänder, Papier, Nadeln eingetauscht, was sich aber nachteilig auf die Qualität der Lumpen auswirkte. Also ging man dazu über, die Bevölkerung durch Bezahlung zur Abgabe von besseren und mehr Lumpen zu animieren, und verbot ferner, feine, aber auch grobe, leinene und wollene Lumpen zu verbrennen oder auf den Mist zu werfen. Allein die Lumpenqualität entschied darüber, welche Papiersorten gefertigt werden konnten. Feine Lumpen lieferten feines Papier. So ergab Batist, Nesseltuch und holländische Leinwand Postpapier, schon etwas gröbere Lumpen aus feiner Leinwand Herrenpapier, mittlere Leinwand und Kattun Druckpapier, Bauernhemden oder Leinenlumpen mittlerer Qualität Konzeptpapier; aus groben Leinenhadern wurde Makulatur- und Packpapier gefertigt, aus wollenen Lumpen Löschpapier.

Der Umgang mit den alten Hadern und Lumpen war im höchsten Maße der Gesundheit abträglich. Der bekannte italienische Arzt Bernardino Ramazzini schrieb in seinem Handbuch über die Krankheiten

Lumpensammlerin. Photographie, um 1873

der Künstler und Handwerker (*De morbis artificum diatribe* erschien erstmals 1700 in Modena) über die Lumpensammler: »Man muß sich aber wundern, und ist fast unglaublich, wie garstig es stinket, wenn sie diese alten Haufen aufreißen und große Säcke davon anfüllen, um diese unsaubere Ware denen Papyrmühlen zuzuführen. Bei dieser Verrichtung nun werden sie mit Husten, Keuchen, Ekel und Schwindel befallen. Denn was kann man sich wohl garstiger, ja, was kann man sich mehr abscheulicheres denken, als einen von allem Unflat zusammen gesammelten Haufen von unsauberen Lumpen der Menschen, Weiber und Leichen.« Die Lebenserwartung in diesem Beruf war nicht hoch. Der Lumpenstaub und die in den Lumpen enthaltenen Krankheitserreger verursachten oder begünstigten Infektionskrankheiten wie Blattern, Krätze, Rotlauf, Typhus und Cholera. Die häufigste, als Hadernkrankheit bezeichnete Infektion aber war der Milzbrand und insbesondere der Lungenmilzbrand, der mit starkem Hustenreiz, blutigem Auswurf und Atemnot zum raschen Tod führte.

Im 19. Jahrhundert entdeckte die Dichtkunst das jämmerliche, meist kurze Leben der Lumpensammler und brachte es in romantisierender Form mit Titeln wie *Der Lumpensammler von Paris* oder *Der Abenteurer und die Lumpensammlerin* auf die Bühne. Die Lumpensammler von Paris, Chiffonniers genannt, übten allerdings auch den Aufstand, und Heinrich Heine berichtete darüber am 19. April 1832 in der *Augsburger Allgemeinen Zeitung*. Es wütete gerade die Cholera in Paris, und eine Commission sanitaire verfügte, daß der Unrat nicht länger auf den Straßen liegenbleiben dürfe, sondern auf Karren verladen zur Stadt hinausgebracht werden müsse. Das brachte die Chiffonniers, »die den öffentlichen Schmutz als ihre Domäne betrachten«, so in Wut, daß sie gewalttätig die Reinigungsreform zu hintertreiben suchten, indem sie die neuen Karren zerschlugen und in die Seine warfen.

~

LUSTFEUERWERKER widmeten sich der schönen Kunst der Verschwendung und unterhielten ihr Publikum zu verschiedenen Anlässen wie Geburten, Taufen, Hochzeiten und Krönungen von fürstlichen Persönlichkeiten, Siegen und Friedensschlüssen mit wirbelnden Feuerrädern, rasenden Schwärmern, krachenden Kanonenschlägen, berstenden Lustkugeln, mit Raketen, aus denen plötzlich vielfarbige Bouquets hervorbrachen, und mit gleißenden Schnurfeuern und Kaskaden. Feuerwerke wurden zur Kunstform und zum Höhepunkt der Huldigung an Könige und Fürsten. Nach der Entrée Royale (1707) des Artilleriekommandanten von Brest, Amédé François Frézier, gab es keine sinnvollere, geeignetere Form, Gott und sein Abbild auf Erden, den König, zu ehren als durch Licht, Flammen und Wärme. Denn sie symbolisierten die Überwindung der Nacht, den Sieg über Dunkel und Chaos. Festarchitekten ließen riesige Kulissenbauten errichten, Feuerwerkspantomimen wurden aufgeführt, Belagerungen simuliert, Duelle der apokalyptischen Monster Leviathan und Behemoth, die Eroberung des Goldenen Vlieses oder die Geschichte der Zauberin Circe inszeniert, wobei man Tanz, Theater, Parklandschaft und Wasserspiele mit einbezog. Ein Höhepunkt in dieser Entwicklung war zweifellos die Aufführung der *Feuerwerksmusik* von Georg Friedrich Händel im Jahr 1749 in London, die während eines Feuerwerks zur Feier des im Jahr zuvor erfolgten Friedensschlusses von Aachen gespielt werden sollte. Nach geglückter Generalprobe mußte allerdings die eigentliche Uraufführung abgebrochen werden, weil ein Teil der Feuerwerkskulissen in Brand geraten war.

Die europäische Premiere der Lustfeuerwerkerei fand vermutlich am Pfingsttag 1379 in Vicenza statt. Es war kurz nach dem Friedensschluß der Scaliger und der Visconti, als eine funkensprühende Rakete in Form einer colomba, einer Taube, an einer Schnur vom Turm des bischöflichen Palasts in einen Festbau hinabglitt. Ein Chronist berichtete, die Gläubigen hätten sich, erschüttert von dem »Wunder«, auf ihr Gesicht geworfen und in »fremden Zungen« gesprochen, so wie die Bibel es von der ersten Pfingstgemeinde nach der Einwirkung des sanctus spiritus berichtet. Fast alle namhaften Pyrotechniker stammten aus Italien, mit der Hochburg Florenz, und ihre Kunst der raffiniert ausgetüftelten und perfekt ausgeführten Licht- und Lärmeffekte brachte ihnen einträgliche Engagements an ausländischen Höfen. Die Architektenfamilie Galli di Bibiena, die an verschiedenen deutschen Fürsten-

Feuerwerk am 8. Dezember 1666 anläßlich des »Kayserl. Beylagers« (Hochzeit) von Kaiser Leopold I. mit Margarita Teresa von Spanien. Kupferstich, um 1666

höfen tätig war, wurde von Kaiser Leopold I. nach Wien geholt; Giacomo Torelli, einer der wenigen, die das ganze Trickrepertoire der verschwenderischen Festgestaltung genial beherrschten, übersiedelte 1645 nach Paris. Besondere Berühmtheit erlangte die Familie Ruggieri; der Vater Petronio führte den Theaterblitz und den Theaterdonner ein, ließ Schauspieler in Gewändern, die von oben bis unten mit Brandkörpern besteckt waren, zu seinen feux d'artifice griechische Mythen aufführen und amüsierte Ludwig XV. Sein Sohn Claude-Fortuné war kaiserlicher Hoffeuerwerker Napoleons, der erstmals 1801 den Bastillesturm pyrotechnisch hochleben ließ und so ziemlich alle Heldentaten des Imperators feurig feierte.

Das Grundgemenge der meisten Feuerwerkskörper bestand aus dem »weiblichen« Salpeter, dem »männlichen« Schwefel und der Holzkohle. Im Laufe der Feuerwerksgeschichte kamen noch Antimonsulfid, Rauschgelb, Arsensulfid und andere Stoffe dazu, die man mit Rohöl, Terpentin und Alkohol ergänzte, um die Verbrennung zu erleichtern. Die Herstellung von Feuerwerkskörpern und das Abbrennen von Feuerwerken lagen bis zum Ende des 18. Jahrhunderts oft auch in den Händen der militärischen Feuerwerker und Büchsenmeister bzw. der Artillerieoffiziere.

*Die Kunst hat das Handwerk nötiger
als das Handwerk die Kunst.*

Franz Kafka

Mandolettikrämer waren eine charakteristische Erscheinung im Wiener Straßenleben der josefinischen Zeit. Sie boten Butterpasteten, Kuchen von Germ, mit Mandeln und Zimt gewürzt, Biskotten und Torten mit dem Kaufruf »Letti! Mandoletti! Bonbiletti!« an. Noch im 18. Jahrhundert war das Zuckerbäckerhandwerk in Wien auf keiner allzu hohen Stufe. Es gab zwar Feinbäcker, die süße Mehlspeisen erzeugten, Oblatenbäcker, Krapfenbäcker und Hohlhipper, doch in der Hauptsache blieb der Lieferant für Süßigkeiten der → Lebzelter. In dieser Situation tauchten fremde Meister der süßen Kunst aus Italien auf, nannten sich Mandolettikrämer (von ital. mandorlato = Mandelteig) und brachten neuen Schwung in das Gewerbe. Die Mandolettibäcker waren beliebt, die Geschäfte gingen gut, aber die eingesessenen Zuckerbäcker erklärten sie zur Plage und bekämpften sie mit Verordnungen. Von Johann Pezzl, dem Vorleser und Sekretär von Minister Fürst Kaunitz, Freimaurer und Schriftsteller, erhielten sie 1786 literarische Unterstützung. »Sie rennen allenthalben mit ihren Körben herum«, ätzte er, »besetzen alle Straßenecken, öffentliche Spaziergänge, Gärten, Schauspielhäuser und überhaupt jeden Platz, wo sie viele Menschen beisammen sehen oder vermuten. Ihre süßen Näschereien sind – wie man behauptet – nicht selten aus verdorbenem Zucker, Mehl und anderen unsauberen Ingredienzen gebacken; sie können also den zarten Magen der Kinder, für welche sie häufig gekauft werden, gefährliche Umstände zuziehen. Unter Ludwig XIV. wurden einst ebenfalls solche Zuckergebäcke öffentlich ausgerufen und auf den Straßen herumgetragen. Der Kanzler L'Hopital verbot es und führte zum Grund in dem Befehl an, daß dadurch Leckerei und Müßiggang begünstigt werden. Man könnte diesen Mandoletti-Handel in Wien aus ähnlichen Gründen und auch aus Sorge für die Gesundheit ganz füglich abstellen oder doch sehr einschränken.«

~

MESSER- UND KLINGENSCHMIEDE, seit dem Mittelalter Messerer und Klinger genannt, entwickelten sich aus dem Eisenschmiedehandwerk und spezialisierten sich auf die Fertigung von Trutzwaffen und aller Arten von Messern, wobei die Messerer vorzugsweise Dolche, Haumesser (Sachse), Waidmesser, Degen und andere einschneidige Klingen mit Rücken schmiedeten, die Klingenschmiede hingegen die zweischneidigen Schwertklingen. Unter dem Begriff »Messer« war in früherer Zeit mehr eine einschneidige Hieb- und Stichwaffe gemeint als ein Messer in herkömmlichem Sinn. »Das Messer sei länger als der ›Tegen‹ (der Dolch) und kürzer als das ›Swert‹«, hieß es in Hans Thalhofers Fechtbuch von 1467.

Im Mittelalter war der Aberglaube allgemein verbreitet, daß der Klingenschmied einen Zauber in das Schwert schmieden konnte, und deshalb mußte der Geselle, der Meister werden wollte, einen besonderen Eid leisten, keine Hexerei zu treiben. Um die Gefahr des bösen Zaubers zu bannen, ließ der gläubige Ritter seine Klinge erst noch durch den Priester weihen, und im *Parzival* heißt es: »Das Schwert bedarf ein Segenswort.« Die Schwerter der Helden wurden in den Sagen und Heldengedichten verherrlicht und mit Namen belegt. So empfing Roland sein berühmtes Schwert »Durendarte« von der Fee Oziris, mit dem er bei Gavarnie die Rolandsbresche durch die Pyrenäen schlug, und das Schwert des Königs Artus hieß »Excalibur« und kam der Sage nach in den Besitz von Richard Löwenherz.

Zur Herstellung der Schwert- und Säbelklingen wurde im Mittelalter und später eine aus dem Orient stammende komplizierte Technik angewandt, die Gärbung oder Damaszierung hieß. Dazu waren Stäbe von Eisen und Stahl erforderlich, die vor Einführung der wassergetriebenen Reckhämmer im 16. Jahrhundert ausschließlich von Hand bearbeitet wurden. Um die für die Klinge gewünschte Härte, Elastizität und Zähigkeit zu erreichen, schmiedete man das zähe Schmiedeeisen mit dem harten elastischen Stahl lagenweise zusammen, wobei eine Eisenschiene zwischen zwei Stahlschienen gepackt und zusammengeschweißt wurde. Diese Stange reckte man unter dem Hammer auf die doppelte Länge aus, hieb sie mit dem Schrotmeißel in der Mitte auseinander, legte die zwei gleichen Hälften wieder aufeinander und schweißte sie erneut zusammen. Auf diese Weise kam jetzt in der Mitte eine doppelte Lage Stahl aufeinander zu liegen, und diese Doppellage ergab später die Schneide. Nach Ansetzen der Angel wurde die Klinge mit großer Vorsicht und bei wiederholtem Anwärmen ausgeschmiedet. Das Fertigmachen der »schwarzen« Schwert-, Säbel-, Degen-, Dolch- oder Messerklinge geschah nunmehr auf dem Schleifstein, einem rundumlaufenden Sandstein von bis zu zwei Meter Durchmesser. Die Arbeit der Schleifer erforderte großes Feingefühl und war durch den herumwirbelnden Schleifstaub schmutzig und sehr ungesund. War die Klinge geschliffen, folgte das Härten und Anlassen, wozu große Sorgfalt und Erfahrung gehörte, waren doch Härte und Elastizität davon abhängig. In den Zentren der Klingenschmiede wie Solingen, Nürnberg, Regensburg und Steyr entwickelte sich ein eigener Berufsstand, der des Härters, der sich ausschließlich auf diese Arbeit konzentrierte, während anderswo der Schmied seine Klinge selbst härtete. Die erste Härtung erhielt die rotwarme Klinge, indem sie durch angefeuchteten Hammerschlag gezogen und danach in kaltes Wasser oder in eine andere Flüssigkeit (Blut, Urin, Talg) getaucht wurde. Hierauf wurde sie nochmals auf dem rotierenden Stein behutsam abgeschliffen und kam dann, weil sie beim Schleifen einiges an Härte eingebüßt hatte, wieder an den Härter zurück, der sie auf den richtigen Härtegrad anließ. Nun konnte das Glätten und Blankmachen mit einem Brei aus Schmirgel und Öl auf lederbezogenen Holzscheiben und das Polieren folgen, eine Arbeit, die von den Schwertfegern verrichtet wurde. Die Griffe und Ge-

Messerschmied. Lithographie, um 1860

fäße (mit Eselshuf, Quer- und Hinterparierstangen, Bügel, Korb usw.) wurden von den Kreuz- oder Knaufschmieden und Gefäßmachern angefertigt, die Scheiden von den Schwertfegern, und die Reider setzten alles zusammen, machten die Klingen gebrauchsfertig und handelten auch damit.

In Nürnberg wird im Jahre 1285 zum erstenmal ein »Mezzerer« (cultellator) Henricus Merndorfer genannt, in Augsburg 1301 ein Christian Mezzerschmit. In Solingen begründeten vermutlich in der Ära Friedrich Barbarossas Waffenschmiede aus Armata (Brescia), Bergamo und der Steiermark die Herstellung von blanken Waffen. Schon ziemlich früh begannen sich aufgrund ihrer Spezialisierung die Klingenschmiede von den Messerern abzugrenzen und die Härter, Schleifer, Schwertfeger und Reider als eigene privilegierte Handwerkszweige zu etablieren.

Die Kunst der Klingenschmiede, Härter und Schleifer stand in hohem Ansehen, und bestimmte Technologien, wie beispielsweise das Härten, wurden als strenges Geheimnis der jeweiligen Bruderschaft gehütet. Deshalb mußten die Zunftgenossen den Verbleibungseid leisten, der ihnen verbot, das Land zu verlassen, und gebot, keinem anderen die Kunst anzuvertrauen als ihren eigenen Söhnen oder nächsten Verwandten, falls keine Söhne das Gewerbe fortsetzen konnten. Diese Verpflichtung galt nicht für Schwertfeger und Reider, deren Technik einfacher war.

Die Herkunft der bis heute erhaltenen Messer und Schwerter läßt sich in vielen Fällen deshalb noch ermitteln, weil in alle Klingen das Beschauzeichen und außerdem das Meisterzeichen (zum Beispiel Wolf, Reichsapfel und Königskopf des berühmten Solinger Schmieds Johannes Wundes) eingeschlagen wurden. Die Fälschung von Zeichen führte immer wieder zu Streitigkeiten auf den Märkten.

Das Handwerk der Klingenschmiede stagnierte nach Beendigung des Dreißigjährigen Krieges vorerst, jenes der Messerschmiede, die auch Gabeln und Scheren erzeugten, nahm einen großen Aufschwung durch den Fernhandel und die Erschließung neuer Märkte. Erst im 19. Jahrhundert wuchs die Nachfrage nach Blankwaffen für die nationalen Heere wieder.

~

METSIEDER bereiteten ein weinähnliches Getränk aus Honig, Wasser und Gewürzen (Nelken, Anis) zu, den Met oder Honigwein, der früher in ganz Europa getrunken, im Mittelalter jedoch durch das Bier zurückgedrängt wurde. Auf ein Kilo Honig durften höchstens zwei Liter Wasser zugesetzt werden; man kochte die Mischung, schäumte ab und vergor nach dem Abkühlen mit frischer Hefe. Im germanischen Mythos ist Met der Trank der Götter und Helden in Walhall, ähnlich dem griechischen Nektar. Seine berauschende Wirkung wurde als Übergang göttlicher Kraft auf den Menschen gedeutet.

~

MÜHLENBAUER galten als die Maschinenbauer der vorindustriellen Zeit, sie konstruierten und bauten Wasser- und Kehrräder, Wellbäume, Zahn-, Stock- und Schneckenräder und die damit angetriebenen Arbeitsmaschinen. Mit der Einführung des Wasserrades (zunächst das unterschlächtige Wasserrad und seit dem 14. Jahrhundert jenes mit oberschlächtiger Wasserführung, wobei die gesamte Wassermenge von oben auf die Schaufeln drückte, was die Leistung verdoppelte) an Flüssen und Bächen im Mittelalter begann ein unaufhaltsamer Prozeß der Mechanisierung von Arbeitsvorgängen. Mühlen mahlten Getreide, Senf und Quarzsand, stampften Textilien für die Papierherstellung und Schießpulver, walkten Tuche, pochten Erz und Knochen, rührten Farben und Tone, zwirnten Seide, trieben Schmiedehämmer und Blasebälge, zogen Draht, sägten Holz, bohrten Baumstämme, Zylinder sowie Kanonenrohre, bewässerten Wiesen und Felder, pumpten Trinkwasser und Wasser (aus Bergwerken), ja sogar für die Fontänen absolutistischer Lustbarkeit und königlichen Repräsentationsbedürfnisses (Versailles).

Die Umsetzung der vom Schaufelrad ausgehenden horizontalen Drehbewegung in eine Auf- und Abbewegung (für Stampfen und Hammerwerke) besorgten Nocken- und Daumenwellen, die Umwandlung in eine vertikale Drehbewegung wurde durch Zahnrad-Winkelgetriebe gelöst. Unter Stangenkunst verstand man die Übertragung der Wasserradbewegung über ein hin- und hergehendes Gestänge, wodurch eine Verbindung von der Kraftmaschine zur Arbeitsmaschine hergestellt wurde. Die Konstruktion der einzelnen Maschinenteile, ihr wirksames Zusammenspiel, Hubhöhen und die Übersetzung der Geschwindigkeiten durch Auslegung der Raddurchmesser und die Zahl der Zähne erforderten technisches Wissen, praktische Erfahrung und handwerkliche Geschicklichkeit des Mühlenbauers.

Vom 13. bis zum 17. Jahrhundert entwickelte sich der Durchmesser der Wasserräder von einem bis drei Meter auf zehn Meter und mehr bei einer entsprechenden Leistungssteigerung von etwa einer Pferdestärke auf rund zehn. Nach den Schätzungen von Fernand Braudel verfügte Europa im ausgehenden 18. Jahrhundert über fünfzigtausend bis sechzigtausend Wassermühlen.

Um das Jahr 1615 wußte der kurfürstlich pfälzische Ingenieur Salomon de Caus die Arbeitsmaschinen in drei Klassen einzuteilen, und zwar in die »Acrobatica, dardurch allerhandt Laste erhoben werden«, die »Pneumatica [...] zur Zierdte der Grotten und springenden Brunnen dienlich« und die »Banausica [...] hier gehören Wasser und Windtmühlen, Pompen, Pressen, Uhrwerk, Wagen, Schmidtsbälge und andere dergleichen«. Jacob Leupolds unvollendet gebliebenes *Theatrum machinarum generale*, welches zu Beginn des 18. Jahrhunderts im Druck erschien, klassifizierte die Maschinenteile oder Rüstzeuge in fünf Gruppen: Der Hebel (vectis), Seil und Kloben oder Flaschenzug (trochlea), der Haspel nebst Rad und Getriebe (rota, axis in peritrochio), der Keil (cuneus) und die Schraube (cochlea). Aus diesen einfachen Rüstzeugen konstruierte man die »zusammengesetzten Maschinen«.

Die wohl gigantischste Wasserkraftanlage der damaligen Zeit wurde 1685 bei Marly an der Seine in Betrieb genommen, die wie kein anderes Werk die Fähigkeiten, aber auch die Grenzen der Mühlenbaukunst aufzeigte. Das Wasser der Seine drehte vierzehn Wasserräder mit je zwölf Meter Durchmesser, die über ein kompliziertes Gestänge insgesamt zweihundertneunundfünfzig Kolbenpumpen antrieben und das Wasser in drei Stufen etwa einhundertdreiundsechzig Meter zum Schloß Marly hinaufpumpten und auch die Fontänen im Schloßpark von Versailles versorgten. Auftraggeber dieser nach Plänen des aus Lüttich stammenden Arnold de Ville gebauten Maschinenanlage war Ludwig XIV. Das Werk verschlang nicht nur immense Summen, auch der Materialverbrauch war enorm. Allein an Eisen wurden siebzehntausendfünfhundert Tonnen, an Blei neunhundert Tonnen und an Kupfer achthundertfünfzig Tonnen verarbeitet.

Der bedeutende englische Ingenieur William Fairbain, der dank seiner Verbesserungen an Spinnereimaschinen vom Tagelöhner zum Fabrikbesitzer aufstieg und der einige Jahre vor seinem Tod 1874 noch geadelt wurde, nennt den Mühlenbauer jener Zeiten den einzigen Vertreter des Maschinenbaus: »Er war die unübertroffene Autorität, wo immer es galt, Wind und Wasser als Antriebskraft für irgendeinen Betrieb zu benutzen. Er war der Ingenieur des Bezirkes, in dem er lebte, er war eine Art Hansdampf in allen Gassen, der ebensogut an der Drehbank, dem Amboß und der Hobelbank Bescheid wußte«, ja der »sogar Brücken und Kanäle« baute und viele Arten von Arbeit ausübte, »die jetzt der Bauingenieur durchzuführen hat«.

Mit der Weiterentwicklung der Newcomen-Dampfmaschine durch den gebürtigen Schotten und gelernten Feinmechaniker James Watt, der 1769 sein erstes Patent nahm, entstand eine zunächst sehr teure, reparaturanfällige und brennstoffverschlingende Antriebsmaschine, deren Verbreitung in Deutschland eher schleppend vor sich ging. Die kostenlose Wasserkraft als Antriebsquelle wurde noch bis zur Mitte des 19. Jahrhunderts intensiv genützt, und erst dann setzte ein langsamer Prozeß der Verdrängung des Wasserrades ein. Das Wasser als Energieträger wurde von der Kohle, das Holz, der bisher wichtigste Werkstoff für den Maschinenbau, durch das Gußeisen und das schmiedbare Eisen abgelöst, und aus dem Mühlenbauer wurde ein Maschinenbauer.

Die Verteilung der Arbeit veranlaßt in jeder Kunst und Hantierung einen verhältnismäßigen Anwachs der hervorbringenden Kräfte der Arbeit.

ADAM SMITH

NACHTWÄCHTER gingen wohl aus den kriegerischen Posten hervor, die schon in alter Zeit bekannt und bei den Griechen und Römern (triumviri nocturni und cohortes vigilum) straff organisiert waren.

Nachtwächter bewachten einzelne Gebäude oder ganze Ortschaften und Städte, und das Abrufen (Singen) der Stunden war vermutlich eine deutsche Einrichtung, um 1600 allgemein verbreitet, wobei auch Hörner, Knarren, Schnarren und dergleichen verwendet wurden. Michel de Montaigne fand auf seiner Reise im Jahre 1580 das Rufen der Nachtwächter in den deutschen Städten sehr sonderbar. Die Wächter, meinte er, »gehn Nachts um die Häuser herum, nicht so wohl der Diebe, als vielmehr des Feuers oder andern Gelärms wegen«. Wenn die Uhren schlugen, so mußte einer dem andern aus vollem Halse zurufen und fragen, was die Glocke sei; worauf der andere ebenso laut antwortete und ihm überdies noch eine gute Wache wünschte. »Aus der Nacht verborgnem Schoß / Macht der böse Feind sich los, / Schleicht mit leisen Mörderschritten / Um der Menschenkinder Hütten / Böser Feind, hast keine Macht: / Jesus betet, Jesus wacht«, sang ein Nachtwächter von Altensteig in Württemberg um drei Uhr nachts; und der Nachtwächter in Richard Wagners Meistersingern beschwört die Geisterfurcht

Nachtwächter einer Berliner Schließgesellschaft.
Photographie, 1904

mit den Worten: »Bewahrt euch vor Gespenstern und Spuk / Daß kein böser Geist eur' Seel' beruck!«

Nach 1800 waren die Nachtwächter vielfach mit Pfeifen ausgerüstet, später versahen sie »lautlos« ihren Dienst und wurden um die vorletzte Jahrhundertwende in den Städten durch Polizisten ersetzt.

~

NADLER standen in enger Verbindung mit der Drahtherstellung (→ Drahtzieher) und fertigten aus Eisen-, Stahl- und Messingdraht einfache Näh- und Stecknadeln zum alltäglichen Gebrauch, gewerbliche Nadeln für zahlreiche andere Handwerke und die sogenannten Nadlerwaren wie Stifte, Haken, Ösen, Hefteln, Stricknadeln, Ketten, Schreibtafelgriffel, Angelhaken, Siebgewebe, Drahtgitter, Vogelbauer, Mausefallen und andere.

Das älteste Produktionszentrum für Näh- und Stecknadeln war Nürnberg, wo das Gewerbe der Nadler im Jahre 1370 bereits zünftig war. Später entwickelten sich in Schwabach in Franken, Aachen und Umgebung und in den saarländischen Städten Altena und Iserlohn bedeutende Nadlerwerkstätten.

Ursprünglich wurden die Nähnadeln in der Weise hergestellt, daß man mit der Schere ein Stück Draht entsprechend der Länge der Nadel abschnitt, an einem Ende zuspitzte und am anderen Ende platt schlug. In dieses abgeplattete Ende wurde in der Mitte vom äußeren Rand aus ein Spalt eingeschlagen, den man zur Haltung des Fadens vorn wieder zusammenschlug. Diese Art von Nadeln wurden Glufen genannt, ihre Hersteller Glufner oder Glufenmacher. Später wurde es üblich, das Nadelöhr in das abgeplattete Ende zu bohren und es mit einer kleinen, spitzen Feile, der Fitzfeile, länglich zu feilen.

Ohne Werkzeug und die Fähigkeit, es benützen zu können, ist der Mensch nur ein armes, nacktes, gequältes, tierisches Wesen, schlechter gekleidet als die Vögel, mit schlechterer Behausung als der Biber, schlechter ernährt als der Schakal. Ohne Werkzeug ist er nichts, mit Werkzeug ist er alles.

THOMAS CARLYLE

OBERSTKÜCHENMEISTER war der höchste Rang innerhalb der Hofküche im österreichischen Kaiserhaus. Ihm unterstand, streng hierarchisch gegliedert, ein ganzes Regiment von Mitarbeitern mit höchst skurrilen Amtstiteln, wie Hofwirtschaftsadjunkt, Hoftafeldecker 2. Klasse, Hofsilberputzer oder Hofrechnungsrevident. Das Ende der Skala bildeten die Hofwäschebewahrerinnen, zuständig für die Pflege der 31 700 Tischtücher und Servietten, ferner die Dreckweiber und die Strapaziermenscher, das heißt Dienstmägde für die grobe Arbeit. Für offizielle »Galadiners«, für »besondere Diners« und für »Serien-Diners«, bei denen bis zu 3 000 Personen an der Tafel saßen, wurde in zwölf saalartigen Räumen unter der Burgkapelle der Wiener Hofburg aufgekocht. Nicht selten mußten innerhalb einer Stunde zwölf Gänge auf den Tisch gebracht werden. In einem der Küchensäle wurden nur Fische zubereitet, im zweiten nur Filets von Krammetsvögeln (Wacholderdrosseln) oder Schnepfen, im dritten nur Hirsche und Rehe.

Die Spezialität der Wiener Hofküche war die sogenannte Oglio-Suppe, eine Kraftbrühe, die anläßlich des jährlichen Hofballs den rund 2 000 Ballgästen serviert wurde. Eine Fülle von Zutaten und Gewürzen

Rudolf Munsch (1865-1934), letzter Chefkoch am Kaiserhof in Wien.
Photographie, um 1910

wanderte in vier große Kessel, die jeweils rund 200 Liter faßten: 22 kg
Rind- und Kalbfleisch, 10 kg Schweinefleisch, 8 kg Lammfleisch, 10
kg Geselchtes, 3 kg Ochsenleber, 16 Kalbsfüße, 8 kg Wildbret, 5 Enten,
3 Wildgänse, 3 Gänse, 8 Rebhühner, 10 Tauben und 10 Hühner. Mit Ausnahme des Rindfleisches wurde das gesamte Fleisch angebraten, bis
es braun war, dann in 550 Liter Wasser getan und langsam gekocht.
Dazu kamen Petersilie, Mohrrüben, Lauch, Zuckerrüben, Sellerie, weiße Zwiebeln und folgende Gewürze: weißer Pfeffer, Ingwer, Muskat-
nuß, Muskatblüte, Cayenne-Pfeffer, Gewürznelken. Ferner wurden Ka-
stanien mit Zucker glasiert und der Suppe beigegeben. Das berühmte
»Supperl« wurde klar serviert. Das stundenlang gekochte Fleisch war
dem feinen Gaumen der Adeligen nicht zuzumuten; es wurde dem
Hofpersonal als Deputat überlassen.

An der Stirnseite der Hauptküche stand ein handbetriebener, kolos-
saler Bratspieß, der bis zu fünfzig Stück Geflügel faßte. Je eine Koch-
maschine arbeitete für zweihundert Personen, je ein Guglhupfbecken
konnte Teig für fünfzig Kuchen aufnehmen. In den großen Kupfer-
töpfen sotten jeweils vierzig bis fünfzig Kilogramm Fleisch.

Das Abschiedsdiner, das Oberstküchenmeister Rudolf Munsch am
27. Februar 1919 dem bereits entmachteten Kaiser Karl bereitete, bestand nur noch aus drei Gängen: Gemüsesuppe, gebackene Gemüse-
schnitzel, trockene Biskuits.

~

ÖLER (auch Ölmüller, Ölschläger, Ölstampfer) stellten in Ölmüh-
len durch Auspressen von Pflanzensamen und Früchten einiger Sträucher und Bäume, die vorher zerstampft oder zerquetscht worden
waren, verschiedenste Arten von Ölen wie Rüb-, Kohlraps-, Sommer-
rüben-, Mandel-, Mais-, Buchecker-, Senf-, Lein-, Nuß-, Mohn-, Hanf-,
Rizinus-, Traubenkern-, Kürbis-, Sonnenblumen- und Olivenöl her, mit
denen sie auch Handel trieben. In ihrem Angebot waren ferner gelegentlich Unschlitt, Pech und Kerzen. In diesem Gewerbe, das in die
früheste Zeit zurückreicht, brachten es immer wieder einzelne Mitglieder zu Reichtum und Wohlstand. In Wien wurde beispielsweise

Heinrich der Öler 1350 Bürgerspitalmeister und verheiratete seine Tochter mit dem Bürgermeister Lucas dem Popphinger.

Der Wirkungskreis der Öler berührte sich vielfach mit den verwandten Gewerben der Schmerbler, → Wachszieher und → Seifensieder.

~

ÖL- UND ERDWACHSSCHÜRFER waren Kleinstunternehmer, die am nördlichen Rand der Karpaten, im einstigen österreichischen Kronland Galizien, seit Mitte des 19. Jahrhunderts nach Erdöl und Erdwachs (eine plastische Masse, die durch Oxydation von Erdöl entsteht und aus der Paraffin destilliert wurde) schürften. Die eigentliche Grab- und Förderarbeit wurde meist von täglich angeworbenen und miserabel bezahlten männlichen und weiblichen Arbeitern (zumeist Juden und ruthenische Bauern) unter entsetzlichen Bedingungen verrichtet. Drohobycz war das Zentrum des »galizischen Pennsylvanien«, im nahe gelegenen Dorf Boryslaw befand sich die »galizische Hölle« – eine wahre Kraterlandschaft, mit Tausenden planlos in den Boden getriebenen engen Schächten, in denen sich das Rohöl am Grund sammelte, das dann wie aus einem Brunnen mit Kübeln über eine Haspel herausgeschöpft wurde. Ganz ähnlich waren die Erdwachsgruben angelegt, nur daß hier ein »Häuer«, mit einem Bein im Kübel stehend, in die Tiefe hinuntergelassen wurde, um das Erdwachs von den Schachtwänden abzustechen. Ein Augenzeuge, der Bergingenieur Wilhelm Jicinsky, beschrieb in der *Österreichischen Zeitschrift für Berg- und Hüttenwesen* im Jahr 1865 die Zustände:»Man sieht ein zweites Kalifornien vor sich, ein reges Leben, wovon man ungesehen keinen Begriff hat. Es steht Haspel an Haspel, Mann an Mann, dazwischen sich drängende Käufer des eben geförderten Naphthas und Wachses, ein Schreien und Lärmen wie auf einem Jahrmarkte. Da sieht man das Faustrecht ausüben an einem unberufenen Störenfried, dort wird ein Naphthadieb verfolgt, hier kratzen Weiber mit ihren Händen aus dem Haldengestein die weggeworfenen Bergwachsabfälle, um selbe zu sammeln und noch zu verwerten.« Auf den winzigen Schachtterrains war oft kein Platz mehr für den Aushub zu finden, und so

Erdölförderung in Galizien: Das Naphtarevier von Boryslaw mit den in vollem Betrieb stehenden Bohrtürmen. Photographie, 1918

kam es nicht selten vor, daß man den unbewachten Schacht seines Nachbarn in der Nacht einfach mit den ausgehobenen Erdmassen zuschüttete, was stets zu wilden Kämpfen führte. Die Schächte selbst waren in einem elenden Zustand, und es verging in jener Zeit selten ein Tag, an dem sich nicht ein oder mehrere Unglücksfälle ereigneten. Alte, aufgelassene und unbedeckte Schächte wurden zur tödlichen Falle, herabstürzende Gesteinsmassen begruben die Menschen unter sich, giftige Grubengase führten zu Erstickungen oder explodierten. Gänse sollten vor diesen Gasen warnen; überlebten sie die Schachtfahrt bis zur Sohle und zurück, schien die Gefahr vorerst gebannt.

Begonnen hat das Ölfieber in Galizien, das ein Heer von Glücksrittern und Spekulanten aus allen Winkeln des Landes anlockte, mit dem Wunsch, das sich hier schon seit jeher in Bodenvertiefungen ansammelnde Erdöl besser zu destillieren und als Lampenöl zu nutzen. Ein findiger Apothekerprovisor in Lemberg, ein gewisser Ignacy Lukasiewicz, fand 1852 eine Methode, aus Erdöl Petroleum zu gewinnen. Nach

seinen Anweisungen baute der Schlosser Bratkowski die erste Petroleumlampe, mit der Lukasiewicz das Schaufenster seiner Apotheke
illuminierte. Bereits 1855 wurde im Lemberger Landesspital die erste
Operation bei Petroleumlicht durchgeführt, und drei Jahre später entschloß man sich in Wien, den Nordbahnhof mit Petroleum aus Drohobycz zu beleuchten.

Jahrzehnte später hatten sich Großbanken im Ölgeschäft breitgemacht, und die kleinen Gruben und Raffinerien waren zu internationalen Konzernen mit klingenden Namen verschmolzen worden. Es
war ein lukratives Geschäft: Um die Jahrhundertwende lag Galizien
in der Welterdölproduktion hinter den Vereinigten Staaten, Rußland
und Niederländisch-Indien an vierter Stelle.

Die einzige Wahrheit liegt in der Arbeit: Die Welt wird eines Tages das sein, wozu die Arbeit sie gemacht haben wird.

ÉMILE ZOLA

PAPIERMACHER (auch Papierer) und das Produkt ihrer Mühsal standen auffallend oft im Mittelpunkt literarischer Äußerungen. Die erste bekanntere Betrachtung zum Papier findet sich schon in Polydorus Vergilius' Werk *De rerum inventoribus*, über die Erfinder der Dinge, das 1537 in x-ter Auflage in Augsburg erschien. Hans Sachs reimte über den »Papyrer« in Jost Ammans *Ständebuch* (1568), und Jahre später erschien das Werk *Julius Caesar redivivus* des Dichters Nikodemus Frischlin, in dem der Humanist Eobanus den zum Leben erweckten Cicero über die Fortschritte in der Papierherstellung aufklärte. Fast zur selben Zeit übte sich in England Thomas Churchyard in unerschütterlicher Technikzuversicht, pries das Papier und lobte den Deutschen Johann Spielmann, der mithalf, es zu produzieren. Bei Grimmelshausen (*Der abenteuerliche Simplicissimus*, Continuatio, 11. Kapitel) beginnt das Papier (»ein Oktav von einem Bogen«) sogar zum Helden zu sprechen, als dieser es nach dem Stuhlgang beschmutzen will: »Ach!, so muß ich denn nun auch für meine treu geleisteten Dienste und lange Zeit überstandenen vielfältigen Peinigungen, zugenötigten Gefahren, Arbeiten, Ängste, Elend und Jammer, nun erst den allgemeinen Dank der ungetreuen Welt erfahren und einnehmen? Ach warum hat mich nit gleich in meiner Jugend ein Fink oder Goll [Gimpel, Dompfaff] aufgefressen, und alsobald Dreck aus mir gemacht, so hätte ich doch meiner

Mutter der Erden gleich wiederum dienen, und durch meine angeborne Feistigkeit ihro ein liebliches Waldblümlein oder Kräutlein hervorbringen helfen können, ehe daß ich einem solchen Landfahrer den Hintern hätt wischen, und meinen endlichen Untergang im Scheißhaus nehmen müssen.« 1689 erschien in Nürnberg der *Curiöse Spiegel* des Elias Porzelius, in dem er »Das wohlausgesonnene Pappiermachen« in einem Dialog zwischen Meister und Gesellen behandelt, und auch der bekannte Wiener Prediger Abraham a Santa Clara hat sich mehrmals in seinen derben Sprüchen über das Papier geäußert. Am Ende des 18. Jahrhunderts erschien ein hymnisches Lehrgedicht in Hexametern eines Turiner Gelehrten namens Johannis Bernardi Vigi, und von Johann Wolfgang von Goethe ist bekannt, daß er von der Papiermacherei sehr angetan war. Als junger Mann soll er die Papiermühle in Stützerbach im Thüringer Wald besucht und sich eifrig an der Bütte versucht haben. In der Biographie des Malers Philipp Hackert schildert er jedenfalls recht versiert die neapolitanische Papiermühle des Don Stefano Merola. Ganz anders eine Miszelle von Benjamin Franklin, die den Titel *Papier* trägt und in der menschliche Eigenschaften mit Papiersorten verglichen werden. Der Habgierige wird zum »Packpapier«, der Verschwender zum »Pariser Assignat«, die Dichter werden samt ihren Werken zur »Makulatur«, das unschuldige Mädchen ist ihm das »weiße Papier«, der große Geist das »Royalpapier«, und die Handwerker, Bedienten und Tagelöhner sind »Conceptpapier, von wohlfeilem Preis, weniger geschätzt, im jeden Nothfall bey der Hand, und zugänglich für jede Feder«. Auch Heinrich Heine bediente sich der Papiersorten, um Schreibstile zu charakterisieren: »Warum hat Kant seine ›Kritik der reinen Vernunft‹ in einem so grauen, trocknen Packpapierstil geschrieben?«, fragt er in dem Text *Zur Geschichte der Religion und Philosophie in Deutschland*, und in der Denkschrift über Ludwig Börne spricht er vom »sauren fließ-papierenen Deutsch« und vom »velinschönen Englisch«. Annette von Droste-Hülshoff gibt in ihrer Schilderung der Grafschaft Mark einen Einblick in die dortigen Papiermühlen, und Honoré de Balzac weist in seiner Geschichte *Die Leiden des Erfinders* auf die Rohstoffproblematik in der Papiermacherei hin. Sozialkritisches klingt bei Wilhelm Raabe in *Pfisters Mühle* an, und so manche Äußerungen

Papiermacher. Radierung, 1820

von Heinrich Manns herrischem papierherstellendem »Untertan« Diedrich Heßling könnten einem Fachblatt für Papierfabrikation entnommen sein. Und um Liebe und Karriere in einer Papiermanufaktur geht es schließlich in dem 1890 entstandenen Bühnenstück *Die Haubenlerche* von Ernst von Wildenbruch, wo es im Text an einer Stelle heißt: »Das ist eine schöpferische Tätigkeit, und darum nennt man den Büttgesellen einen Schöpfer, und auf dem Titel da bild' ick mir was ein, das ist ein schöner Titel.«

Die Erfindung des durch Verfilzung feinster Fasern hergestellten Schreibblatts stammt vermutlich von den Chinesen und wurde durch die Araber nach Vorderasien und ins Abendland gebracht. Der chinesische Hofbeamte Tsai Lun soll 105 nach Christus das Papier erfunden haben, doch weisen neuere archäologische Funde nach, daß es bereits um 100 vor Christus pflanzliche Papiere in China gegeben hat. Es scheint auch unwahrscheinlich, daß eine »Volkstechnologie«, die sich meist allmählich entwickelte, von einem einzelnen Menschen zu einem bestimmten Zeitpunkt entdeckt worden sein soll. Im 12. Jahrhundert wurde die Kunst dann von Spanien aus über Europa verbreitet. Erste schriftlich belegte Produktionsstätten in Europa sind Xàtiva bei Valencia (1074), Genua (Anfang 13. Jahrhundert) und Fabriano in der italienischen Mark Ancona (erste Hälfte 13. Jahrhundert). In Fabriano wurden auch entscheidende Produktionsverbesserungen initiiert, die dann in ganz Europa aufgegriffen wurden. So setzte man wassergetriebene Lumpenstampfwerke zur Rohstoffaufbereitung ein, und anstelle der flexiblen Siebe aus Bambus, Schilf oder Gras benützte man starre Drahtsiebe, die eine schnellere Schöpffolge ermöglichten und einen arbeitsteiligen Prozeß einleiteten. Die Papierbögen wurden auch nicht mehr vegetabilisch geleimt, sondern mit tierischem Leim behandelt. Durch die zunehmend besser werdende Qualität des Papiers verlor im Verlauf des 14. Jahrhunderts das Pergament weitgehend an Bedeutung und wurde nur noch für Urkunden, Chroniken, bibliophile Bucheinbände und dergleichen verwendet.

In Deutschland gründete Ulman Stromer, ein Kaufmann, der in der Lombardei mit der Technik der Papiermacherei in Berührung gekommen war, 1390 die erste Papiermühle an der Pegnitz vor den Toren Nürnbergs. Weitere Gründungen folgten (Ravensburg, Augsburg), um die Einfuhr italienischen Papiers zu drosseln. Sehr begünstigt wurde die Papierherstellung in der Renaissance durch die Erfindung der Buchdruckerkunst und durch die anschwellende literarische Produktion (Streitschriften) der Reformationszeit. Die Ausübung des »neptunischen Gewerbes«, wie Armin Renker die Papierherstellung nannte, war abhängig vom Wasser, sowohl quantitativ als auch qualitativ. Eine häufig erwähnte Zahl nennt den Bedarf von 1000 bis 1500 Liter reinen Wassers für die Herstellung von einem Kilogramm Papier. Wo die Bedingungen günstig waren, entstanden ausgesprochene Papiermacherreviere (Sachsen, die niederländische Veluwe, die Nürnberger Gegend), und an manchen Flüssen (Strunde, Ruhr) reihte sich eine Papiermühle an die andere. Das führte natürlich nach und nach zu einer dramatischen Verschlechterung der Wasserqualität, gegen die sich die Bürger vielerorts zur Wehr setzten.

Die Produktion verlagerte sich immer mehr auf das platte Land, und recht oft wurden Papiermacher selbst zu Mühlenbesitzern. Zu jeder Papiermühle gehörte damals ein bestimmter Lumpensammelbezirk, in dem der begehrte Rohstoff von den → Lumpensammlern zusammengetragen und an die Mühle abgeliefert wurde. Die Lumpen, Hadern oder Strazzen wurden auf dem Lumpenboden von Frauen und Kindern zunächst sortiert, zerrissen und zerschnitten sowie vom gröbsten Schmutz befreit, eine langweilige, ekelerregende und ungesunde Arbeit, bei der viel Staub und Schmutz entstand. Die unterschiedlichen Textilien ergaben natürlich auch unterschiedliche Papiersorten. Weißes Leinen lieferte gutes Schreibpapier, hingegen konnten grobe, dunkle Stoffe nur für Packpapier verwendet werden.

Die sortierten und zerkleinerten Lumpen wurden nun einige Tage lang angefault und anschließend im Stampfgeschirr mit viel Wasser und Zusätzen von Kalk in ihre feinsten Bestandteile getrennt und zu »Halbzeug« zerstampft. Den gewonnenen Faserbrei lagerte man einige Tage in Zeugkästen, um ihn dann weiter zu »Ganzzeug« zu zerstoßen. Ende des 17. Jahrhunderts wurde in Holland ein Mahlwerk erfunden, das als »holländisches Geschirr« oder »Holländer« Verbreitung fand und das alte Stampfgeschirr bald verdrängte. Auch wassergetriebene Lumpenschneider und Lumpenwaschmaschinen kamen mehr und mehr in Gebrauch.

Der wichtigste Gegenstand im Schöpfraum war die Bütte, ursprünglich ein großes Faß, in die das Ganzzeug zusammen mit Wasser geschüttet und durch einen Rührapparat fortwährend in Bewegung gehalten wurde. Die Bütte war beheizbar, damit sich Zeug und Wasser besser vermischen konnten. Die an der Bütte Hand in Hand arbeitenden Büttgesellen hießen Schöpfer, Gautscher und Leger. Der Schöpfer tauchte die Schöpfform mit beiden Händen in den Faserbrei, schöpfte sie beim Hochheben voll und schüttelte sie hin und her, damit sich der Faserstoff auf dem Sieb (in der Form und Größe eines Papierbogens) gleichmäßig verteilen und das überschüssige Wasser ablaufen konnte. Dabei überprüfte er den geschöpften Bogen auf Knoten, Unebenheiten und Unreinheiten. Anschließend gab er die Siebform an den Gautscher weiter, der sie auf ein Stück Filz umstülpte, auf dem bei behutsamer Abnahme der Form das Papier unversehrt liegenblieb. War durch abwechselndes Übereinanderschichten von Filz und Papier ein Stoß (Pauscht) von 181 Bogen erreicht, kam dieser unter die Naßpresse.

~179~

Zum Drehen der großen Spindel der Presse, das einen hohen Kraftaufwand erforderte, mußten immer mehrere Arbeiter zusammengerufen werden. Später setzte man die Wasserkraft zum Antrieb der Pressen ein, wobei die Kraftübertragung auf die Spindel entweder über einen Seilzug oder über ein hölzernes Zahnradgetriebe erfolgte. Den entwässerten Stoß übernahm nun der Leger, der die Papierbogen von den Filzen trennte und sie auf dem sogenannten Legestuhl ausbreitete. Meist unterwarf man die Bogen (im weißen Pauscht, also ohne Filze) einer zweiten Pressung und übergab sie danach den Frauen in den Trockenräumen, die sie zum Trocknen aufhängten.

Durch Aufnähen von Draht in Form von Zeichen (Firmen, Zahlen, Figuren) auf die Schöpfform entstanden im Papier dünnere, durchscheinende Stellen, die Wasserzeichen. Zur Verwendung als Schreibpapier mußte das Fließpapier geleimt werden, indem man die Bogen bündelweise in eine Leimbrühe tauchte, auspreßte und trocknete. Nun konnten die »Saalarbeiten« beginnen: Die Glätter glätteten das Papier von Hand mit einem Glättstein, die Stampfer später mit Hilfe von Glätthämmern (Schlagstampfen). Die Ausschießerinnen hielten die Bogen einzeln gegen das Licht und sortierten die fehlerhaften aus. Die Zählerinnen kontrollierten die Ausschießerinnen, zählten und legten die verschiedenen Sorten zu Büchern à fünfundzwanzig Bogen zusammen, die sie an den Saalgesellen oder den Saalmeister zum Verpacken weitergaben. Als Papiermaße galten das Ries, das 480 Bogen Schreibpapier und 500 Bogen Druckpapier zählte, und der Ballen, der zehn Riese enthielt.

Die Papiermacher waren nicht zünftig organisiert, wohl aber in manchen Städten in anderen Zünften inkorporiert, und befolgten üblicherweise gewisse Vorschriften und Regeln. Wie in vielen zünftigen Handwerken wurden die Meistersöhne bevorzugt. Sie mußten nur drei Jahre lernen, während die übliche Lehrzeit vier Jahre betrug, und waren teilweise vom Wanderzwang befreit. Das Ende der Lehrzeit wurde mit einem »Lehrbraten« gefeiert, den die Lehrlinge allerdings selbst bezahlen mußten und der recht oft zur Abhängigkeit führte, weil sie das Geld nicht besaßen und es vom Meister leihen mußten. Nach dem teuren Schmausen war es üblich, daß der Lehrling noch vierzehn Tage auf der Mühle weiterarbeitete und dann erst den Bechertrunk, das »ehrliche Geschenk«, sowie das Lehrzeugnis erhielt. Nun konnte er, wenn er nicht den Lehrbraten abzuarbeiten hatte, auf Wanderschaft gehen.

Die Arbeit in den Papiermühlen war gekennzeichnet durch einen erschöpfenden Zwölf- bis Fünfzehnstundentag, der schon um zwei Uhr morgens beginnen konnte und von ewiger Nässe (an den Bütten), Luftzug, Staub, Hitze, Gestank (in den Leimküchen) und Lärm begleitet war. Diese Bedingungen führten zwangsläufig zu einer Menge Berufskrankheiten. »Die schöne Waldlandschaft täuschte nicht über die gesundheitlichen Mißstände hinweg. Immer wieder fand ich in den Kirchenbüchern den Tod noch sehr junger Papiermacher verzeichnet, und oft stand als Todesursache Auszehrung dabei«, konstatierte der Papierhistoriker Heinrich Kühne über sächsische Papiermühlen. »Auszehrung« nannte man die Lungenschwindsucht, die schlechthin die Krankheit der armen Leute war. Dazu kamen Taubheit, hervorgerufen durch den Lärm der Stampfgeschirre, rheumatische Erkrankungen durch Nässe, Zugluft und rasches Arbeitstempo und der nicht grundlos als »Hadernkrankheit« bezeichnete, todbringende Milzbrand, der vom Staub der Lumpen ausging und besonders die mit der Lumpenzurichtung beschäftigten Frauen und Kinder bedrohte.

Die wesentlichste Umgestaltung erfuhr die Papierherstellung durch die Erfindung der Papiermaschine. Louis Robert in Essonne bei Paris erhielt 1799 ein Patent auf eine Schüttelmaschine, die das handwerkliche Schöpfen mechanisierte und erstmals eine fortlaufende Papierbahn produzierte.

~

PARFÜMMACHER (auch Profumierer, Parfümeure) beschäftigten sich mit der Herstellung wohlriechender Parfüms (von lat. per fumare = »durchduften, -dampfen, -rauchen«) aus meist natürlichen Riechstoffen, die dem Pflanzen- und Tierreich entstammten. Das Angebot eines Parfümeurs war umfassend und reichte von Essenzen, Ölen und Auszügen über Harze, Cremes, Pomaden und Pasten hin zu Seifen, Pudern u. v. m. Pflanzliche Duftspender, aus denen ätherische Öle (durch Pressung oder Destillation), Concrètes (durch Extraktion – Auszug – mit flüchtigen Lösungsmitteln) und Absolues (durch Extraktion von Concrètes mit Alkohol) gewonnen wurden, waren Blüten, Blätter, Stengel, Früchte, Schoten, Beeren, Fruchtschalen, Samen, Wurzeln, Hölzer, Rinden, Kräuter, Nadeln, Zweige, Harze und Flechten. Als sogenannte Parfümpflanzen begehrt waren – und sind teilweise noch – die Familie der Ruchgräser (Palmarosa-, Lemongras- und Zitronellöl), das Agavengewächs Tuberose (deren Blüten vor Sonnenaufgang gepflückt werden mußten), die Schwertlilie (Iris- oder Veilchenwurzelöl), der Nelkenbaum (Nelkenöl aus den getrockneten Blütenknospen und den Blättern), der Amberbaum (Storaxbalsam aus der Rinde), das Moos, das auf Stämmen und Ästen von Eichen, Fichten und Kiefern wächst (durch Extraktion wurde das Resinoid gewonnen und daraus das Absolue), der Ylang-Ylangbaum (Ylang-Ylangöl), der Zimtstrauch (Zimtblätter- und Zimtrindenöl), die Pelargonie (Geraniumöl), die Rosengewächse (Rosenöl aus handgepflückten Blütenblättern), der Cassie-Strauch, der Bergamottbaum (das Bergamottöl, aus den grünen Fruchtschalen gepreßt, galt als wichtiger Duftbaustein für Eau de Cologne), der Bitterorangenbaum (Neroliöl aus den Blüten, Petitgrainöl aus den unreifen kleinen Früchten, den Blättern und Zweigen), der Patschulistrauch (Patschuliöl), die Myrte, der Jasmin, der Lavendel, der Rosmarin, der Thymian, Limetten und Mandarinen und viele andere. Zahlreiche dieser Pflanzen wurden und werden feldmäßig angebaut (wenn in Europa, dann vor allem in Südfrankreich und Italien), denn der Bedarf war und ist mitunter recht beträchtlich. So sind beispielsweise etwa 3500 Kilogramm Rosenblüten für ein Kilogramm Rosenöl erforderlich, für die gleiche Menge Lemongrasöl mußte man 200 Kilogramm Lemongras destillieren, und etwa 1000 Kilogramm Veilchenblätter ergaben nicht mehr als 30 Gramm ätherisches Blütenöl.

Die Parfümeure bedienten sich recht oft auch an übelriechenden animalischen Ausscheidungen, aus denen sie ihre Düfte komponierten: die aus dem Darm des Pottwals abgestoßene Ambra, der man aphrodisische Kräfte zuschrieb; das Geschlechtssekret des kanadischen und sibirischen Bibers, Castoreum oder »Bibergeil« genannt, und jenes des asiatischen Moschushirsches (man muß an die hundertvierzig Tiere töten, um ein Kilo Moschus zu erhalten); schließlich das Markierungssekret der männlichen und weiblichen Zibetkatze, die in Indien, Indonesien und Afrika heimisch ist. Diese vier Riechstoffe – Amber, Casto-reum, Moschus und Zibet –, denen man, ehe sie weitgehend durch synthetische ersetzt werden konnten, fast bis zur Ausrottung der Tiere nachjagte, waren für Parfüms als Fixativ unentbehrlich, wenn es galt, den natürlichen Prozeß des »flüchtigen Eindrucks« zu verzögern. Durch sie blieb der Duft »haften«. Parfümeure sprachen von der »sinnlichen Wärme des Tierkörpers«, vom »erregenden Atem der Brunft« und der »lastenden Süße eines schwer erklärbaren Charakters«.

Der Geruch besitzt eine große Zahl von Qualitäten, die sich schwer begrifflich ordnen und noch schwerer beschreiben lassen. Aus Hagers *Handbuch der pharmazeutischen Praxis* (vollständige 4. Neuausgabe 1980) erfahren wir einige Klassifikationen, wie jene von John Amoore, der sieben Grundgerüche unterscheidet: die kampferartigen, die moschus-artigen, die blumigen, die pfefferminzartigen, die ätherischen, die ste-chenden und die fauligen, während Crocker und Henderson von nur vier ausgehen: blumig, sauer, brenzlig und ranzig. Claude Lévi-Strauss erwähnt in seinem Buch *Die eifersüchtige Töpferin*, daß die südameri-kanischen Suya-Indianern auch auf die Menschen, je nach Geschlecht, Alter und politischer Funktion, eine Klassifikation nach Gerüchen an-wenden, die sie in vier Kategorien einteilt: »Der englischsprachige For-scher gibt sie durch strong or gamey, pungent, bland und rotten wieder, das heißt auf Deutsch annäherungsweise: ›stark oder wildbretartig‹, ›scharf oder pikant‹, ›mild‹ und ›faulig‹. Diese Klassen von Gerüchen korrespondieren nicht so sehr mit sinnlich wahrnehmbaren Katego-rien als vielmehr geistig-moralischen Werten (sprechen wir nicht heu-te noch, nahezu immer im figurativen Sinne, vom ›Geruch der Heilig-keit‹, und sagen wir nicht bei drohender Gefahr; ›Ça sent mauvais‹ [das riecht faul]?).«

Das menschliche Riechfeld, in der Nasenhöhle liegend und ausge-stattet mit schätzungsweise eineinhalb Millionen Riechzellen, ist in der Lage, zahlreiche Geruchsqualitäten zu unterscheiden. Freilich, alle Ge-rüche, ob gute oder schlechte, würzige oder krautige, saure oder bit-tere, lösen im Gehirn Vorstellungen und Empfindungen aus. So können Düfte gezielt eingesetzt werden, um eine bestimmte, bewusst nicht wahrnehmbare Wirkung zu erreichen. Der Erlangung dieser Macht scheint der ruhelose Ehrgeiz der Parfümeure gegolten zu haben, aus immer verführerischeren Ingredienzien und ausgeklügelteren Kombinationen das »flüchtige Reich der Gerüche« zu mischen. Die Kunst, Blumendüfte in flüssige Form zu bringen, wurde um die Mitte des 16. Jahrhunderts meisterhaft von dem Italiener Mauritius Frangipani praktiziert, der Auszüge wohlriechender Blüten mit Weingeist herstellte. In der italienischen Renaissance erreichten die »Aromatika« allgemein übermäßigen Gebrauch, der sich in Frankreich unter Ludwig XV., besonders weil man überaus unsauber war, schließlich ins Unsinnige steigerte. Bei Hof schrieb die Etikette täglich ein anderes Parfüm vor. Alles war parfümiert: Handschuhe, Schuhe, Strümpfe, Hemden und sogar Münzen. In den Voile-Ärmeln trug man elegante silberne Kugeln, Pomander genannt, gefüllt mit Moschus, Muskatblüte oder Kümmelsamen, hielt Ambrakronen in der Hand und füllte Elfenbeinschalen mit Rosenwasser. Unter Reinlichkeit verstand man vor allem eine »trockene Toilette«. Mit Wasser gewaschen wurden höchstens die »sichtbaren« Körperteile, also Hände und Gesicht, während der übrige Körper trocken abgerieben und parfümiert wurde. Denn der Wohlgeruch sollte nicht nur unangenehme Körperausdünstungen überdecken, sondern auch – so war man überzeugt – vor Miasmen schützen, so nannte man außerhalb des Körpers gebildete Ansteckungsstoffe. Mit parfümierten Gesichtsschleiern hoffte man, sogar die Pest abzuwehren. Für die Reinigung der Haare benutzte man für gewöhnlich Puder, oder man rieb die Kopfhaut mit Branntwein ab. Gegen Ende des 18. Jahrhunderts kam es zur Ablehnung tierischer Riechstoffe. »Seit unsere Nerven empfindlicher geworden sind«, liest man in einem 1765 verfaßten Artikel in der *Enzyklopädie*, sind Ambra, Zibet und Moschus verpönt. Der als archaisch geltende aufdringliche Duft »wird zum schicksalhaften Merkmal der alternden Kokotten oder Bäuerinnen« (Corbin). Giacomo Casanova wurde fast ohnmächtig von dem »unausstehlichen Moschusgestank« der verwelkten nymphomanischen Herzogin von Ruffec, wie er in seinem Lebensbericht gestand. Er selbst bevorzugte Myrrhe und Räucherharz, um die »Rolle des Magiers« spielen zu können, und die Beträufelung des nackten Frauenkörpers mit Rosenwasser trug zur Steigerung seiner Geilheit bei. Der große Erfolg des Rosenwassers dehnte sich aus auf Veilchen-, Thymian-, besonders aber Lavendel- und Rosmarindüfte. Es wurde üblich, den Mund mit Rosenwasser auszuspülen und den Atem mit Irispaste zu parfümieren. Napoleon Bonaparte war geradezu neurotisch fixiert auf Reinlichkeit und Wohlgeruch. Seine Seife, die exquisite »Brown Windsor«, die Bergamott-, Gewürznelken- und Jasminöl enthielt, ließ er aus England kommen, und sein Lieblingsparfüm war das Eau de Cologne, das er sogar schlückchenweise vor einer Schlacht getrunken haben soll. Dieses Kölnische Wasser wurde von dem in Köln seit 1709 ansässigen Giovanni Maria Farina, gebürtig aus Santa Maria Maggiore e Crana (Novara), kreiert. Schon dessen Onkel, Gian Paolo Feminis, ein Barbier, hatte mit diesem hochdestillierten »Wasser« herumexperimentiert. Die Hauptbestandteile waren Bergamottöl, Lavendelöl, Nelkenöl, Orangenblütenöl, Rosmarinöl und Zitronenöl in feinstem Traubengeist digeriert.

Die Parfümherstellung konzentrierte sich mit Ausnahme von Kölnisch Wasser vor allem auf die südfranzösischen Orte Grasse und Montpellier und auf Paris und London. Die meisten natürlichen Öle wurden im Destillierapparat gewonnen, den die Parfümeure »Mohrenkopf« nannten, vermutlich, weil der aufgesetzte Kondensiertopf, der kaltes Wasser enthielt, einem Turban glich. Die Dämpfe enthielten sowohl Wasser wie Öl. Das Destillat wurde Tropfen für Tropfen von einer sogenannten Florentiner-Flasche aufgefangen, wobei sich das Öl infolge seines spezifischen Gewichtes entweder über oder unter dem Wasser sammelte. Andere Möglichkeiten der Extraktion waren die Enfleurage (gefilterte Fette wurden mit getrockneten Blütenblättern so lange bedeckt, bis das Fett von Blütenduft durchtränkt war), die Mazeration (Blütenölgewinnung mit Hilfe heißer Fette) und die Lavage (bei der aus dem duftdurchtränkten Fett durch Versetzung mit Weingeist der parfümierte Alkohol rückgewonnen werden konnte).

Ab der Mitte des vorigen Jahrhunderts verloren die Bouquets wieder ihre Schlichtheit, der »Fächer der Wohlgerüche« wurde komplizierter, das Verhältnis der Duftkomponenten zueinander rätselhafter, und die Namen der großen Meister mit den unbestechlichen Nasen gewannen an Popularität: Askinson, Lilly, Yardley, Rimmel (er schrieb die erste Parfümchronik *The Book of Perfumes*, die 1865 in London erschien), Lubin, Piver, Chardin, Violet, Legrand, Piesse und vor allem Coty mit L'Origan und Chypre, Houbigant mit Quelques fleurs, Worth mit Dans la Nuit und Guerlain mit Eau Impériale (das er für Kaiserin Eugénie schuf) und L'Heure bleue.»So weit also ist es mit den Parfümeuren gekommen«, ärgerte sich Auguste Debay in seinem *Nouveau manuel du parfumeur-chimiste* (1856),»daß sie sich anmaßen, von Harmonie, von vollendeten Akkorden (Heliotrop, Vanille, Orangenblüte) und von Dissonanzen (Benzoe, Nelke, Thymian) zu sprechen!« Ein Romancier, Joris-Karl Huysmans, entwarf schließlich in seinem Roman *A rebours* (dt. *Gegen den Strich*) 1884 das Bild des modernen Parfüm-Komponisten: Sein hochsensibler Held Jean Des Esseintes beherrschte das ganze Repertoire, er hielt sich an kein Rezept, rühmte die Gerüche der Modernität und überließ sich ganz seinen poetischen Entwürfen: die»blühende Wiese«, ein»leichter Regen menschlicher Essenzen«, oder der Duft des»Lachens im Schweiß, der unter strahlender Sonne entfesselten Freuden« und»der Hauch der Fabriken«.

Mit der Vielfalt der Erzeugnisse ging nicht nur eine Verfeinerung des Vokabulars einher, sondern auch den Flakons wurden raffinierte Formen und phantastische Namen verliehen wie tombeau, violon, cerf-volant, en étui oder gourde. Auch der Orient bewahrte seinen Zauber, was nach Meinung des Meisterparfümeurs Eugene Rimmel mit dem großen Erfolg von Carsten Niebuhrs *Reisebeschreibung nach Arabien* (1774-1778) und den zahlreichen Reiseberichten über Ägypten zusammenhing. Gustave Flaubert versuchte in seinen Briefen aus Kairo (vom 5. und 15. Jänner 1850) mit leidenschaftlicher Hingabe, die Düfte der Wüste wiederzugeben, und die Brüder Edmond und Jules de Goncourt schrieben über ihren Helden Anatole Basoche in *Manette Salomon,* allein der Name Konstantinopel»erweckte in ihm Träume von Poesie und Parfümerie, in denen sich alle seine Vorstellungen über das ›Sultaninenwasser‹, die Riechpastillen des Serail und die in der Sonnenglut sitzenden Türken vermischten«.

»Wer sich für den Jockey club, das Bouquet de l'Impératrice oder gar die Pommade de Triple Alliance entscheidet«, heißt es in Alain Corbins *Geschichte des Geruchs,*»wird – in der Imagination – hinaufbefördert in den Kreis der hohen Geschlechter.« Doch der unaufhaltsame soziale Abstieg des Eau de Cologne bezeugt, »daß auch der Arme den Kampf gegen den fauligen Gestank seiner Sekretionen aufgenommen hat«.

~

PECHSIEDER trennten Holzteer oder Harz von Fichten und Kiefern in den Pechhütten durch Erhitzen oder Destillieren von den flüchtigen Bestandteilen (Pechöl) und vom Wasser. Das so gewonnene Pech hatte dunkle Farbe, zersprang in der Kälte wie Glas und diente zum → Kalfatern des Schiffsrumpfes (Schiffspech), zum Steifen des Schuhmacherzwirns (Schusterpech), zum Auspichen der Bierfässer (Pichpech), zur Herstellung von wasserdichten Kitten, Terpentinöl, Kolophonium (Geigenharz), Heilsalben, Wagenschmiere, Schuh- und Lederpasten.

Pech war im Mittelalter ein wichtiger, besonders in deutschen Wäldern gewonnener Handelsgegenstand. Mit siedendem Pech hat man Burgen und Städte gegen deren Angreifer verteidigt, die ihrerseits mit brennenden Pechfackeln und -pfeilen Feuer an Haus und Hof legten. »Pech haben« kommt wohl vom Vogel, der an die Pechrute gerät und kleben bleibt (althochdeutsch heißt peh auch soviel wie »Hölle«).

Josef Traxler, der Sohn eines Pechers, erinnert sich in seiner Erzählung *Im Pechwald* an eine aufgelassene Pechhütte in Niederösterreich, die in Kindertagen zu seinem Spielplatz wurde: »Dort gab es Kessel und große Eimer, die noch mit Überresten vom Pechsieden behaftet waren, überall lagen Kolophoniumbrocken und verschiedene Gerätschaften herum. Zu einem der beliebtesten Kinderspielzeuge wurde eine Vorrichtung, mit der man einst für die Kesselfeuerung große Holzscheite zersägt hatte. Das war ein etwa zwei Meter hohes, bockartiges Gestell, an dem, ähnlich einer Schaukel, eine Halterung für die inzwischen entfernte Säge hing. An der Hinterseite dieser Halterung war ein aus Steinen bestehendes Gegengewicht angebracht, das beim Holzsägen den ansonsten erforderlichen zweiten Mann ersetzt hatte und mit dessen Schwungmasse der Druck auf das Sägeblatt verstärkt werden konnte.«

~

PERÜCKENMACHER entstanden zunächst als Hofhandwerker mit dem Aufkommen der Perückenmode in der Zeit Ludwigs XIV., als die Perücke in den Rang eines Kleidungsstückes erhoben wurde. Man benutzte natürlich schon im Altertum Perücken aus Menschen- und Tierhaaren sowie aus Pflanzenfasern und Gräsern, um ehrfurchtgebietender oder furchterregender zu erscheinen. Im Mittelalter und später war es dann üblich, bei Verlust des natürlichen Haares Perükken, die aus ledernen Deckelhauben mit angehefteten fremden Haaren bestanden, zu tragen, wobei die Träger es hinnehmen mußten, daß »zwischen ihrer Kopfhaut und dem Schopf aus zweiter Hand zollbreite Lücken« klafften. Das änderte sich, als der französische Perruquier Ervais in der zweiten Hälfte des 17. Jahrhunderts begann, Perücken mittels sogenannter Tressen zu verfertigen, womit die Kopfform nachgeahmt werden konnte. Die Tresse war eine Art schmales Band, an dem einzelne Haarbündel mit Seidenfäden aneinandergeknüpft waren. Mit diesen Tressen, von großer Zahl und bestimmter Länge, wurde die über einen hölzernen Perückenkopf gespannte textile Haube oder Montur benäht, die den Kopfmaßen des Kunden entsprach.

Die französische »Erfindung« der Perücke verbreitete sich durch hugenottische Flüchtlinge rasch über die meisten Länder Europas. Allein in Frankfurt am Main waren bis 1714 ein Viertel aller Perückenmacher Franzosen. In Berlin entstand 1716 die erste Perückenmacherzunft, nachdem unter dem Großen Kurfürsten Friedrich Wilhelm (1620-1688) die Perücke als Repräsentationsobjekt an deutschen Fürstenhöfen Eingang gefunden hatte. Aber auch bei Beamten, Ärzten, Richtern, Geistlichen, Lehrern und niedrigen Hofbediensteten setzte sich die Perücke als Standessymbol durch. Schließlich wurde sie durch günstigere Herstellungsmöglichkeiten – weniger und kürzere Haare – auch für das Bürgertum in den Städten erschwinglich und zum »unentbehrlichen Stücke einer anständigen Kleidung«. Vom Einfluß der Perücke auf das Körperverhalten berichtete Goethe in Dichtung und Wahrheit:»Da ich aber vom frühen Morgen an so aufgestutzt und gepudert bleiben und mich zugleich in acht nehmen mußte, nicht durch Erhitzung und heftige Bewegung den falschen Schmuck zu verraten, so trug dieser Zwang wirklich viel bei, daß ich mich eine Zeitlang

~188~

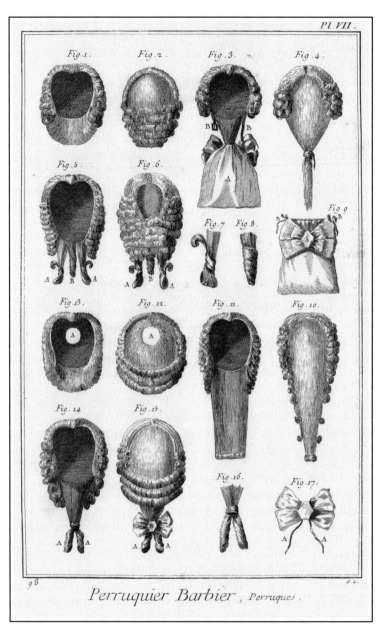

Perückenmacher, Barbier (Perruquier Barbier, Perruques).
Kupferstich, 1771

ruhiger und gesitteter benahm, mir angewöhnte mit dem Hut unterm
Arm und folglich auch in Schuh und Strümpfen zu gehen.«

Die Beliebtheit der Perücke machten sich die Herrschenden sogleich
zunutze und belegten ihre Träger mit einer gar nicht geringen Steuer.
Ob sie entrichtet wurde, konnte an einem an der Innenseite der Perücke
angebrachten Siegel überprüft werden. Solche Kontrollen verliefen,
wie berichtet wurde, nicht immer reibungslos. Weigerte sich nämlich
der Perückenträger, seine Kopfbedeckung abzunehmen und dem Beamten die Steuermarke zu zeigen, dann mußte dieser versuchen, mit
Gewalt der Perücke habhaft zu werden, was gelegentlich in handgreif-
liche Auseinandersetzungen ausartete. In Preußen wurde die Perücken-
steuer 1717 abgeschafft.

»Die Paroquen seynd wie die Verwandlungen bey dem Ovidio«,
stellte Herr Reiner in seinem 1748 zu Nürnberg erschienenen *Curiosen
Tändel-Marckt* fest, »sie machen aus einem alten Greisen einen munteren Jüngling, und wird durch ihre lange Wuckel mancher Buckel unsichtbar, die Paroquenmacher müssen sich fast närrisch studiren über
die neue Erfindungen so vielerley Paroquen, man sieht lange Paroquen,
knüpffte Paroquen, kurtze Paroquen, züpffte Paroquen, kahle Paroquen,
zauste Paroquen, grauste Paroquen, zierte, frisirte und geschmirte Paroquen, Spanische und Französische Paroquen, in Summa allerhand
Paroquen.« Die Vielfalt an Perückenmodellen war erstaunlich: von der
Encyclopédie perruquière wurden 1764 insgesamt einhundertfünfzehn
unterschiedliche Modelle beschrieben. Jeder Berufsstand trug bald eine
distinktive Perücke, ja sogar Lehrlinge und Waisenhausschüler zier-
ten sich mit weißen »ziegenhaarnen Perrucken«. Die prächtigste aller
Perücken war zweifellos die Allongeperücke mit hüftlangen gekräu-
selten Haaren. Kreiert hatte dieses »Symbol des Zeitalters« Binet, der
Leibfriseur Ludwigs XIV., etwa um 1670. Nach 1700 verbreitete sich
die bequemere Knotenperücke, bei der das seitliche Haar zopfähnlich
zusammengebunden war. Die Haarbeutelperücke faßte die nun kürzer
gewordenen Haare am Hinterkopf in einem schwarzen Taftsäckchen
zusammen, das mit einer im Nacken sitzenden Schleife geschlossen
wurde. Bei der Stutzperücke, einer verkürzten Nachahmung der Allongeperücke, waren die kinnlangen Seitenhaare in horizontalen Locken

um den Kopf gelegt. In Deutschland kam um 1750 die Zopfperücke auf, in Anlehnung an den natürlichen Zopf beim preußischen Heer seit Friedrich Wilhelm I., die neben der eleganteren Haarbeutelperücke die männliche Haarmode der zweiten Hälfte des 18. Jahrhunderts beherrschte (Zopfzeit). Spätere Perücken, die nur den sonst behaarten Teil des Kopfes – beispielsweise bei Kahlköpfigkeit – einhüllten, nannte man Touren, solche, die nur eine Stelle bedeckten und aufgeklebt oder durch Federn festgehalten wurden, halbe Perücken, Toupets und Platten.

Der Perückenmacher beschäftigte sich nicht nur mit der Herstellung neuer Perücken, sondern auch mit der Auffrischung, dem »Accomodieren«, der Aufbewahrung und der Umarbeitung gebrauchter Perücken. Werkzeuge und Techniken werden auf Tafel 1888 und 1889 in Diderots *Encyclopédie* abgebildet. Zu sehen sind: Kardätschen, Hecheln, Kräuselhölzer, eine Tressierbank, ein Etagierlineal (auf dem die Maße der Tressen verzeichnet wurden), verschiedene Kämme und Brenneisen, Scheren, Puderquasten und -masken, Papilloten (Haarwickel), Aufrolltechniken, Haarpakete und Knüpftechniken der Tressen. Das rohe Haar, das vielfach von Menschen aus Zuchthäusern, Kriegsgegenden und verarmten Landregionen stammte, wurde von Schmutz und Fett befreit, gehechelt, nach Farbe und Länge sortiert und gekräuselt. Dazu dienten die runden, fingerlangen Kräuselhölzer aus Buchsbaumholz, auf die man die Haare aufwickelte und bis zu drei Stunden lang in Regenwasser kochte. Nach dem Trocknen wurden die Haare, ohne sie von den Hölzern abzunehmen, in Brotteig eingeschlagen und ungefähr weitere drei Stunden im Backofen gebacken, damit die Lokkenform dauerhaft wurde. Aus den losgewickelten Haaren konnten nun die bereits erwähnten Tressen verfertigt werden. War die Perücke fertig, wurde sie frisiert, parfümiert, oft auch mit Pomade gefestigt und gepudert.

Gegen Ende des 18. Jahrhunderts wich die Perückenmode nach und nach der natürlichen Haarpflege, und die beschäftigungslosen Perükkenmacher sattelten auf Damenfriseure um.

~

PLANETENVERKÄUFER waren in den Straßen Wiens unterwegs und verkauften »Glücksbriefchen«, sogenannte »Planeten«, die mehrere Lotterienummern enthielten, die der Käufer dann im Lotto setzen konnte. Die Attraktion der Planetenverkäufer war, daß die Briefchen, die in einer Art Bauchladen eingeordnet waren, von einer weißen Maus oder einem Papagei herausgezogen wurden. Nach dem Zweiten Weltkrieg waren die »Glücksbringer« nur mehr selten in den Straßen anzutreffen; der letzte stand noch in den 70er Jahren des vorigen Jahrhunderts auf der Mariahilfer Straße gegenüber der Esterházygasse.

~

PORTEFEUILLEMACHER stellten Gegenstände des täglichen Gebrauchs wie Etuis für Messer, Scheren, Taschenbürsten und -spiegel, Brief-, Geld-, Visitenkarten- und Zigarrentaschen, Akten- und Schreibmappen, Necessaires, Handschuh- und Taschentuchbehälter her. Verarbeitet wurde durchweg echtes Saffian aus Ziegen- und Bocksfellen, später Leder aus Schafs- und Kalbsfellen, echtes oder imitiertes Chagrinleder, aber auch Alligator-, Javaeidechsen-, Affen-, Schlangen-, Seehund-, Walroß- und selbst Elefantenhäute. Nach vorliegenden Schnittmustern schnitt der Zuschneider die einzelnen Lederteile zu, die dann der Portefeuiller zusammenfügte und, falls erforderlich, mit Bügeln, Rahmen, Schlössern, Beschlägen und Futterstoffen versah. Die feine Ware wurde vielfach noch mit reliefartigen Verzierungen, Prägungen, bildlichen Darstellungen oder Mosaikarbeiten ausgestattet.

~

POSAMENTIERER (auch Bortenmacher, Bortenwirker, Bandmacher, Bandweber, Schnürmacher) verfertigten kunstvolle Besatzartikel (Posamenten) wie Borten, Krepinen, Troddeln, Tressen, Bänder, Litzen, Fransen, Quasten und Schnüre aus Seide, Wolle, Baumwolle, Leinengarn oder Zwirn. Besonders luxuriöse Borten, beispielsweise die Tressen (eine Art goldener, silberner und mit Seide als Kette gewebter Spitzen), wurden meist mit echtem Gold- und Silbergespinst als Ein-

Planetenverkäufer mit Papagei zum Ziehen der Glückszettel.
Photographie, um 1910

schuß hergestellt. Diese Gespinste kamen aus den Werkstätten der Gold- und Silberspinner, die Seiden-, Leinen- oder Baumwollgarne mit Lahn (geplätteter Gold- oder Silberdraht) umwickelten, der entweder flach, gewellt (Frisé) oder schraubenförmig gewunden (Kamillen) war. Tressen dienten hauptsächlich zur Verzierung von Kirchengewändern, Mänteln und Hauben. Krepinen waren kleine Blumen, die aus geballtem Lahn zusammengeschlungen und, oft noch mit kleinen Knoten, Flitter und Kügelchen besetzt, für Epauletten (Achselquasten), Achselschnüre, Hutschlingen und -bänder, Schärpen, Portepees, kleine und große Rosen für Tschakos und Hüte verwendet wurden.

Zu den wichtigsten Arbeitsgeräten der Bandmacher gehörten der dem Trittwebstuhl ähnliche Posamentierstuhl und die sogenannte Bandmühle (Bandstuhl, Mühlenstuhl), auf der gleichzeitig mehrere Bänder gewebt werden konnten. Der Göttinger Professor Johann Beckmann erwähnte in seinem Lehrbuch *Anleitung zur Technologie* (1777) eine Bandfabrik in der Wiener Neustadt, in der neben gewöhnlichen Bandstühlen einundzwanzig Bandmühlen betrieben wurden, und auf jeder konnten vierundzwanzig Bänder nebeneinander produziert werden. Die Mechanik der Maschine betätigte die Schäfte, die vierundzwanzig Schiffchen mit dem Schußmaterial und die Aufrollvorrichtung für die fertigen Bänder und Borten. Betriebe, die mit Bandmühlen vorwiegend im Verlag produzierten, brachten die zünftigen Posamentierer in eine schwierige Lage und »tausende Personen und gantze Familien an den Bettel-Stab«. Ein kaiserliches Edikt in Preußen, das 1685 von den Posamentierern erwirkt wurde und bis 1749 wirksam blieb, richtete sich zwar gegen die Verbreitung der Bandmühlen, konnte sie aber freilich nur verzögern. Bereits um 1800 liefen in Berlin einhundertdreiundfünfzig Seidenbandmühlen mit zwanzig Gängen, zweihundertsiebenundfünfzig mit fünf und achthundertneunundsiebzig eingängige. Karl Marx schrieb der Bandmühle sogar eine wegbereitende Funktion für den Industrialisierungsprozeß zu: »Diese Maschine, die so viel Lärm in der Welt gemacht hat, war in der Tat Vorläufer der Spinn- und Webmaschinen, also der industriellen Revolution des 18. Jahrhunderts.«

Die Kleidermode des Barock verhalf der Posamentenherstellung zu einem starken Aufschwung. Das Handwerk florierte besonders in

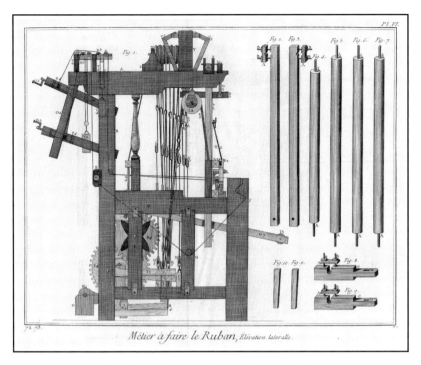

Bandweber (Métier à faire le Ruban).
Kupferstich, 1771

Basel, Hamburg, Berlin, Frankfurt am Main, Straßburg, Köln, Augsburg, Nürnberg, Amsterdam, Lyon und Wien, aber auch im sächsischen Erzgebirge (Annaberg und Buchholz). Die Posamentierer bildeten ein »geschenktes« Handwerk, Lehrlinge mußten in der Regel fünf Jahre lernen, die Gesellen auf Wanderschaft gehen. Ihr Meisterstück bestand beispielsweise in der Verfertigung einer Bandtresse und einer »polnischen Eichel«. Die Beschäftigung von Frauen in der Bandweberei war im Spätmittelalter noch keineswegs ausgeschlossen. Später, um 1600, sollte dann, wie etwa in Augsburg, kein Meister »Weibspersonen« außer seinen Töchtern das Handwerk lehren, und im späten 17. Jahrhundert setzten schließlich die Gesellen das Verbot der Stuhlarbeit für Frauen landesweit durch. Den Frauen und auch Kindern blieben schließlich die vorbereitenden Arbeiten wie das Zwirnen, Winden, Spulen und

Glätten vorbehalten, oder sie mühten sich in Manufakturen als billige Arbeitskräfte an den Bandmühlen.

~

POSTILLIONE (auch Postknechte, Postreiter, Postjungen) kutschierten Postfuhrwerke, die erstmals im Jahre 1690 zwischen Nürnberg und Frankfurt am Main verkehrten und Personen, Briefe und Pakete beförderten. Sie lösten nach und nach die recht unbequemen Landkutschen oder Haudererwagen ab. Besonderes Aufsehen wegen ihrer Schnelligkeit und Pünktlichkeit erregte die sogenannte Journalière zwischen Berlin und Potsdam, die vom Jahre 1754 an zunächst einmal, bald darauf täglich zweimal hin- und zurückfuhr und für die sechsundzwanzig Kilometer lange Strecke vier Stunden benötigte. Etwa um die gleiche Zeit wurde eine Personenpost zwischen London und Edinburgh eröffnet, die in der sensationellen Zeit von sieben Tagen die etwa sechshundert Kilometer lange Strecke bewältigte. Die nun auf immer mehr Kursen regelmäßig verkehrenden Personenpostwagen, Eilpostwagen, mail-coaches, malle-Postwagen, Post-Omnibuswagen, kurz Postkutschen genannt, mit vier und mehr kräftigen Pferden bespannt, vergleichsweise elastisch gefedert und weich gepolstert, fanden beim Publikum allgemein große Anerkennung, doch auch die Gegner meldeten sich eifrig zu Wort:»Außerdem kann es für Niemand gesund sein«, urteilte einer der Nörgler über die Strapazen, die ein Passagier auf sich nehmen mußte,»daß er ein oder zwei Stunden vor Sonnenaufgang aus dem Bett in die Postkutsche muß, daß er bis in die Nacht hinein in vollster Hast von Ort zu Ort weitergebracht wird, so daß er, wenn er den ganzen Tag gesessen, im Sommer von Staub und Hitze erstickt, im Winter halb erfroren und hungrig bei Fackellicht in die Herberge kommt, um am andern Morgen wieder so zeitig in die Postkutsche gepackt zu werden, daß er nicht einmal frühstücken kann. Wird eines Mannes Gesundheit oder Geschäft gefördert, wenn er mit kranken, alten Personen oder mit heulenden Kindern fährt; wenn er allen Launen sich fügen muß, durch stinkende Düfte vergiftet, durch Schachteln und Ballen zum Krüppel gedrückt wird? Ist es ihm etwa gesund, wenn er auf schlechten Wegen umgeworfen wird, bis an die Knie im Dreck waten muß und in der Kälte sitzt, bis neue Pferde herbeigeholt sind, welche die Kutsche weiterziehen? Ist es gesund, in verfaulten Kutschen zu fahren, bis eine Achse oder ein Rad bricht, so daß man alsdann drei oder vier Stunden, oft auch einen halben Tag warten und bisweilen selbst die ganze Nacht reisen muß, um das Versäumte wieder nachzuholen?« Und der Göttinger Gelehrte und Schriftsteller Georg Christoph Lichtenberg (1742-1799) sorgte sich um die Moral in den bequemen Postwagen,»die immer voll schöner wohlgekleideter Frauenzimmer stecken, und wo die Passagiere so sitzen, daß sie einander ansehen müssen; wodurch nicht allein eine höchst gefährliche Verwirrung der Augen, sondern zuweilen eine höchst schändliche, zum Lächeln von beiden Seiten reizende Verwirrung der Beine, und daraus endlich eine oft nicht mehr aufzulösende Verwirrung der Seelen und Gedanken entstanden ist«.

Die äußeren Kennzeichen des Postillions, der auch Schwager – angeblich vom französischen chevalier – genannt wurde, waren auffallend und fast überall gleich: eine in Farbe und Schnitt besondere Dienstkleidung (blaue Jacken mit rotem Kragen und silbernen Litzen) als Ausdruck der amtlichen Würde, das Posthorn an einer farbigen Schnur, das quer über die Brust hing, das Wappen des Landes- oder Dienstherrn in einem Schild, das auf der Brust oder auf dem Arm befestigt war, die hohen steifen Stiefel (um beim Reiten einen möglichst guten Halt im Sattel zu haben) und schließlich der»Postzettel« als Legitimation für die Inanspruchnahme der eingeräumten Vorrechte. Der Postillion durfte beispielsweise von den öffentlichen Landstraßen abweichen und Nebenwege benützen, ja unter Umständen sogar Äcker und Wiesen befahren. Er war von Zoll und Geleitabgaben befreit und genoß obrigkeitlichen Schutz gegen jede Art von Bedrohung und Gewalt. Ferner durfte er während seines Dienstes weder verhaftet noch vor Gericht zitiert werden, und auf ein Signal mit dem Posthorn mußten die Schlagbäume und nachts die Stadttore geöffnet werden. Die Postillione waren angewiesen, das weitschallende Posthorn sowohl beim Abfahren, beim Passieren der Schlagbäume, Stadttore und Ortschaften als auch bei der Ankunft in der Station»fleißig und wohl zu blasen«, wie es die Königlich-Preußische Postordnung (1712) ausdrücklich anordnete, widrigenfalls drohte Entlassung oder Versetzung auf kleine Nebenkurse.

Der Postillion lenkte entweder vom hohen Platz auf dem Bock aus mit großer Anstrengung der Arme das Gespann, oder er ritt auf einem Sattelpferd und war allen Unbilden der wechselnden Witterung ausgesetzt. Durch das viele Reiten litten die Postillione vielfach unter Geschwüren am Hintern und an Hämorrhoiden. Der italienische Mediziner und Begründer der modernen Pathologie Giovanni Battista Morgagni (1682-1771) versicherte, bei keiner Berufsklasse so häufig Aneurysmen (eine krankhafte Erweiterung der Aorta) angetroffen zu haben wie bei Postillionen. Nach einer anderen medizinischen Aussage waren die Postillione »sehr geneigt für die Freuden der Liebe; ohne Zweifel eine Folge der Friction des Mittelfleisches (zwischen Skrotum und After) an dem Sattel und der gelinden Erschütterung, welche sich den Samensträngen mittheilt. Dieser Ursache sind auch die Pollutionen beym Reiten zuzuschreiben, woran manche leiden und natürlich dadurch sehr entkräftet werden.«

~

POTTASCHESIEDER übernahmen die von den Aschenbrennern angelieferte Holzasche, sumpften sie in Bottichen (Äscher) ein und laugten den Kaligehalt in mehreren Durchgängen aus. Die Lauge wurde anschließend in großen Sudkesseln eingedampft und der braune Rückstand im Kalzinierofen zu Pottasche (mehr oder weniger reines Kaliumcarbonat) gebrannt. Das Endprodukt diente in der Glaserzeugung (→ Glasmacher) als Flußmittel, und man gab es dem Glasgemenge bei, um die Schmelztemperatur zu senken. Pottasche wurde weiters zur Herstellung von Schmierseifen, in der Färberei, Bleicherei, Wollwäscherei, Konditorei und Schnupftabakherstellung verwendet. Die aus Holzasche gewonnene Pottasche war bis ins späte 19. Jahrhundert allein gebräuchlich, doch aufgrund des Holzmangels wurde sie immer teurer und deshalb häufig durch Soda ersetzt.

~

PULVERMACHER stellten Sprengstoff her, der hauptsächlich als Treibmittel für Geschosse verwendet wurde. Das älteste Schießpulver ist das »Schwarzpulver«, ein Gemenge aus pulverisiertem Salpeter, Schwefel und Holzkohle. Der Namensgeber Bertold Schwarz, ein Mönch und Alchimist, soll angeblich um 1259 die Treibwirkung der Pulvermischung bemerkt haben, was aber mittlerweile als reine Fabel gilt. Der erste sichere Hinweis auf die Sprengkraft des Schießpulvers im christlichen Abendland findet sich in den Schriften (1267) des in Paris lehrenden englischen Philosophen und Theologen Roger Bacon, allerdings läßt sich die Verwendung von Schießpulver als Treibmittel in »Büchsen« in Europa erst nach 1313 nachweisen.

Rechnungs- und Urkundenbücher von Städten wie Aufzeichnungen von Büchsenmeistern des 15. Jahrhunderts geben Einblick in die Fertigungsverfahren von Schießpulver. Zunächst war nur das sogenannte Mehlpulver als Gemenge von Salpeter, Holzkohle und Schwefel bekannt, das wegen des Mangels an Luft zwischen den einzelnen Pulverteilchen nur sehr langsam abbrannte. Um eine raschere Verbrennung zu erreichen, versuchte man das Pulver zu »körnen«, was um 1420 zum ersten Mal gelang. Der Salpeter wurde durch Feuchtigkeit aufgelöst und bildete so eine optimale Bindung zwischen den übrigen Bestandteilen des Mehlpulvers. Zerschlug man einen solchen Pulverkuchen, wenn er trocken war, so entstanden viele kleinere und größere unregelmäßige Körnchen. Mit diesem »Knollenpulver«, das ziemlich resistent gegen Feuchtigkeit war und beim Zünden weit heftiger reagierte, hatte die Pulverherstellung einen Stand erreicht, der jahrhundertelang kaum wesentlich verbessert wurde. Der ständig steigende Bedarf an Pulver sorgte zu Beginn des 15. Jahrhunderts für die Entstehung der ersten Pulvermühlen, da die Pulvermacher und Büchsenmeister in ihren Handmörsern nur geringe Mengen herzustellen in der Lage waren. Die Kunst der Zubereitung des Schießpulvers lag in der Dichte und im Mischungsverhältnis, das je nach Verwendung als Kanonen-, Musketen-, Flinten-, Pistolen- und Sprengpulver schwankte und außerdem von Land zu Land verschieden war. Eine recht oft in kriegstechnischen Handbüchern erwähnte Rezeptur nennt sechs Teile Salpeter, einen Teil Schwefel und einen Teil Lindenholzkohle als ideales Mengenverhältnis.

Diese Bestandteile des Schießpulvers wurden zunächst in Pulverstampfen (muldenförmige Tröge), die entweder handbetrieben mit federnd aufgehängten Stampfbalken arbeiteten oder durch Tiergöpel, Tret- oder Wasserräder angetrieben wurden, pulverisiert und gut vermengt. Um einer Entzündung infolge Reibung vorzubeugen – immer wieder flogen Pulvermühlen in die Luft – und gleichzeitig das Pulver zu körnen, feuchtete man es mit Wasser, Essig, Wein, Branntwein oder mit »Mannesharn« an. In der Regel betrug die Stampfzeit bei guter Pulverqualität bis zu dreißig Stunden. Später setzte man für diese Arbeit Walzmühlen ein, sogenannte Kollergänge mit aufrecht stehenden, mühlsteinähnlichen Läufern aus Marmor, was die Explosionsgefahr minderte. Den verdichteten Pulverzusatz preßte man anschließend zu Pulverkuchen, zerkleinerte diesen grob und brachte ihn in eine Körnmaschine, wo er zerrieben und gesiebt wurde. Abschließend mußten die feuchten Pulverkörner entweder an der Luft im Freien oder in Trokkenhäusern (Dörrstuben) getrocknet werden; vielfach wurden sie auch noch zusätzlich in rotierenden Trommeln poliert. Das fertige Schießpulver verpackte man in mit Zinnfolie ausgelegten Fässern und bewahrte es an einem sicheren und völlig trockenen Ort, in sogenannten Pulvermagazinen oder Pulvertürmen, auf.

Die aus dem Kriegswesen bekannte Sprengwirkung des »Schwarzpulvers« wurde erstmals für zivile Zwecke in Tirol angewandt, beim Ausbau des Kuntersweges zwischen Klausen und Kardaun im Eisacktal zu einer Fahrstraße, der 1481 begonnen wurde. Die Verwendung von Schießpulver im Montanwesen ließ auf sich warten, weil die Auswirkungen einer Sprengung unter Tage zunächst einfach nicht zu kontrollieren waren. Mit der bergmännischen Schießarbeit wurde erst 1627 im niederungarischen (heute slowakischen) Schemnitz – angeblich durch den Tiroler Bergmann Caspar Weindl – und ein Jahr später in St. Lamprecht in der Steiermark begonnen.

Die Einführung rauchschwacher Schießpulver aus Schießbaumwolle (Nitrozellulose) oder aus Schießbaumwolle mit Nitroglyzerin (Sprengöl), verbesserte Verfahren und die Entdeckung des Dynamits durch Alfred Nobel (1867) ließen eine Sprengstoffindustrie entstehen, mit der kleine und mittlere Pulvermühlen nicht mehr mithalten konnten.

Das Handwerk des Kaufmanns besteht darin, eine Ware von dort, wo sie reichlich vorhanden ist, dahin zu bringen, wo sie knapp und teuer ist.

Ralph Waldo Emerson

Rosogliobrenner standen in arger Konkurrenz mit den Apothekern, denn sie destillierten aus Wein ebenfalls das »wunderbare Wasser«, das der Franziskaner und Kardinal Vitalis de Furno (gestorben 1327) zum Allheilmittel gegen jede Krankheit erklärte. Aus dem Alkohol stellten sie einen Liqueur her, der mit Rosenöl, manchmal auch mit Orangenblüten, und mit dem aus Arabien importierten Zucker versetzt war, und priesen ihn als Heilmittel an. Sie hatten vor allem in Zeiten der Pest und Cholera Konjunktur, weil man erkannt hatte, daß Wasser krank machen konnte, Alkohol aber nicht.

~

Rosstäuscher betrieben ursprünglich den Tauschhandel, später das Geldgeschäft mit Pferden; nach Grimm galten sie »als Betrüger« und erschienen meist »in schlechter Gesellschaft«, was ihnen den Spottnamen »Roßtäuscher« eintrug. *Die geheimen Künste der Rosstäuscher* lautet der Titel eines Buches von 1822, das die »Enthüllten Geheimnisse aller Handelsvortheile und Pferde-Verschönerungskünste der Pferdehändler« offenlegte. Es wurde von einem bekannten Pferdehändler in Deutschland, einem gewissen Abraham Mortgens aus

Händler auf dem Pferdemarkt. Photographie, 1929

Dessau, verfaßt. Sie färbten Pferden die Mähne oder das Fell, um das Alter zu kaschieren; sie beschnitten ihnen das Haar an Ohren und Schweif, um sie jünger wirken zu lassen; und sie rieben ihnen Pfeffer in den After, um Temperament vorzutäuschen (»der Pfeffer ist der wahre Geist des Pferdehandels«). Um ihnen ein runderes und blankeres Aussehen zu verleihen, gaben Pferdehändler ihren Tieren wochenlang Gaben von ein bis zwei Dezigramm arseniger Säure.

Der betrügerische Pferdehändler hinterließ auch in der Literatur seine Spuren: Zum Beispiel schrieben Annette von Droste-Hülshoff und Emil Scholl Romane mit dem Titel *Der Roßtäuscher*; Astrid Lindgren berichtete in ihrem Jugendbuch *Rasmus, Pontus und der Schwertschlukker* über das gängige Mittel, alte Mähren mit Arsen aufzuputschen; und er taucht in Sagen und Märchen auf.

Es gibt keine größere Arbeit, als festzustehen im Strome des Lebens: sobald man aufhört zu arbeiten, wird man fortgerissen.

NICOLAS DE MALEBRANCHE

SALAMIKRÄMER traten im vorvorigen Jahrhundert vornehmlich in Wien mit ihrem unverwechselbaren Kaufruf: »Salamini, da bin i! – Salamoni, geh doni [zur Seite]!« zum Gaudium der Bevölkerung in Erscheinung. Die Salamucci, wie sie genannt wurden, waren meistens Lombarden, Friauler und Venetianer, die in den Straßen, Schenken und Wirtshausgärten Würste und Käse feilboten. »Nichts ist abstechender«, meint ein Chronist, der das Fremde schon damals als störend empfand, »als diese Abkömmlinge der alten Weltbeherrscher. Wohl gewachsen, munteren, braunen Gesichts, laufen sie schnellen Fußes mit lebhaftem Blick bald hierhin, bald dorthin, und rufen mit selbstgefälliger Miene in gebrochenem Deutsch ihre Ware aus.«

~

SALINISTEN nannte man die Verfasser einer eigenständigen Fachliteratur, die sich in Anbetracht der Bedeutung der Salzgewinnung seit dem späten 16. Jahrhundert etablierte. Es waren meist wissenschaftlich vorgebildete Technologen, die sich praktisch und theoretisch mit der Solegewinnung und Versiedung befaßten. Die erste Monographie über das Kochsalz und das deutsche Salinenwesen stammt von dem Pfänner und Ratsherrn im thüringischen Frankenhausen Johann

»Wälsche Würste kauft! Salami Italiani!«
Kupferstich, 1775/76

Thölde und erschien 1603 unter dem Titel *Haligraphia, Das ist Gründliche vnd eigentliche Beschreibung aller Saltz Mineralien*. Von den unzähligen Salinisten des 18. Jahrhunderts seien hier nur zwei erwähnt, die zur Weiterentwicklung der Salinenkunde wichtige Beiträge geleistet haben: Johann Wilhelm Langsdorf, Kammerrat und Reorganisator der Saline Salzhausen, und sein Bruder Karl Christian Langsdorf, Professor in Heidelberg.

Seit Urzeiten waren das Salz, seine Gewinnung und der Salzhandel von höchster Wichtigkeit. Salz diente vielfach als wichtiges Tauschmittel, und die Salzquellen genossen besondere Verehrung. Im Salz glaubte man eine göttliche Wesenskraft verkörpert, die Kraft des Lebens (Blut schmeckt salzig!), der Treue, der Gastlichkeit. Gemeinsamer Salzgenuß verband unauflöslich oder für eine gewisse Zeit. Das Salzverschütten oder Vergeuden galt und gilt zum Teil noch als Vorbedeutung von Streit oder Blutvergießen. Im ehrfürchtig behüteten und verehrten Salzfaß erblickten zum Beispiel die Römer ein Symbol für den geheimnisvollen Bund zwischen den toten, den lebenden und den künftigen Gliedern der Familie. Abgaben und Staatsgehälter (salarium) wurden in Salzrationen gezahlt, und der Begriff »Salär« war noch vor nicht allzu langer Zeit – vor allem in Österreich und der Schweiz – eine gängige Bezeichnung für Honorar, Gehalt oder Lohn.

Vom Bergbau auf Steinsalz und von der Gewinnung des Salzes aus natürlichen Solequellen sprachen schon im 1. Jahrhundert nach Christus der griechische Historiker und Geograph Strabon aus Amasia in Pontos und der Römer Plinius der Ältere. Er beschrieb zusätzlich die Einrichtung von »Salzgärten« an Meeresküsten. Die Verfahren zur Salzgewinnung blieben lange Zeit weitgehend unverändert. Das galt vor allem für die Meersalzgewinnung an den Küsten im südlichen Europa, aber auch für den bergmännischen Abbau von Steinsalz (→ Bergarbeiterschaft). Bei der Gewinnung von Salzsole aus einer salzhaltigen Quelle durch Auslaugen mit Süßwasser, das in Steinsalzvorkommen geleitet wurde (Sinkwerke), sowie bei der Soleförderung wurden nach und nach verschiedene Methoden angewandt. Gefördert wurde mit Schöpfgalgen ähnlich den Ziehbrunnen der ungarischen Pußta, mit Haspelwerken, an deren Seilen Kübel oder Ledersäcke (Bulgen) hingen, mit »Heinzenkünste« genannten Schöpfvorrichtungen und zunehmend mit Saugpumpen, die von Hand oder durch Wasserräder angetrieben wurden. Die von Hasplern, Schöpfern, Störtzern und Zäpfern – so die einzelnen Berufsbezeichnungen – ans Tageslicht geschöpfte oder gepumpte Sole wurde entweder in Zubern von Soleträgern zu den Pfannhäusern getragen oder in hölzernen und bleiernen Röhren vom Salzberg zum Sudhaus geleitet. Gewiß ein Meisterwerk der damaligen Technik war die Soleleitung von Reichenhall in das zweiunddreißig Kilometer entfernte Traunstein. Die Sole aus Reichenhall konnte dort wegen der bereits herrschenden Holzknappheit nicht versotten werden. Auf Vorschlag seiner Berater verfügte Herzog Maximilian I. den Bau einer neuen Sudhütte in Traunstein, die durch eine Soleleitung aus Reichenhall gespeist werden sollte. Das besondere Problem war die Überwindung von insgesamt zweihundertsechzig Höhenmetern. Mit den Arbeiten beauftragt wurde der Hofbaumeister Hans Reiffenstuel, der die Rohrleitung und den Bau der Pumpwerke in den Jahren 1617 bis 1619 bewerkstelligen konnte. Sie versahen dann fast zweihundert Jahre lang erfolgreich ihren Dienst. Für den Bau waren allein siebentausend gebohrte Holzröhren und zahlreiche gegossene Bleileitungen erforderlich.

Für das Salzsieden bediente man sich der Siedepfannen, die im Laufe der Jahrhunderte durch immer größere ersetzt wurden und deren Befeuerung enorme Mengen an Nadelholz verschlang. Schon 1367 waren auf der Tiroler Saline Hall vier Pfannen aus Eisenblech in Verwendung, die jeweils fünfzehn Meter lang und fünf Meter breit waren und eine Tiefe von einem halben Meter aufwiesen. Die gegen die sogenannte Pehrstatt hin leicht geneigten Siedepfannen waren aus verschieden großen geschmiedeten Eisenblechen zusammengesetzt, die mit Nägeln oder Nieten schuppen- oder dachziegelförmig übereinander befestigt waren. Sie ruhten auf einem Ofen aus Bruchsteinen oder Ziegeln in einem überdachten Sud- oder Pfannhaus und wurden zusätzlich durch Haken am Gebälk des Dachstuhls gehalten. Nach dem Verdampfen des Wassers blieb das kristalline Salz als Rückstand in der Pfanne. Es wurde in feuchtem Zustand in hölzerne Formen (Kufen) gepreßt und mit Stößeln festgestampft. Die konischen Salzstöcke

**Salinenarbeiter an der Sudpfanne in Ebensee.
Glasdiapositiv, um 1905**

(Fuder) brachte man danach in Dörrhäuser, wo sie durch Heißluft bis zum klingenden Zustand austrockneten. Alle diese Tätigkeiten konnten nur gelernte Arbeiter, die sogenannten Pfannhauser, verrichten, an deren Spitze der Pfannmeister stand. Es gab Schürer, Pehrer, Zu- und Überzieher und Poßler (die das feuchte Salz in die Kufen preßten); dazu kamen als weniger oder nicht qualifizierte Arbeitskräfte die Fuderträger, Wochner, Samstaghüter zur Wache im Pfannhaus während des Kaltstehens der Pfannen, Kottrager, Zustürzer, Wasserhüter, Widttrager, Salzdörrer und Pfieselschreiber. Ihre Entlohnung erfolgte meist am Schluß einer jeden Siedewoche je nach Anzahl der Salzfuder, die gepreßt worden waren.

Schon die Kelten waren als Salzsieder bekannt, und vom keltischen Begriff für Salz stammen wohl die vielen Bezeichnungen von Salzorten auf »hall« wie Halle an der Saale, Hallstatt, Hall in Tirol, Hallein, Schwäbisch-Hall oder Reichenhall. Ebenso weisen Namen wie Salzburg, Salzgitter, Salzkotten, Salzwedel oder Salzkammergut, die Bäder Salzhausen, Salzdetfurth, Salzuflen, Salzig, Salzschlirf oder Salzungen auf Orte oder Regionen hin, deren Bevölkerung in ihrer Lebensform maßgeblich vom Salz bestimmt war.

~

SÄUMER besorgten vor der Entstehung eines überregionalen Straßensystems vorwiegend im Auftrag von Kaufleuten die Beförderung von Waren (Saum) mit Pferden, Eseln, Mauleseln und Maultieren, bisweilen auch über extreme Alpenrouten, wie zum Beispiel über die Hohen Tauern, den Brenner, den Großen Sankt Bernhard und den Septimer in den Graubündner Alpen. Der Landtransport im allgemeinen war schwerfällig, kostspielig und mitunter recht gefahrvoll, weshalb man das Risiko gerne durch die Bildung von Reisegemeinschaften zu reduzieren suchte.

~

SCHARFRICHTER (auch Diller, Nachrichter, Freimänner, Züchtiger, Strenge, Henker) waren die Vollstrecker der Todes- und Leibesstrafen und übten diese Tätigkeit als Beruf nachweislich schon 1276 in Augsburg, einige Jahre später auch in Braunschweig, München und Regensburg aus. Ursprünglich war es das Recht und die Pflicht des Geschädigten, den Missetäter zu richten, auf welche Weise, war zunächst ganz seinem Belieben anheimgestellt. »Der Räuber soll das Todesurteil durch die Hände des Beraubten erleiden«, hieß es ganz allgemein, und das Rechtsbuch nach Distinktionen, das in der zweiten Hälfte des 14. Jahrhunderts angewandt wurde, beschrieb ausführlich, was einer zu tun hatte, »der einen radebrechen wel«. Aber nicht nur der einzelne übte Rache, sondern es war gang und gäbe, daß die ganze Gemeinde »zu gesamter Hand«, wie es hieß, die Strafe vollzog, was recht oft in wüste Lynchjustiz ausartete. Die Entwicklung der städtischen Kultur brachte es mit sich, daß das »heilige Recht« auf persönliche Rache als unzivilisiert und nicht mehr zeitgemäß galt. Was lag näher, als den Übeltäter zu zwingen, die Strafe an sich selbst zu vollziehen, was vielfach geschah, oder man versprach einem mitgefangenen Spießgesellen die Begnadigung, wenn er das Urteil vollstreckte. Friedrich Barbarossa hat einmal elf Adelige, die wegen Landfriedensbruchs aufgeknüpft werden sollten, durch den zwölften hinrichten lassen, dem dafür das Leben geschenkt wurde. Eine Zeitlang war es in Deutschland Sitte, daß ein freier und unbescholtener Mann, der Fronbote, berufsmäßig, aber ehrenamtlich den »Bann«, die Strafgewalt des Richters, verkündete und als dessen Gehilfe oder »Weibel« das Urteil vollstreckte. Er galt als der Vorläufer des Scharfrichters und durfte »die Leut ohne Sünd wohl peinigen und töten« (*Sachsenspiegel*). Waren es Verurteilte aus dem »niederen Volk« oder Juden, die immer härter und qualvoller bestraft wurden als andere, so überließ der Fronbote die blutige Arbeit seinen Knechten. Auch der städtische Büttel, ursprünglich ein Gerichtsbote und eine durchaus angesehene Person, die erst später ihre Ehre einbüßte, trat als Vollstrecker der Bluturteile auf.

Im Gegensatz zum Fronboten galt der Scharfrichter bis ins 18. Jahrhundert als unehrliche und anrüchige Person, umgeben von Verachtung und Ekel, »weil es dem natürlichen Gefühl widerstrebte, daß sich ein Mensch dazu hingab und gleichsam sein Geschäft daraus machte, andere ums Leben zu bringen« (J. Grimm). Scharfrichter waren Parias, die ihr Gewerbe zwangsweise auf die Söhne vererben mußten – wodurch mit der Zeit regelrechte Scharfrichterdynastien entstanden – und die ihre Kinder nur mit ihresgleichen verheiraten durften. Das Augsburger Stadtrecht vom Jahre 1276, das älteste, das Rechte und Pflichten des neuen Amts genau umschrieb, nennt ihn bereits einen Hurensohn, und weitere Demütigungen blieben nicht aus. So mußten Scharfrichter zusätzlich Ämter verrichten, die kein Bürger freiwillig übernehmen wollte, wie Dirnen beaufsichtigen, Aussätzige aus der Stadt treiben, Abtritte reinigen und die Wasenmeisterei (→ Abdecker) besorgen. Der Volksmund ersann immer neue Bezeichnungen für den unheimlichen Mann: Er wurde Teufel, Meister Hemmerling oder Hämmerlein, Knüpfauf, Kurzab, Schnürhänschen, Angstmann, Meister Hans und Meister Fix genannt. War es ihm erlaubt, in einer Wirtsstube

Cesare Battisti mit seinem Henker Josef Lang
nach der Hinrichtung am 12. Juli 1916.
Photographie, um 1916

»mit ehrlichen Christenmenschen seinen Schoppen zu trinken«, so
stellte man ihm einen dreibeinigen Stuhl, der den Galgen symbolisie-
ren sollte, an die Tür, und sein Krug durfte keinen Deckel haben. Vielfach war es ihm verwehrt, kirchlich getraut und begraben zu werden
oder am Abendmahl teilzunehmen, und wer mit ihm in Berührung
kam oder mit ihm verkehrte, dem haftete lebenslang ein Makel an. Im
Jahre 1546 nahm sich in Basel ein Handwerksmann das Leben, weil er
im Rausch mit dem Scharfrichter getrunken hatte und daraufhin aus
der Zunft ausgeschlossen wurde. Der junge Heinrich Heine scheint diesen Widerwillen anders empfunden zu haben, denn »trotz dem Richtschwert, womit schon hundert arme Schelme geköpft worden, und
trotz der Infamie, womit jede Berührung des unehrlichen Geschlechts
Jeden behaftet«, schrieb er, »küßte ich die schöne Scharfrichterstoch-
ter. Ich küßte sie nicht bloß aus zärtlicher Neigung, sondern auch aus
Hohn gegen die alte Gesellschaft und alle ihre dunklen Vorurteile.« Aber
nicht nur die Scharfrichter, sondern alle, die mit den vermeintlichen
oder tatsächlichen Missetätern der Gesellschaft zu tun hatten, die als
Häscher, Büttel, Polizeidiener, (Amts-)Schließer oder Schlüter, Gefäng-
niswärter, Pförtner, Stadt- und Stöckeknechte, Profosse, Bruchvögte
(Gerichtsdiener) der Obrigkeit dienten, galten schließlich als unehrlich,
als levis notae macula.

Ein merkwürdiger Widerspruch bestand in der häufig vorkommenden Verbindung von Scharfrichter und Heilkundigem. Den einen nahm
er das Leben, verstümmelte oder quälte sie, den anderen half er als
sachkundiger und geschätzter Arzt und Chirurg. Es waren vor allem
anatomische Kenntnisse, die der Scharfrichter durch seinen Beruf er-
werben konnte. Das Rädern und Vierteilen von Abgeurteilten sowie
das Tranchieren verendeter Tiere ermöglichten ihm das Kennenlernen
des menschlichen und tierischen Körperbaus. Der Nürnberger Scharfrichter Franz Schmidt erwähnte recht oft in seinem Tagebuch, einen
Gerichteten »adonamirt und geschnitten« zu haben. Auch beim Foltern
mußte er mit dem Körper und den Reaktionen des Gemarterten vertraut sein, um zu wissen, wann er die Tortur unterbrechen mußte, damit der Delinquent nicht unerwartet starb. Hatte er sein rohes Werk
beendet, war es seine Aufgabe, dem Unglücklichen die Glieder so gut

wie möglich wieder einzurenken, und bei Verstümmelungsstrafen hatte er dafür zu sorgen, daß die Wunden, die durch Amputation von Armen, Fingern, Ohren oder Zungen verursacht wurden, verheilten und nicht zum Tod führten. Theophrastus Paracelsus gab zu, viele seiner Kenntnisse und Heilmittel bei »Nachrichtern und Scherern« gesammelt zu haben. Als Hüter der Richtstätte, die immer schon als mysteriöser Ort galt, verfügte der Scharfrichter über einen nicht geringen Vorteil gegenüber seinen stets eifersüchtigen Konkurrenten, den studierten Medici, Badern und Barbieren. Mit dem Aberglauben ließen sich gute Geschäfte machen, denn alles, was von einem hingerichteten Menschen stammte, galt als irgendwie wertvoll und glückbringend oder war als zauberkräftige Medizin verwendbar. Ein Fingerglied oder ein anderes Knöchelchen eines armen Sünders, im Geldbeutel aufbewahrt, sollte diesen nie leer werden lassen; trug man es bei sich, so sollte es vor Ungeziefer schützen; und unter der Hausschwelle vergraben, schaffte es beständigen Haussegen. Das Hirn eines Gerichteten galt als Medizin gegen Tollwut, seine Haut half gegen die Gicht, die Schamhaare, in einem Tuch um den Unterleib getragen, verbürgten ersehnte Schwangerschaft. Vor allem aber versuchte man, des frischen Blutes habhaft zu werden, denn schon ein paar Tropfen konnten die gefährlichsten Krankheiten kurieren. Bei der Hinrichtung des berühmtberüchtigten Johann Bückler, genannt Schinderhannes, und seiner Bande 1803 zu Mainz, fingen die Henkersknechte das Blut der Geköpften in Bechern auf, die sie, natürlich nicht umsonst, den dicht um den Richtblock gedrängten Fallsüchtigen (Epileptikern) reichten. Der letzte Scharfrichter im k. u. k. Österreich, Josef Lang, trug in seiner Brieftasche immer mehrere Fasern von den Stricken der von ihm Gehenkten. In seinen Erinnerungen berichtete er, wie er von Frauen und Männern sogar der höchsten Gesellschaftskreise um diese Glücksbringer bestürmt wurde. »[M]anche vornehme Dame, die sich nach ihrer Meinung im Segen seiner glückbringenden Wirkung sonnte, hat es sich nicht nehmen lassen, dem gefälligen Spender mit sehr kostbaren Gegengeschenken ihren Dank abzustatten.«

Dieser Josef Lang, der 1855 zur Welt kam, hatte nichts mehr gemein mit seinen rechtlosen und verachteten Kollegen von früher. Der Ekel des Volkes wich einem scheuen Respekt, und sein Name löste höchstens prickelndes Gruseln aus. Er erhielt Einladungen zu Soireen der allerhöchsten Aristokratie, zu amourösen Abenteuern und immer wieder Heiratsangebote. Amtshandelte er, so war er mit einem schwarzen Salonanzug bekleidet, trug einen Zylinder und schwarze Glacéhandschuhe, die er nach vollzogener Hinrichtung unter den Galgen warf. Andere Scharfrichter, die durch die Abnahme der Todesstrafen ab der Mitte des 19. Jahrhunderts brotlos wurden, betätigten sich als Tierärzte oder wurden Landwirte, Viehhändler, Seifensieder oder Fuhrwerksunternehmer. Ihre Kinder ergriffen meist handwerkliche Berufe, und schon die Enkel wußten oft nicht mehr, daß ihre Vorfahren das Richtschwert geführt hatten.

~

SCHIFFLEUTE war die allgemeine Bezeichnung für jene Personen, die in den vielfältigsten Professionen in der Flußschiffahrt auf der Donau und ihren Nebenflüssen tätig waren. Der große Aufschwung, den die Handelsschiffahrt im 13. Jahrhundert nahm, förderte die Ausbildung eines eigenen Schifferberufes, der nach Art der Tätigkeit und der Rangordnung aufgespalten war. Jeder Mann auf dem Schiff hatte seine bestimmte Aufgabe, die er nur erfüllen konnte und durfte, wenn er sie erlernt hatte. Die älteste Bezeichnung für einen Schiffmann war Ferg (der verge des Nibelungenliedes, der ferig der Passauer Mautbücher um 1400) oder Förg, später nannte man ihn Schefmann, Schefknecht und Schiffknecht.

Der Führer eines stromabwärts (nauwärts) fahrenden Schiffes hieß im allgemeinen Nauförg, Naufahrer oder Nauführer. Der zweite Mann war der Steurer, gewöhnlich Stoirer genannt, der an der Stoir, dem Heck des Schiffes, stand und für die Steuerung verantwortlich war. Die Schiffstype und die Eigenart des Flusses bestimmten die weitere Schiffsbesatzung, die zum Beispiel auf der Strecke Hallstatt-Gmunden noch aus dem Fahrer, den zwei Mehringern, zwei Knechten und drei Mietknechten bestand.

Die Fahrt gegen den Strom (Gegenzüge) unterschied sich ganz we-

**Schiffleute an der Donau in Niederösterreich.
Glasdiapositiv, um 1910**

sentlich von der Naufahrt; sie war mühseliger und zeitraubender, aber auch gefährlicher und erforderte viel mehr Personal. Gewöhnlich bestand ein Schiffzug aus drei beladenen Schiffen, die der Reihe nach als Hohenau, Nebenbei und Schwemmer bezeichnet wurden. Alle drei Schiffe waren äußerst robuste Zillen, die Hohenau von der Bauart stets ein Kelheimer, die anderen beiden waren Gamsen, die den Kelheimern ähnlich, aber etwas kleiner waren. Dazu kamen noch einige Nebenschiffe: der Seilmutzen, der zur Manipulation des Zugseiles (Buesens) diente und an der Hohenau angehängt war; die Einstellplätten (meist drei), mit denen die Pferde an den Ausgangspunkt der Reise und während des Zuges von einem Ufer an das andere geführt wurden; eine Futterplätte, die ebenfalls an der Hohenau angehängt war, und drei Waidzillen für den Verkehr mit dem Land und für Rettungszwecke, die an einem der anderen Hauptschiffe festgemacht waren. Der ganze Schiffzug wurde von dreißig, vierzig und mehr kräftigen und großen Pferden (»Hochenauer Rosse«), die von Schiffreitern geritten wurden, vom Ufer aus gezogen. Für eine Reise von Pest (Budapest) nach Regensburg benötigte man unter günstigen Bedingungen zwölf bis vierzehn Wochen, von Wien nach Linz im Sommer vierzehn Tage, von Linz nach Passau im Spätherbst sechs, sieben und acht Tage.

Auf der Hohenau, dem ersten Hauptschiff, befanden sich der Söß-staller, er war der Kommandant, der Seilträger, der die Aufsicht über das Seilzeug hatte, der Bruckknecht, als Gehilfe des Seilträgers, der Stoirer oder Steuermann, sein Helfer, Hilfsruderer genannt, der Reserve-schiffmann und der Koch. Den Nebenbei, der »an der Stoir der Hohenau gehalten« wurde, bedienten der Nebenbeifahrer als Steuermann, sein Helfer, der Nebenbei-Hilfsruderer, und der Bock, der mit Bremse und Hängseil die Steuerung des dritten Hauptschiffs, des Schwemmers, zu regeln hatte. Auf der Nebenbei saß noch der Schiffsschreiber als Vertreter des Schiffmeisters (der als Frächter oder Speditor das Recht hatte, Waren gegen Lohn zu transportieren). Der Schiffsschreiber übte die Kontrolle in allen wirtschaftlichen Belangen aus, führte die Kasse und besorgte die Einkäufe. Die Mannschaft des Schwemmers bestand aus dem Schwemmerferg, dem Schwemmersteurer und dem Schwemmerhilfsruderer. Die im Rang gleich hinter dem Sößstaller kommenden Seilträger, Bruckknechte, Hohenaustoirer und Schwemmerfergen hießen Mehringer. Die Nebenschiffe wurden von Zillenführern gerudert und gesteuert. In den Anfängen der Flußschiffahrt gegen den Strom wurden die Schiffe von Menschen gezogen; aber nicht nur damals: Unter Kaiser Josef II. wurden zum Tode verurteilte Verbrecher zum Schiffziehen »begnadigt«, eine äußerst grausame Strafe, die selbst die kräftigsten Delinquenten in wenigen Monaten hinwegraffte.

Zu den Schiffleuten gehörten auch die Zillenhüter, die an den Landestellen die beladenen wie die leeren Schiffe zu bewachen und nach Bedarf zu entwässern hatten. Die Schiffleute, die nicht bei den Gegenzügen beschäftigt waren, mußten vom Endpunkt ihrer Reise auf dem Landweg in die Heimat zurückkehren. Der Flötzersteig in Wien-Ottakring war zum Beispiel ein solcher uralter Verkehrsweg nach dem Westen, der von den heimkehrenden Schiffleuten und Flößern benutzt wurde.

Der Ruf der Schiffleute war kein allzu guter. Sie seien liederlich, boshaft und derb gewesen, waren öfters an gewaltsamen Erhebungen (in Hallstatt, in Laufen und an der Traun) beteiligt und viele von ihnen der Trunksucht verfallen. Vom bayerischen Schiffsvolk wurde behauptet, daß es infolge der Trunkenheit unvorsichtig und tollkühn sei. Und in einem Gutachten der oberösterreichischen Schiffmeister vom 23. Januar 1808 hieß es, daß es Schiffleute gäbe,»die bei den Weinzügen die Fässer anbohren und mit Röhrlein den Wein aussaugen«. Viele Schiffe verunglückten auch,»weil die Schöffleut überweint und ganz bezecht gewesen sind«. Aber auch der Aberglaube bestimmte oftmals das Handeln der Schiffleute. So war man fest überzeugt, daß der Flußgott seine Opfer fordern mußte. Fiel einer der Kameraden ins Wasser und drohte zu ertrinken, überließ man ihn den Wellen, ja rief ihm noch zu, er möge sich in Herrgotts Namen ergeben, und war glücklich, nicht selbst vom Schicksal heimgesucht worden zu sein. Es klingt widersinnig, doch waren die Schiffmeister froh, wenn die Schiffer nicht schwimmen konnten, was die wenigsten konnten, denn nur dann würden sie ihr Äußerstes geben, das Schiff und sich selbst bei drohender Gefahr zu retten.

Zu den typischen Kleidungsstücken der Schiffleute, neben der Festtracht, die an den Flüssen jeweils verschieden war, gehörten ein zwilchenes Wams, eine lederne Hose, Mütze und Wasserstiefel.

~

Schlosser lösten sich von den Schmieden und bildeten als selbständiges Gewerbe oft zusammen mit Windenmachern, → Büchsenschmieden, Großuhrenmachern und anderen Kleinschmieden zünftige Verbindungen. In Wien erhielten sie 1444 eine Handwerksordnung, und in Schmalkalden scheinen sie ebenfalls schon ziemlich frühzeitig eine bedeutende Korporation gebildet zu haben, denn 1545 protestierten sie bereits heftig gegen eine Maßnahme des Grafen von Henneberg. Dieser befahl den Stiftsgeistlichen, die sich zahlreicher Nachkommenschaft erfreuten, ihre »Köchinnen« zu heiraten und damit den Kindern das Recht auf Handwerksausübung zu sichern. Das war den Schlossern zuviel, und sie forderten den Grafen auf, »sie mit den Pfaffenkindern zu verschonen«.

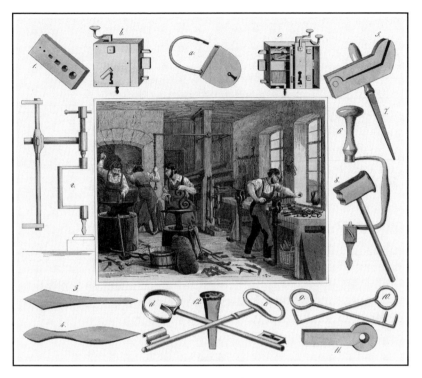

Schlosser. Lithographie, um 1860

Als Mitglieder der Schmiedezunft kommen Personen mit der Bezeichnung »Schlosser« allerdings schon wesentlich früher in Chroniken vor: in Nürnberg 1330 ein »Shlosser Heuter«, 1348 ein »Slozzer Hertel« und der Schlosser Conrad Lodner, der maßgebend am Nürnberger Handwerkeraufstand (1347 bis 1348) beteiligt war.

Die Schlosser stellten vor allem Vorhängeschlösser sowie Tür-, Tor-, Truhen- und Gewehrschlösser her, aber auch Angeln und Bänder für Türen, Beschläge, Gitter, Sakramentshäuschen, Kaminzubehör (Feuerböcke oder Feuerhunde, Pfannenträger etc.), Türklopfer, Griffe, Laternen- und Fackelhalter. Die Schönheit der Formen, selbst bei einfachen Gegenständen des täglichen Gebrauchs, ist charakteristisch für die Werkstücke der früheren Zeit. Für den hohen technischen Stand des Handwerks sprechen so manche mechanischen Spielereien: die eiserne Hand des Götz von Berlichingen, ein Schloß des Schlossers Schnabel aus Breslau, so klein und zart, daß es eine Fliege mit ihren Beinen über den Rathaustisch ziehen konnte, oder jenes große Kirchentorschloß des Meisters Daunhofer aus Wien, bei dem sich über der Schlüsselöffnung eine Teufelsfratze befand, die beim Umdrehen des Schlüssels die Zunge herausstreckte. Die Arbeit der deutschen Schlosser war weithin bekannt und begehrt. Thomas Garzoni erwähnt in seiner *Piazza universale* (1585) neben den hervorragenden Schlossern aus Venedig, Brescia und Mailand auch jene von Nürnberg, Augsburg und Braunschweig.

Die Zunftregeln des Schlosserhandwerks untersagten bei Geld- oder Leibesstrafe den Lehrjungen oder Gesellen, »ohne Wissen und Bewilligung des Meisters einem Knecht, einer Magd oder einer anderen Person, wer sie auch sei, fremd oder einheimisch, einen Schlüssel, der in Wachs, Lehm oder Blei abgedruckt war, nachzumachen, noch viel weniger aber einen Hakenschlüssel, Dietrich oder andere Instrumente, womit man Schlösser heimlich öffnen kann«. Für die Wartung und Reparatur der Schlösser an Stadttoren und an öffentlichen Gebäuden wurden vielfach eigene, besonders vertrauenswürdige Meister verpflichtet.

Eine wichtige Erfindung gelang 1540 dem Nürnberger Schlosser Hans Ehemann mit dem sogenannten Kombinationsschloß. Sein »Mahlschloß«, wie er es nannte, bestand aus einem Zylinder, auf dem eine Anzahl gleich großer, drehbarer Ringe angeordnet war, und einem Bügel. An ihren Rändern waren die Ringe mit Buchstaben (oder Zahlen) gekennzeichnet. Durch Verdrehen konnte eine bestimmte Kombination gewählt werden, die den Bügel freigab.

Lange Zeit war die sogenannte Schloßfalle in Verwendung, die beim Zufallen der Türe einschnappte und nur mit einem Drehschlüssel wieder geöffnet werden konnte. Bei den viel angewendeten Vexierschlössern mußten gewisse Knöpfe, Schieber, Rosetten und dergleichen eine bestimmte Lage einnehmen, bevor das Schloß geöffnet werden konnte. Die Schlösser für Geldschränke waren besonders geeignet, die Meister der Schlosserkunst zu immer schlaueren Konstruktionen herauszufordern. Auf der Weltausstellung 1851 in London wurden Schlösser von Joseph Chubb und Jeremiah Bramah gezeigt, die als absolut unaufsperrbar galten und auf deren Öffnen Prämien ausgesetzt waren.

Dem Amerikaner Alfred C. Hobbs, ebenfalls Schlosser, gelang es, diese Schlösser in wenigen Stunden zu überlisten. Hobbs wiederum versprach eine sehr hohe Prämie für das Öffnen eines von ihm selbst gebauten Permutationsschlosses, was den Gegnern trotz vierwöchiger Anstrengung nicht gelang.

Die immer mehr um sich greifende maschinelle Produktion von Schlosserwaren im Laufe des 19. Jahrhunderts reduzierte die Handwerkstätigkeit oft nur noch auf das Nacharbeiten einzelner Teile. Diese Entwicklung zwang viele Werkstätten, auf die Bau- und Kunstschlosserei umzusatteln.

~

SCHRIFTSCHNEIDER waren → Graveure, die sich mit dem Schnitt der Stahlstempel (Patrizen und Matrizen) für die Schriftgießerei beschäftigten. Der Schriftschneider zeichnete die Umrisse der Buchstaben verkehrt auf die polierten Endflächen etwa sechs Zentimeter langer Stahlstäbchen, hob die Innenflächen mit dem Grabstichel heraus oder trieb sie mit Punzen (Gegenstempeln) nieder. Die äußeren Umrisse bearbeitete er mit Feilen und Sticheln, bis der Buchstabe erhaben hervortrat. Der Stempel wurde gehärtet und in ein Kupferstück geprägt. Dieses wurde so bearbeitet (justiert), daß der Stand der Einprägung und deren Tiefe bei allen Matrizen einer Schrift genau gleich waren. Größere Schriftgrade wurden auf Schriftmetallblöckchen graviert, was Zeugschnitt hieß. Diese Matrizen dienten dem Schriftgießer zur Anfertigung der in der Buchdruckerei benutzten Lettern. Im 16. Jahrhundert haben besonders Nürnberg und Frankfurt am Main die deutschen Buchdrucker mit Matrizen versorgt; in Italien war Nikolas Jenson (gestorben 1480), in Frankreich waren Claude Garamond (um 1499-1561) und die Familie Didot (Didotsche Lettern) berühmt; in England waren bedeutende Schriftschneider wie William Caslon (1692-1766), dessen Schriften, vor allem seine prachtvolle Antiqua, beliebt waren, und John Baskerville (1706-1775) am Werk.

~

SCHRIFTSETZER übten die »Kunst des künstlichen Schreibens« (Typographie) aus. Ihre Aufgabe bestand in der Zusammensetzung der Schrift und Bilder aus beweglichen Lettern und Druckstöcken (Holzschnitte, Strich- und Tonätzungen, Galvanos) zu Druckformen. Schriftsetzer, die auch das Drucken verstanden und in kleinen Druckereien Satz und Druck besorgten, hießen »Schweizerdegen« (der Ursprung dieser Bezeichnung ist auf den Umstand zurückzuführen, daß die Degen der alten Schweizer zweischneidig gewesen sein sollen). Für den Druck diente bis ins 19. Jahrhundert die Handpresse, die lange Zeit aus Holz gebaut wurde. Charles Stanhope, 3. Earl Stanhope, ein britischer Politiker und Wissenschaftler, konstruierte zusammen mit einem Mechaniker namens Walker um 1800 eine Presse ganz aus Eisen, die den Druck einer Form mit einem einzigen Zug, mit einer Hand ausgeführt, gestattete. Die Drucker, die die Druckform auf das Papier übertrugen, wurden früher auch Presser genannt, »die in der Sprache der Setzer Bär« hießen, ließ uns Herr de Balzac im ersten Teil seines Romans *Verlorene Illusionen* wissen. »Die Bewegung, mit der sich die Presser bald vom Schwärzetopf zur Presse, bald von der Presse zum Schwärzetopf begeben, erinnert in der Tat leicht an den Bären, der im Käfig hin und her geht. Umgekehrt haben die Bären die Setzer Affen genannt, angesichts des Eifers, mit dem diese Männer die Lettern aus den hundertzweiundfünfzig Kästchen zusammensuchen, in die sie verteilt sind.« Sobald der Drucker an Druckmaschinen wie der Tiegeldruckpresse, Schnellpresse oder Rotationsmaschine arbeitete, nannte er sich Maschinenmeister. Man unterschied den Werkdruck (Bücher und Zeitschriften), den Zeitungsdruck (Tagesblätter und dergleichen) und den Akzidenzdruck (Drucksachen für geschäftlichen, amtlichen und persönlichen Bedarf). Der »glatte« Werk- und Zeitungssatz wurde seit Ende des vorigen Jahrhunderts vielfach auf Setzmaschinen (Linotype, Typograph, Monoline, Monotype) hergestellt, an denen der Maschinensetzer tätig war. Der Handsetzer befaßte sich mit schwierigerem Werksatz, dem Tabellen-, Anzeigen-, Akzidenz- und Notensatz.

In der Setzerei lagen die vom Schriftgießer gebrauchsfertig gelieferten Lettern oder Typen im Setzkasten, der für Fraktur (deutsche Schrift) etwa hundertzehn, für Antiqua (lateinische Schrift) etwa hundertsechzig Fächer hatte. Zu den deutschen Schriften gehörten auch Gotisch, Schwabacher und Kanzlei; eine Abart der Antiqua ist die schrägliegende Kursiv. Jede Schrift enthält außer den großen und kleinen Buchstaben, den Versalien (Majuskeln) und Gemeinen (Minuskeln), auch passende Ziffern, Satz- und sonstige Zeichen. Die meisten Schriften waren in vielen regelmäßig abgestuften Größen (Schriftkegel) vorhanden, von denen die kleineren, für Buch- und Zeitungsdruck verwendeten »Brotschriften«, die größeren »Titelschriften« und die fetten »Auszeichnungsschriften« hießen. Akzidenz-, Zier- und Schreibschriften dienten zur Ausschmückung von Gelegenheitsdrucksachen, ebenso Linien, Einfassungen und Vignetten. Für den Druck von Musiknoten standen dem Setzer besondere Typen zur Verfügung, die er wie die Schrift zusammensetzte.

Um den Schriftsatz auszuführen, stand der Setzer vor dem auf einem Pult, dem Setzregal, schräg ansteigenden Setzkasten, in dem die Typen so eingelegt waren, daß die am meisten gebrauchten sich seiner Hand am nächsten befanden. In der linken Hand hielt er den Winkelhaken, der durch ein verschiebbares Winkelstück auf die Satzbreite gestellt war, und reihte in ihm nach dem vorliegenden Manuskript seitenverkehrt eine Type an die andere, bis die Zeile voll war; dann wurde sie »ausgeschlossen«. Um den Zeilen genau die gleiche Breite zu geben, mußte der Setzer die Wortzwischenräume mit Ausschließungen (Spatien verschiedener Stärke, Halbgevierte, Gevierte, Quadrate) ausfüllen. Sollten die Zeilen im Satz mit Zwischenräumen erscheinen, so wurden sie »durchschossen«, indem dünne Metallplättchen (Regletten) dazwischengelegt wurden. Während des Setzens lag unter der Zeile eine dünne Metallschiene, die Setzlinie; war die Zeile »ausgeschlossen«, so wurde die Setzlinie hervorgezogen, über die Zeile gelegt und mit dem Setzen fortgefahren, bis der Winkelhaken gefüllt war. Mit einem geschickten Handgriff hob nun der Setzer den Satz auf das Setzschiff, eine Zinkplatte mit eisernem Rand. So konnte der Satz Seite für Seite oder kolumnenweise vollendet werden. Arbeiteten mehrere Setzer an einem Werk oder war es Maschinensatz, so wurde der Satz zunächst in handlichen Stücken oder Spalten (Paketsatz) ausgeführt und auf die Seitenlänge oder in Kolumnen vom Metteur (so hieß der mit dem Bilden der Seiten beauftragte Setzer)»umbrochen«.

Der auf dem Setzschiff befindliche fertige Satz wurde mit einem starken Bindfaden, der»Kolumnenschnur«, fest umwickelt, damit keine Type sich lösen und herausfallen konnte, und dann auf das Setzbrett oder die Schließplatte gehoben oder geschoben. Der nächste Schritt war die Anfertigung eines Korrekturabzugs (Fahne). Der Satz wurde mit einer Handwalze eingefärbt und dann entweder in einer Abziehpresse oder mit einer kräftigen Bürste auf einen angefeuchteten Papierstreifen abgezogen. Auf diesem Korrekturabzug zeichnete zunächst der Korrektor die von ihm entdeckten Satzfehler an. Auslassungen nannte man»Leichen«, Doppeltgesetztes»Hochzeiten«, Buchstaben einer anderen Schriftart»Zwiebelfische«, und als»Jungfrau«bezeichnete man einen fehlerlosen Satz, dessen Probeabzug von keinem Korrekturzeichen»befleckt«war. Waren die Fehler berichtigt, wurden weitere Korrektur- und Revisionsabzüge für Verfasser und Verleger hergestellt. Diese erteilten schließlich die Genehmigung zum Druck (Imprimatur), und der Satz konnte dem Drucker übergeben werden.

Beim Zeitungsdruck war die Vorgehensweise in der Regel etwas anders. Zuerst wurde der Satz korrigiert, und dann wurden die Seiten – meist ganze Formen – für die Druckmaschine oder den Stereotypeur fertig eingerichtet. Stereotypie nannte man die vom Satz reliefartig gepreßte Pappmatrize, von der die Druckplatte mit einer Bleilegierung abgegossen wurde. Erfunden hat die Papierstereotypie der französische Schriftsetzer Claude Genoux. 1829 in Lyon patentiert, fand sie erst während des Krimkriegs (1853-1856), als die Londoner *Times* die Stereotypie einführte, wirkliche Beachtung. Durch sie konnten bei einem textlich unveränderten Nachdruck die Satzkosten eingespart werden.

Für den Druck mußten die Seiten oder Kolumnen auf der Schließplatte so zusammengestellt (»ausgeschossen«) werden, daß sie nach dem Zusammenfalten des gedruckten Bogens in richtiger Reihenfolge lagen. Das Format des Druckbogens, der unter die Druckerpresse paßte, entsprach unserem DIN A2, also 42 x 59,4 Zentimeter, den man in vier normale Briefbogen (DIN A4) zerteilen kann. Auf die Vorder- und Rückseite des Druckbogens konnten nun entweder vier Seiten folio,

Schriftsetzerei in Wien. Ganz links ist der Vater von Autor Rudi Palla abgebildet. Photographie, 1926

acht Seiten quart, sechzehn Seiten oktav (das für den Werkdruck gebräuchlichste Druckformat) oder vierundzwanzig Seiten duodez und zweiunddreißig Seiten sedez gedruckt werden. Um die »ausgeschossene« Form legte der Drucker den eisernen »Schließrahmen«, dann kamen zwischen die Kolumnen eiserne »Formatstege«, und schließlich wurde die Satzform in dem Rahmen verkeilt; nun konnte sie aufgehoben und in der Druckerpresse befestigt werden.

An der Presse arbeiteten meist zwei Drucker. Der eine, Schläger oder »der Zweite« genannt, färbte (»schlug«) mit Druckerschwärze und ledernen Ballen, später mit einer Walze, die Oberfläche der Satzform ein, die in einem Kasten oder »Sarg« auf einem horizontal gleitenden Schlitten der offenen Presse lag. In der Zwischenzeit legte der andere, Zieher oder »der Erste« genannt, einen angefeuchteten Papierbogen auf einem mit dem Kasten durch Scharniere verbundenen Deckel, dem »Tympan«, an. Ein Rahmen, die »Frisquette«, wurde darübergeklappt, und nun konnte der eingeklemmte Bogen über die Druckform gelegt und unter den Tiegel geschoben werden. Mit dem »Preßbengel« schraubte der Zieher den Drucktiegel abwärts, der das Papier auf die Satzform drückte. War die eine Seite der Bogen bedruckt (»Schöndruck«), so wurde das Papier für den »Widerdruck« gewendet (umschlagen) und die Rückseite bedruckt. Nach einer bestimmten Anzahl von Drukken tauschten die Männer die Rollen. Drucken war harte Arbeit. Den Schlitten mit der schweren Form nur mit einer Hand vor- und zurückzuschieben, während die andere den Preßbengel zog, erforderte Kraft und Ausdauer.

Zweifellos eines der bedeutendsten und spannendsten Ereignisse der Buchdruckerei und des Verlagswesens war die Herstellung und der Vertrieb des »höchsten Werkes« der Aufklärung, Diderots *Enzyklopädie*. Nachzulesen in Robert Darntons *Glänzende Geschäfte* (die Originalausgabe erschien 1979 unter dem Titel *The Business of Enlightenment* in London). Mehr als eine Million Druckbögen waren nötig, um auch nur einen der sechsunddreißig Quartbände für alle drei Auflagen herzustellen. Die Papierbogen wurden einzeln in monatelanger sorgfältiger Arbeit in entlegenen Papiermühlen hergestellt, und ein Heer von → Lumpensammlern mußte erst einmal das Rohmaterial für das Papier zusammenbringen. Es brauchte fünf Monate harte Arbeit von fünf Schriftsetzern und zwanzig Druckern bei der Société typographique de Neuchâtel (einer der bedeutendsten Verlage französischer Bücher im 18. Jahrhundert), um diese Bogen in einen Band mit bedruckten Seiten zu verwandeln. Dabei geriet auch die Lieferung von Schriftguß und Druckerschwärze durch die enorme Nachfrage immer wieder ins Stocken. »Obwohl die Operationen der Société typographique de Neuchâtel nur einen kleinen Bruchteil des gesamten Druckvorgangs darstellen«, schrieb Darnton, »veranschaulichen sie den komplexen Herstellungsprozeß eines Buches in Massenauflage vor der Zeit der Massenproduktion.«

Eine andere Geschichte ist aus Lyon zu berichten, wo bereits 1473 die erste Druckerpresse aufgestellt worden sein soll. Schlechte Löhne, heute kaum vorstellbare Arbeitszeiten, teilweise von zwei Uhr morgens bis zehn Uhr nachts mit vier Stunden Pause für die Mahlzeiten, ein gefordertes Tagespensum von dreitausend Seiten und mehr führten um 1539 zu den ersten größeren Unruhen und Streiks. Streiken hieß faire le tric, den Knüppel aus dem Sack lassen: Mit diesem Zauberwort verließen die Gesellen die Offizinen, wenn ein (unbezahlter) Lehrling auf Weisung des Meisters an der Presse hantierte oder ein anderer Verstoß gegen die Regeln vorkam. Die fourfants, wie die Streikenden die Streikbrecher nannten, wurden verprügelt, Flugblätter wurden in Umlauf gebracht, gerichtliche Schritte angestrengt, viele traten sogar aus der alten Zunftgemeinschaft der Buchdrucker aus, in der Meister und Gesellen seit Anfang des 16. Jahrhunderts inkorporiert waren, und gründeten ihre eigene Vereinigung, die Gesellschaft der Griffarins (nach einem altfranzösischen Wort mit der Bedeutung »Vielfraß«). Bei Volksfesten und burlesken Umzügen traten sie mit einer grotesken Figur, dem Seigneur de la Coquille (»Herr Druckfehler«), auf, den jeder kannte und bejubelte, und machten Stimmung im Volk für ihre Anliegen und Forderungen.

In Deutschland erschien die erste Gewerbeordnung 1573 in Frankfurt am Main, und sie, wie auch nachfolgende, regelte vor allem das »Postulat«, ein ursprünglich studentisches Brauchtum, das an den Universitäten als »Deposition« bei der Immatrikulation gepflegt wurde. Bis zum Postulieren war der ausgelernte Lehrling »Cornut«, der den Postulierten regelmäßig von seinem Wochenverdienst eine bestimmte Summe zahlen mußte, wollte er überhaupt in der Druckerei geduldet werden. Acht Tage vor dem Postulat mußte der Postulant einige Male »anfeuchten«, das hieß auf seine Kosten so viele Getränke holen lassen, wie die Postulierten trinken wollten. Alles in allem ein kostspieliger Zwang und eine eher derbe Zeremonie. Am Tag des »heiligen Akts« mußte der Cornut in possenhafter Verkleidung erscheinen, mit Bockshörnern und einem mit Schellen versehenen Fuchsschwanz am Hut, es wurden ihm die Fingernägel geschnitten, die Ohren gesäubert und mit einem Pinsel ein schwarzer Bart aufgemalt. »Wir haben nun alles an Dir erfüllet, was Du Grobes und Ungeschliffenes an Dir gehabt hast, ietzo ist übrig, daß Du uns meldest, wie Du Dich künftig verhalten willst«, sprach der »Depositor«, und der Postulant antwortete: »Ich will denen Lastern absagen und ein tugendsam Leben anfangen.« Dann gab es im Namen Gutenbergs eine Ohrfeige (Maulschelle) und ein fröhliches Zechen, ebenfalls auf Kosten des Ausgelernten, bei dem er nun auch »gegautscht« wurde. In dem ihm anschließend verliehenen, oft recht kunstvoll ausgestalteten Gautschbrief wurde dem Freigesprochenen bescheinigt, daß er »nach althergebrachter Sitte auf den heiligen Stuhl der ehrwürdigen Kunst gebracht, auf welchen zuvor die Schwämme der Erkenntnis gelegt waren, um den nun in alle Rechte Typographia's eingesetzten neuen Jünger das Wasser der Aufklärung einsaugen zu lassen«.

Johannes Gensfleisch zum Gutenberg (um 1400-1468), der Patriziersohn und gelernte Goldschmied aus Mainz, gilt als Erfinder der »Schwarzen Kunst« und als erster deutscher Buchdrucker mit beweglichen Metallettern. Vor allem gelang es ihm, ein ebenso einfaches wie außergewöhnliches Handgießinstrument (→ Schriftgießer) herzustellen, das die Grundlage für eine erfolgreiche Ausübung des Buchdrucks bildete. Aber auch die Druckerpresse kann als Gutenbergs Idee angesehen werden. Nach seinen Anweisungen schuf der Drechsler Conrad Saspach 1438 in Straßburg, wo sich Gutenberg einige Jahre aufhielt, eine hölzerne Presse, die bereits mit einem Schlitten ausgerüstet war, mit dem die eingefärbte Satzform samt daraufliegendem Papierbogen unter den Druckstempel geschoben werden konnte. Gutenbergs spektakulärstes Werk, in das der Mainzer Bürger Johann Fust beträchtliche Summen steckte, ist die sogenannte zweiundvierzigzeilige lateinische Bibel, in nur einer Schriftgröße mit insgesamt zweihundertneunzig verschiedenen Schriftzeichen gesetzt, die 1455 vollendet wurde. Zwischen Gutenberg und Fust kam es bald darauf zum Bruch. Als Fust auf Rückgabe des geliehenen Geldes klagte, mußte der zahlungsunfähige Gutenberg sein Druckgerät an ihn abtreten. Fust verband sich mit Peter Schöffer, und zusammen gründeten sie eine neue Offizin, in der das prachtvolle Mainzer Psalterium entstand. Vermutlich nach 1462 verbrachte Gutenberg den Rest seines Lebens gesichert im Dienste des Erzbischofs von Mainz. Der Buchdruck hat sich in Europa rasch ausgebreitet »und damit die Umlaufgeschwindigkeit neuer Ideen, Techniken und Ideologien gesteigert; ohne ihn hätte die Reformation keine Chance gehabt, ohne ihn hätten sich die Schulen und die Bibliotheksregale nicht so schnell, kaum war die Scholastik abgeräumt, wieder gefüllt: mit den Beschreibungen neuer Technologien, aber auch mit dogmatischem Humanismus und Ritterschundromanen, und ohne den Buchdruck hätte Rabelais' bissige Konsequenz aus der leerlaufenden Gelehrsamkeit nicht so schnell die Runde gemacht: ›Tu was du willst‹« (Mathias Greffrath).

~

SEGELMACHER stellten in ihren Werkstätten verschiedene Arten von Segeln aus Segelleinwand für Schiffe her: viereckige Rahsegel (an waagrechtem Baum, der Rah, quer zu den Masten); trapezförmige Gaffelsegel (an eine am Mast befestigte Stange, die Gaffel, gebunden und durch eine Leine gespannt); viereckige Sprietsegel (durch eine diagonal vom Mast ausgehende Stange, das Spriet, im Wind gehalten) und dreieckige Stagsegel (an einem Tau, dem Stag, aufgehängt, das gleichzeitig zum Verspannen und Abstützen der Maste in Längsrichtung der Schiffe diente). Durch Kombination dieser Segeltypen an einem oder mehreren Masten ergaben sich die verschiedenen Takelungen der Schiffe.

Schon die Ägypter nutzten seit dem 4. Jahrtausend vor Christus an ihren Ruderschiffen die Windkraft mit einer Hilfsbesegelung. In Altkreta und Phönizien sind die ältesten Segelschiffe im 2. Jahrtausend vor Christus nachzuweisen, in Nordeuropa um 400 nach Christus. Die Wikinger führten auf ihren »Drachenbooten« zunächst ein Segel mit nur einer Oberrah, später kam ein zweiter Mast im Bug mit einem losen Rahsegel hinzu. Arabischen Ursprungs scheint das an schräglaufender Rah befestigte Dreiecksegel zu sein, das für das Mittelmeer charakteristisch war und deswegen »Lateinersegel« hieß. Das reine Hochsee-Segelschiff (→ Holzschiffbauer) ist eine Erfindung der Hanse, wurde Kogge genannt, hatte einen Pfahlmast mit einem großen, viereckigen Segel an loser Rah und war gleichzeitig Handels- und Kriegsschiff. Im 15. Jahrhundert kamen die Dreimaster (wie die Galeonen und die Karavellen) auf, ausgerüstet mit Marssegeln, die über dem Mastkorb gehißt wurden. Im 16. Jahrhundert erschienen über den Marssegeln noch Bramsegel, das Bugspriet erhielt ein großes Rahsegel, und die Fläche der unteren Rahsegel wurde durch Leesegel verbreitert. Mit dem 18. Jahrhundert wurde das Marssegel Hauptsegel, und aus dem Lateinersegel des hinteren Mastes entstand der Besan mit Gaffel. Dreieckige Vorsegel am Klüverbaum und dreieckige Stagsegel zwischen den Masten traten hinzu, und im 19. Jahrhundert flatterten bei größeren Segelschiffen an einem voll getakelten Mast bis zu sieben Segel übereinander im Wind. Es war die Zeit der schnellsegelnden Klipper; auf dem größten mit Holz gebauten, der 1853 vom Stapel gelaufenen »Great Republic«, konnten auf vier Masten nicht weniger als fünfzig Segel mit einer Gesamtfläche von 6400 Quadratmetern gesetzt werden.

Erstaunlich scheint, daß sich die Technik des Segelmachergewerbes in all den Jahrhunderten wenig geändert hatte. Jedes Segel bestand aus zusammengenähten Segeltuchstreifen (Kleidern) und war am Rand mit einem eingenähten Tau (Liek) versehen, an dem Schlaufen oder Ringe (Legel) zum Setzen, Bedienen und Bergen (mittels Brassen, Halsen, Kauschen, Schoten und dergleichen) eingespleißt (eingeflochten) waren. Die Segeltuchbahnen waren für gewöhnlich aus Hanf oder Flachs gewebt und wurden mit Segelgarn, das mit Holzteer getränkt war, und einer besonders kräftigen Nadel von Hand genäht. An verschiedenen Stellen, an denen das Segel besonders beansprucht wurde, nähte man zum Schutz gegen Einrisse und Durchscheuern Doppelungen oder Stoßlappen auf. Der Segelmacher saß bei seiner Arbeit auf einer niedrigen Bank, auf der auch sein Werkzeug in passenden Löchern steckte oder in einer Schublade verwahrt wurde. Zum Nähen und zur Anfertigung der Legel (Schlaufen) und Gatchen (kleine Lochreihen) dienten Els, Pricker, Marlspieker, Tersch und Fid, alles konische Geräte aus Holz oder Eisen, ferner ein Fetthorn zum Einfetten der Nadeln, Drehknüppel, Kleedkeulen, Flachzangen und Fingerhüte.

Segelmacher waren nicht nur an Land tätig, sondern auch an Bord der Schiffe. Auf jedem Segelschiff befand sich in der Regel ein Segelmacher, der die Ausbesserung der Besegelung besorgte und nach schweren Stürmen die recht oft zerfetzten Segel erneuerte. Überdies fertigte er noch allerlei Schutzbezüge für Kompasse, Lüfter, Oberlichter, Spille, Beiboote und Persenninge (geteertes Segeltuch) für die Luken an.

~

SEIDENWEBER verarbeiteten die verzwirnten Fäden der echten oder edlen Seide und der wilden Seiden zu Geweben, die je nach Webtechnik (Bindung) als Taft (Taffeta), Sergen (Levantine, Croisé, Drap de soie, Bombasin, Satin oder Atlas), Samte (Plüsch, Felbel) oder Gazen (Flor, Marly, Krepp, Stramin, Barège) bezeichnet wurden. Seide wird aus dem Gespinst (Kokon) der Seidenraupe gewonnen, das diese schon als gummiartigen Faden (und nicht als Faser) aus ihren Spinndrüsen preßt, der aber sehr dünn ist und verzwirnt werden muß. Echte oder edle Seide stammt vom Kokon der Raupen des Maulbeerspinners (Bombyx mori), die schon im Altertum (vermutlich um 2630 vor Christus unter Kaiser Hwang-ti) in China gezüchtet wurden. Wilde Seiden hingegen werden aus den Gespinsten wildlebender Schmetterlingsarten produziert. Zu den wichtigsten aus der Familie der Nachtpfauenaugen gehören der Tussahspinner Indiens (Antheraea mylitta) und der in China lebende und in Japan heimische Eichenspinner (Antheraea pernyi und yamamayi). Dazu gehört auch der auf dem Götterbaum (Ailanthus) und dem Rizinus (Christpalme) lebende Ailanthusspinner (Philosamia cynthia), dessen Seide früher in Japan nur der Mikado tragen durfte. Die Ausfuhr der Eier dieses Spinners wurde mit dem Tode bestraft.

Der Name Seide stammt vom chinesischen sze. Das Abwinden und Verweben des Fadens ist eine uralte und lange geheimgehaltene chinesische Erfindung. Die Seide verbreitete sich von China über Korea nach Japan (3. Jahrhundert nach Christus), auf dem Landweg nach Indien und von dort nach Zentralasien und Persien. Die ersten Römer, die mit Seidengeweben Bekanntschaft machten, waren die sieben Legionen des Marcus Licinius Crassus. Es geschah während des Feldzuges gegen das kriegerische Reitervolk der Parther 53 vor Christus nach Überschreiten des Euphrat in der Nähe der Stadt Karrhä (heute ein Dorf namens Eski Harran, vierzig Kilometer südöstlich von Urfa in der Türkei): Die flüchtenden Parther wendeten plötzlich ihre Pferde und griffen die römischen Truppen mit tödlichen Salven ihrer Pfeilgeschosse an. Diese unvermutete Attacke brach die Formation der Römer auf, die Parther nützten die Verwirrung, durchbrachen in wildem Galopp die Reihen der Legionäre und entfalteten unter schrecklichem Geschrei

Seidenweber. Kupferstich, 1775

große seidene Banner, die im grellen Sonnenlicht den Feinden die Sicht raubten. Diese simple Kriegslist führte zur vernichtenden Niederlage der Römer. Doch einige Fetzen dieses ungewöhnlichen, verführerischen Materials, das »leicht wie eine Wolke« und »durchscheinend wie Eis« ist, konnten die Flüchtenden erbeuten und lösten damit einen blühenden Handel zwischen China und Rom aus, bei dem die siegreichen Parther als gut verdienende Vermittler auftraten. Über die legendäre Seidenstraße (der Name wurde von dem deutschen Gelehrten Ferdinand Freiherr von Richthofen im 19. Jahrhundert geprägt) gelangte die chinesische Seide nach dem Westen und ins Römische Reich, wobei eine der unberechenbarsten und gefährlichsten Wüsten, die Taklamakan, und das eisige, schneeverwehte »Dach der Welt«, das Pamir-Gebirge, zu überwinden waren.

Das italienische Lucca war offenbar im 12. Jahrhundert der Ausgangspunkt der europäischen Seidenweberei, wo bereits in wassergetriebenen

Zwirnmühlen, sogenannten Filatorien, die Seidenfäden auf mehrspindeligen Zwirnapparaten zur gleichen Zeit abgewickelt und verdrillt werden konnten. Italien war durch Jahrhunderte das führende Seidenland Europas. In Frankreich entwickelte sich Lyon zum Zentrum der Seidenweberei, und Köln war im 16. Jahrhundert die einzige deutsche Stadt mit einem bedeutenden Seidengewerbe. Erst gegen Ende des 17. Jahrhunderts kam die Seidenraupenzucht nach Deutschland, und weitere bedeutende Standorte der Seidenfabrikation entstanden in Berlin, Krefeld und Wien.

~

SEIFENSIEDER übten eine Tätigkeit aus, die lange Zeit nur auf die Haushaltsproduktion beschränkt war. Das Handwerk als Vollberuf entwickelte sich erst nach und nach seit dem Hochmittelalter in den Städten, wo es wegen der Feuergefährlichkeit und des Gestanks meist nur am Stadtrand geduldet wurde.

Zum Waschen von Stoffen dienten seit alters vielerlei Waschmittel aus Holzasche, Pflanzenextrakten, natürlicher Soda, in der Antike besonders auch aus fauligem Urin, zu dessen Sammlung im alten Rom viele Harnbehälter mit einladenden Anpreisungen in den Straßen aufgestellt waren. Die Wäscher und Tuchwalker, die den Urin gegen eine bestimmte jährliche Abgabe von der römischen Staatsverwaltung zu kaufen pflegten, waren ein eigener Berufsstand und hießen Fullonen. Zur Körperreinigung benutzte man hauptsächlich Öl, Bimsstein und das Schabeisen neben kaltem und heißem Wasser, Schlamm-, Dampf- und Schwitzbädern. Die Seife lernte man zuerst bei den Galliern kennen, die sie als Arznei- und Haarpflegemittel verwendeten, und bei den Germanen, die sie schon wie wir benutzten. Plinius der Ältere (um 24-79 nach Christus) berichtete, daß man Seifenkugeln aus den eroberten germanischen Grenzprovinzen bezog, die aus Buchenasche und Ziegentalg zubereitet waren und einen angenehmen Schaum gaben.

Seife besteht aus den Alkalisalzen höherer Fettsäuren, die durch Verseifung (Saponifikation) von Fettstoffen entstehen. Die zum Seifensieden erforderlichen Fette und Öle waren entweder tierischen – wie der Talg von Schafen, Rindern, Ziegen, das Fett von Pferden, Schweinen,

Walfisch, Robben und Fischtran – oder pflanzlichen Ursprungs wie Olivenöl, Palm- und Kokosöl, aber auch Sesam-, Rüb-, Hanf- und Leinöl. Die Seifensiederlauge wurde aus Kali (Holzasche, Pottasche) oder Natron (Soda) und Ätzkalk zubereitet. Der Seifensieder kochte in einem Siedekessel die Fette oder Öle in der Lauge so lange, bis ein gallertartiger Seifenleim entstand, der durch Kochsalzzusatz (Aussalzen) in »Kern« (feste obere Schicht) und »Unterlauge« getrennt wurde. Das Sieden war eine langwierige Arbeit, die viele Stunden dauerte und ein fortwährendes Umrühren erforderte. Nach Abziehen der Unterlauge wurde die »Kern«-Seife in Formen (Laden) geschöpft, in denen sie bis zur völligen Erstarrung blieb. Die erhaltenen Blöcke zerschnitt man mit Messingdraht zu Tafeln oder Riegeln. Mit Kalilauge bereitete Seifen waren stets weich und schmierig (Schmierseifen), die Natronseifen hart und fest. Aus fünfzig Kilogramm Talg konnte man etwa hundert Kilogramm Seife gewinnen, die bis auf etwa siebzig Kilogramm eintrocknete.

Feinseifen (Toilettenseifen) erhielten eine elegante Form und verschiedene Zusätze wie Farbstoffe, Parfüms, Mandelkleie, Glycerin, Galle, Bimsstein und andere. Das Sortiment war vielfältig: Marseiller, venezianische oder spanische nannte man Seifen, die mit Olivenöl statt mit Talg erzeugt und wegen ihrer Milde überaus geschätzt wurden und die auch in der Seidenfärberei zum Degummieren der Seide Verwendung fanden. Mandelölseife wurde aus Mandelöl, Kakaoseife aus Kakaobutter, die besonders schäumende Harzseife aus Pech, die besonders waschkräftige Gallseife aus Galle und die Fischseife, so beschrieb es jedenfalls Mister Jameson aus Leith in Schottland, aus Heringen mit einem Zusatz von Talg und Harz hergestellt; und die medizinischen Seifen bestanden aus zwei Teilen Provenceröl (Olivenöl) und einem Teil reiner Natronlauge, die bisweilen von den Apothekern selbst gesotten wurden.

Die Seifensiederei war ein »geschenktes« Handwerk, das in drei bis sechs Jahren zu erlernen war. Das Meisterstück bestand in einem Sud Seife mit allen damit verbundenen Operationen wie der Zubereitung der Lauge, dem Sieden, Aussalzen, Garsieden und Formen.

Der stete Mangel an Pottasche und das reichliche Angebot an Talg

(Unschlitt) führten dazu, daß die Seifensieder aus ihren Siedekesseln die in großen Mengen benötigten Talglichter (Unschlittkerzen) zogen oder gossen. Da die Arbeit und die Rohmaterialien der Seifensieder und der Lichterzieher sehr ähnlich waren, finden sich sehr oft beide Professionen in einer Person vereint. Gezogen wurden die Lichter, indem man die Dochte, meist aus Baumwollgarn, auf einen Lichtspieß oder ein Lichtbrett aufreihte und so oft in den Siedekessel mit dem geschmolzenen Talg eintauchte und immer wieder herauszog, bis die Kerzen die gewünschte Dicke angenommen hatten. Zum Gießen verwendete man eigene Lichtformen aus Glas, Zinn, verzinntem Kupfer- oder Eisenblech, in die man Dochte einspannte und die man dann mit flüssigem Talg ausgoß.

~

SEILER UND REEPSCHLÄGER (auch Sailer, Reeper,

Taumacher) waren getrennte Handwerke, die aber das gleiche Ausgangsmaterial, nämlich Hanf oder Flachs, verarbeiteten. Die Seiler galten als die »kleineren Brüder« der Reeper, und ihre Waren waren entweder direkt aus Fäden (Bindfäden, Sackbändern, Schnüren, Kordeln, Stricken) oder aus Litzen gedreht (Fang-, Pack-, Wäscheleinen, Stränge für Gespanne und Glocken, Seile und Taue). Ferner stellten sie Halfter, Peitschen, Gurte, verschiedenes Flecht- und Netzwerk und gesponnenes Roßhaar (Uhrketten, Hausschuhe) her. Ein Bindfaden wurde in der Regel durch Zusammendrehen zweier Fäden gebildet, Schnüre und Kordeln bestanden aus mindestens zwei Fäden und wurden stärker gedreht. Ein Seil aus mindestens zwei Schnüren und Stricke nannte man kurze Seile, die oft vom einen zum andern Ende an Dicke abnahmen. Die Seiler waren hauptsächlich im Binnenland für den lokalen Bedarf tätig, wo ihr Gewerbe bis ins Spätmittelalter vor allem ein bäuerliches war oder bisweilen auf der Stör (als Wanderhandwerk) ausgeübt wurde und erst spät zu zünftiger Organisation fand. Schon 1150 ist ein Erwin Selmechere in Köln erwähnt, wo sich 1414 eine der ersten Seilerzünfte bildete. Die Reepschläger hingegen verfertigten zum größten Teil schweres Tauwerk wie Ankertaue, Verholtrossen, Logg- und Lotleinen, Seile und Taue für die Takelage und dergleichen, und ihre

Seiler bei der Arbeit. Photographie, 1952

Reeperbahnen lagen in den Küstenstädten am Mittelmeer sowie an Nord- und Ostsee. Die wohl berühmteste Reeperbahn ist die im Hamburger Stadtteil St. Pauli, benannt nach den einst dort tätigen Reepschlägern, die ihre erstklassigen Waren bis nach Skandinavien ausführten. Bereits im Jahre 1265 ist in Hamburg ein Ricardus Repsleghere, der sich bei der Jakobskirche niederließ, urkundlich erwähnt.

Ausgangsmaterial für Seilerarbeiten war, wie schon erwähnt, vor allem Flachs oder Hanf, der zunächst auf dem Hechelkamm gehechelt und ausgekämmt wurde; eine staubige und durch die Betäubungsstoffe des Hanfes ungesunde Arbeit, die meist im Morgengrauen vor dem Frühstück verrichtet wurde. Auf der Seilerbahn, die im Durchschnitt vierzig bis fünfzig Meter lang war, konnte nun mit dem Verspinnen begonnen werden. Kurze Waren wurden in der Werkstätte hergestellt, wobei man sich diese Arbeiten oft für die Wintermonate aufhob.

Das wichtigste Arbeitsgerät zum Spinnen des Fadens, zum Schnüren der Fäden und zum Seilen der Litzen war das Seilerrad, das durch die Ziehleine in Drehung versetzt wurde. Der Seiler band sich den Hanf um den Leib oder trug ihn in der Seilerschürze, hängte ein Büschel Fasern mit einer Öse (Müsche) in einen Haken des Rades und schritt nun rückwärts fort, wobei er neue Fasern mit der linken Hand (der Reepschläger dagegen mit der rechten Hand) herauszog, die mit den ersten zusammengedreht wurden. In der rechten Hand hielt er den Spinnlappen, mit Wasser oder Leinöl befeuchtet, mit dem er den gesponnenen Faden glättete. Die so erhaltenen Fäden konnten dann in beliebiger Zahl zu Litzen zusammengedreht werden. Die Reepschläger, deren Reeperbahnen mitunter bis zu vierhundert Meter lang waren, verwendeten für besonders schwere Arbeiten das Seiler- oder Stranggeschirr (mit Zahnradgetriebe), eine robustere Variante des Seilerrades. Das Hanftauwerk wurde aus geteerten Garnen oder Kabelgarnen zu Leinen (zwei bis achtzehn Garne) oder bei stärkeren Tauen zu einem Kardeel (achtzehn bis fünfzig Garne) zusammengedreht. Drei Kardeelen zusammengeschlagen (daher der Name Reepschläger) ergaben eine Trosse, vier einen Wantschlag. Zu den abschließenden Arbeiten gehörte das Festdrehen oder Knoten der Enden, die Herstellung einer Endschlinge mit Hilfe des Knebels, was »Maschen« genannt wurde, sowie das Spleißen von endlosen Seilen (Transmissionsseile).

Im Gegensatz zu den Seilern, die vorwiegend kleinbetrieblich arbeiteten und ihre Waren selbst vermarkteten, standen die Reepschläger oft im Lohn von Reedereien, beschäftigten auf ihren Reeperbahnen eine Menge Hilfskräfte und überließen das Spinnen schon früh den Hanfspinnern, die sie in Verlag nahmen.

Flinke und gute Füße mußten sie wohl haben, die Seiler und Reepschläger, denn ihre Arbeit erforderte ein stetes Gehen und Laufen, vorwärts und rückwärts. Sie trugen leichte Fußbekleidung, und ihre Arbeitsblusen aus glattem Stoff durften keine Knöpfe haben, damit sich nichts an ihnen verfangen konnte. War die Lehrzeit zu Ende, so mußte sich der zukünftige Junggeselle einer Taufe, bei der es »Pathen, Pfaff und Messner« gab, unterziehen. Den versammelten Meistern und Gesellen wurde er sodann vorgestellt, hatte sein »Lossprechgeld« zu zahlen und wurde mit Ermahnungen und Verhaltungsmaßregeln als Geselle »bei offener Lade« und bei Kerzenschein losgesprochen, worauf er sich mit den Worten: »So mit Gunst bin ich hereingekommen, so mit Gunst gehe ich wieder heraus. Gott gebe uns allzeit besser Glück!« von der »hochlöblichen Zusammenkunft« zu verabschieden hatte.

~

SESSELTRÄGER trugen zu zweit mit Gurten und Stangen einen bedachten, mit Türen und Fenstern geschlossenen Sessel und waren Anfang des 17. Jahrhunderts charakteristische Figuren im Straßenleben von Paris, dann von London, Düsseldorf, München, Hannover, Turin, Brüssel und Wien. In roten Röcken, die noch bis in das 19. Jahrhundert ihr Gewerbe anzeigten, eilten sie hurtig mit ihren Passagieren dem Bestimmungsort entgegen, und wer nicht rechtzeitig ihrem Warnruf auswich, wurde grob zur Seite gestoßen. »Auch die Portechaisen-Träger, in Wien Sesselträger genannt, erfreuen sich eines sehr glänzenden Rufes und werden, die göttliche Grobheit betreffend, den Faßziehern zur Seite gestellt oder wohl gar vorgezogen«, mokierte sich damals ein Beobachter über die Rotröcke.

~

SIEBMACHER (auch Sieber, Sieberer, Simmer) übten ein sehr altes Gewerbe aus, das schon an der Wende des 13. Jahrhunderts erwähnt wird. Die Haarsieber (Hesiber) flochten Siebböden aus Pferdehaaren, aber auch aus Draht und aus Holz, die zum Durchsieben von Farben, Mehl, Gries, Gips, Schießpulver, Gewürzen und Apothekerwaren sowie auch als Formen für → Papiermacher dienten. Ein anderer Zweig waren die Reiterer, die grobe Geflechte und große Siebe zum Reitern (zum Beispiel von Kies und Schotter) anfertigten und sich später mit den Haarsiebern vereinten.

~

SIEGELLACKMACHER stellten Siegellack (franz. Cire d'Espagne) zum Versiegeln von Briefen, Paketen und Flaschen aus einer Mischung von Schellack und venezianischem Terpentin her, der an einer Flamme leicht schmolz, auf Papier gut haftete und scharfe Abdrükke gab. Der gewöhnliche rote Siegellack wurde mit Zinnober, Packlack mit Mennige oder Bolus gefärbt. Zur Erzielung anderer Farben setzte man Beinschwarz, Ultramarin, Mineralgelb, Chromgelb, Gold- und Silberflitter zu. Die feinen Sorten wurden zusätzlich mit etwas Storax, Benzoe, Tolubalsam oder Moschus parfümiert.

Man schmolz die Harze, dann die Farbstoffe zusammen und goß die Masse in verzinnte oder messingene, mit Öl ausgeriebene Formen; wenn die Stangen erhärtet waren, wurden sie durch rasches Durchziehen durch eine Spiritusflamme geglänzt.

~

SPIEGLER waren meist mit den → Glasmachern assoziiert und verarbeiteten deren geblasenes oder gegossenes Flachglas zu Spiegeln. Bevor und auch noch während gläserne Spiegel in Gebrauch waren, betrachteten sich die Menschen in polierten Metallscheiben.

Die Gründung von Spiegelmanufakturen hing sehr stark mit dem Ehrgeiz der Fürsten des Absolutismus zusammen, die wahrscheinlich mit der Spiegelpracht von Versailles wetteifern wollten. Kurfürst Friedrich III. von Preußen übernahm 1694 die Spiegelglashütte Biberberg; Kurfürst Max Emanuel von Bayern gründete 1695 eine Manufaktur in München und der Mainzer Kurfürst Lothar Franz von Schönborn 1698 eine im Spessart. Die technische Voraussetzung wurde durch die Entwicklung der Guß- und Walztechnik in Frankreich geschaffen, wodurch die Erzeugung sehr glatter und vor allem größerer Spiegel möglich wurde.

Die Glastafel wurde zugeschnitten und poliert, die Ränder facettenartig geschliffen und die Rückseite mit quecksilberbestrichenen Zinnfolien belegt, die von den Folienschlägern hauchdünn geschlagen wurden. Die Arbeiter in den Belegräumen würde ihre »mörderische Arbeit in einigen Jahren zu Krüppeln« machen, schrieb Joseph August

Schultes 1802 in seinem Buch *Ausflüge nach dem Schneeberge in Unterösterreich*, und im gleichen Jahr konstatierte ein Besucher derselben Spiegelfabrik, daß»das Schleifen und Polieren der Gläser eine Arbeit ist, die mehr einer Strafarbeit ähnlich ist und daher rührt es auch, daß hier nicht von weitem eine gesunde Menschenfarbe zu erblicken ist«.

Die ersten Glasspiegel wurden mit Blei-, später mit Zinnamalgam beschichtet, dann folgte die Quecksilberverspiegelung, die schließlich von der Beschichtung mit metallischem Silber abgelöst wurde.

Dem Spiegel wurde im Volks- und Aberglauben Zauberkraft zugeschrieben. Um Rat gefragt, gab er Auskunft (beispielsweise im Märchen von Schneewittchen), durch Blindwerden zeigte er den Treuebruch des entfernten Ehegatten an; Spiegelzerbrechen bedeutete Unglück, und beim Tod eines Familienmitglieds wurde der Spiegel verhängt, um so dem Toten das Verbleiben im Haus zu verwehren.

~

SPIELZEUGMACHER waren meist Handwerker, die aus den unterschiedlichsten Berufen kamen und entweder nebenbei oder ausschließlich Gegenstände zur Unterhaltung und Beschäftigung der Kinder herstellten. Ein Holzschnitt von Hans Burgkmair in der von Kaiser Maximilian I. entworfenen Erzählung *Weißkunig* (1516) zeigt die Spielsachen des jungen Kaisers, unter anderem Ritterfiguren aus Blech und Bronze, die damals von Plattnern, → Zinn- und Bronzegießern recht lebensecht gehämmert und gegossen wurden. Im 17. und 18. Jahrhundert waren Tischler, Drechsler, Hafner,→ Schlosser, sogar Gold- und Silberschmiede mit der Anfertigung von Spielzeug beschäftigt. Allerdings behinderten schikanöse Zunftbestimmungen immer wieder die erfinderische Initiative; so durften beispielsweise die Drechsler ihr Holzspielzeug nicht selbst bemalen, sondern mußten es zu diesem Zweck den Wismutmalern überlassen, und den Hafnern war es untersagt, zu ihrem Puppengeschirr auch noch die Schränklein zu bauen.

Beliebt und weit verbreitet war das Holzspielzeug aus den Werkstätten und den Höfen der Bildschnitzer und Bauern in Thüringen, in Oberammergau, im Berchtesgadener Land, im sächsischen Erzgebirge und im Grödental. Rasseln, Ratschen, Windrädchen, Nußknacker,»Fatschenkindln«, Hampelmänner, Pferde mit und ohne Reiter, Fuhrwerke, Kutschen, Schlitten, Schiffe, besonders Galeeren, Zwitschervögel, Klimperkästchen, Figuren aus dem Volksleben,»Stadt in der Spanschachtel« und»Wochenmarkt«, Holzpuppen und Puppenhausmobiliar wurden von Händlern, den sogenannten Verlegern, oder von Hausierern und »Kraxenträgern« in diesen Gegenden eingesammelt und vertrieben, oft bis Lissabon und Moskau, ja sogar bis in den Orient und nach Übersee. In vielen Kinderstuben war damals das»Kakelorum« anzutreffen, ein Glücksspiel, das auch unter dem Namen»Tivoli-Spiel« oder»Marmelturm« bekannt war. Eine Kugel wurde in den kronenartigen Kopfaufsatz einer Figur gesteckt und dann über eine kunstvoll in den Körper eingearbeitete Spirale auf ein rundes Brett gelenkt. Dort blieb sie, vom Zufall bestimmt, in einer der hundert Mulden liegen, deren Nummer jeweils Verlust oder Gewinn anzeigte.

Ein Spielzeug, das fast in allen Zentren der deutschen Spielwaren-Heimarbeit hergestellt wurde, war die Arche Noah. Hieronymus Bestelmeiers Spielwaren-Magazin von 1793 bot beispielsweise eine große und eine kleine Arche Noah an, und schon die kleine Ausgabe beherbergte hundert Tiere und Figuren.

Gewiß eines der populärsten Spielzeuge war das hölzerne Steckenpferd, nicht selten mit echter Roßhaarmähne, das schon in dem 1482 gedruckten französischen Buch *Le Propriétaire des Choses* auftaucht. Einem Bericht zufolge paradierten anläßlich des Nürnberger Konvents 1649 nicht weniger als 1476 Knaben auf Steckenpferden vor dem Quartier des kaiserlichen Generalbevollmächtigten Octavio Piccolomini. Konkurrenz bekam das Steckenpferd allerdings später durch das Schaukelpferd auf Kufen und Rädern.

In Nürnberg entstand bereits im 15. Jahrhundert das Gewerbe der Docken- oder Puppenmacher, die zunächst Puppen aus Holz schnitzten und bemalten. Arme und Beine der Puppen bewegten sich in Scharnieren oder an Schnüren. Dazu kamen die Leder- und Stoffpuppen, deren Bälge mit Lumpen, Kleie, Roßhaar oder Sägemehl gefüllt waren, mit Köpfen aus Ton, Holz, Wachs oder Alabaster. Bekannt für seine Puppen wurde Sonneberg im Meininger Oberland, besonders für jene mit

Köpfen aus Papiermaché. Später kamen Gummipuppen und Köpfe aus Porzellan in Mode, bewegliche Augen lösten die starren ab, und im 19. Jahrhundert lernten die Puppen schließlich sprechen. Sie hatten stets nach der neuesten Mode gekleidet zu sein, und nicht selten ließen sich die Damen ihre Kleider nach den Modellen anfertigen, die die Puppen trugen. Zur Puppe gehörte das Puppenhaus oder Puppenzimmer, das vielfach durch seine bürgerliche Gediegenheit auffiel und mitunter elterliche Wunschträume erahnen ließ. Spielzeug aus Papier und Pappe ist ebenfalls seit dem 15. Jahrhundert bekannt. Augsburger »Stecher« vervielfältigten bestimmte Vorlagen zum Ausschneiden, die man zum Beispiel als Papiersoldaten auf Holzklötzchen aufmarschieren lassen oder zu Tiergruppen zusammenstellen konnte. Neu waren zu Ende des 18. Jahrhunderts Ankleidepuppen aus Papier, ferner Guckkastenbilder, die die Zeitereignisse wiedergaben, Papiertheater (sie wurden oft bei Theaterpremieren für die Kinder der Besucher aufgelegt) sowie Anleitungen zum Falten von Schiffchen, Hüten, Spitzentüchern und Spielen wie »Himmel und Hölle« aus Papier.

Der Zinn- und Kannengießer Andreas Hilpert, der im Jahr 1760 in Nürnberg das Bürger- und Meisterrecht erworben hatte, kam auf die Idee, Zinnfiguren als Spielzeug zu gießen. Er schuf recht billig Tier- und Menschenfiguren, Kriegstheater, Rokokoszenen, Hirtenstilleben und Zigeunerlager und machte dem bemalten Holzspielzeug ernsthaft Konkurrenz. Hergestellt wurden die Zinnfiguren, indem man die Negativform der beiden Figurenhälften in Schieferplatten schnitt und fein säuberlich gravierte, die Hälften zu einem Model zusammenfügte und mit flüssigem Zinn ausgoß. Die fertigen Gußstücke ließ man anschließend von Heimarbeiterinnen bemalen. Die bekannteste Figur wurde gewiß der Zinnsoldat, der sich rasch über ganz Deutschland und die Schweiz verbreitete. Mitte des 19. Jahrhunderts einigten sich die führenden Hersteller Heinrichsen in Nürnberg und Allgeyer in Fürth auf die »Nürnberger Größe« von dreiunddreißig Millimetern, so daß sich die Armeen mit gleich großen Zinnsoldaten beliebig ergänzen ließen. Hans Christian Andersen machte den »Standhaften Zinnsoldaten« zum Helden eines seiner bekanntesten Märchen.

Marktstand mit Kinderspielzeug am Hof in Wien.
Glasdiapositiv, um 1910

Im 19. Jahrhundert entstand allerhand optisches Spielzeug wie etwa die »Thaumatropische Unterhaltung«, die aus Papierscheiben bestand, welche auf jeder Seite ein anderes Bild (zum Beispiel Käfig und Papagei) trugen. Wurde nun die Scheibe an einer Schnur schnell um ihre eigene Achse gedreht, verschmolzen die beiden Bilder zu einem. Der Papagei saß im Käfig. 1831 entwickelten Professor Stampfer in Wien und Professor Plateau in Gent das »Lebensrad«. Der eine nannte es Stroboskop, der andere Phénakistiscop; es bestand aus zwei Scheiben, die um eine gemeinsame Achse rotierten. Die äußere Scheibe trug radiale Schlitze, durch die man die auf der inneren Scheibe befindlichen Zeichnungen aufeinanderfolgender Phasen einer Bewegung betrachten konnte, die zu einem Bewegungseindruck verschmolzen.

Der Wiener Spielzeughersteller Trentsensky machte sich diese Erfindung sofort zunutze und vertrieb die »Wunderscheibe« zum stolzen Preis von fünf Gulden. Ebenso wie das »Lebensrad« funktionierte auch die »Wundertrommel«, die unter dem Markennamen »Zootrop« und »Daedaleum« weltweit bekannt wurde. Sie bestand aus einer um ihre Achse drehbaren, oben offenen Trommel mit einer Reihe schmaler, senkrechter Schlitze. An die Innenwand der Trommel legte man Papierstreifen, auf denen Figuren in verschiedenen Phasen einer Bewegung abgebildet waren. Drehte man die Trommel, so entstand beim Blick durch die Schlitze die Illusion einer ununterbrochenen Bewegung: Turner und Akrobaten zeigten ihre Kunststücke, Vögel segelten durch die Lüfte, Pferde galoppierten, Augen schlossen und öffneten sich. Die Begeisterung darüber war riesengroß, und so manche Firma warb mit den handgezeichneten Bilderreihen für ihr Produkt. So brachte ein Herrenausstatter eine »Zootrop«-Kragenschachtel heraus, die zehn Hemdkrägen und drei Bilderreihen enthielt und mühelos in eine »Wundertrommel« verwandelt werden konnte.

Mit der Erlangung der Gewerbefreiheit etablierten sich nach und nach Spielzeugfabrikanten (wie in Nürnberg und Fürth), die ihrer Herkunft nach Handwerker waren, aber alle erforderlichen Tätigkeiten in einem Betrieb konzentrierten. Dazu kam, daß immer mehr Blech zu Spielzeug verarbeitet wurde, was die Entwicklung der industriellen Fertigung sehr begünstigte. Puppenkücheneinrichtungen, Puppenküchenherde, auf denen man kochen konnte, Kaufläden, Blasinstrumente, Kindertrompeten, Rasseln, Kreisel, »Pickpick-Vögel«, Clowns im Handstand, Scherenschleifer, Kettenkarusselle, Modelleisenbahnen und Autos waren als »Volksspielzeug« nunmehr in den Schaufenstern der Spielwarengeschäfte zu bewundern. Zu einem begehrten, wenn auch teuren Spielzeug wurde der Metallbaukasten, 1901 von dem Engländer Frank Hornby erfunden. Sein System, dem er zunächst den Namen »Mechanics Made Easy« gab, bestand aus gestanzten Metallschienen, die mit Schrauben und Muttern zu Modellen der »technischen Wirklichkeit« zusammengebaut werden konnten. In Deutschland fand Hornbys »Meccano«, wie er später hieß, sehr bald Nachahmer. Der »Stabil« von Walther & Co. in Berlin oder der legendäre Baukasten

Nr. 5 von Märklin waren wohl die bekanntesten, die selbst in der Zeit der Wirtschaftskrise vor dem Zweiten Weltkrieg den Herstellern steigende Umsätze bescherten.

Einer Plüschfigur blieb es jedoch vorbehalten, wahrlich Spielzeuggeschichte zu machen: dem Teddybären. Der Spielzeugbär erblickte im Jahre 1902 an zwei Orten gleichzeitig das Licht der Welt – in den USA und in der deutschen Spielzeugfirma Steiff in Giengen an der Brenz. Der Entwurf kam von Richard Steiff, dem jüngsten Neffen der Firmengründerin Margarete Steiff. Seine Skizzen und Studien dafür hatte er während des Studiums an der Kunstgewerbeschule in Stuttgart gemacht, wo es ihm die Bären in Nill's Tiergarten angetan hatten. So entstand die Idee, einen Spielbären herzustellen, dessen Kopf, Arme und Beine beweglich waren. Öffentlich zu sehen war der neue Steiff-Bär auf der Leipziger Frühjahrsmesse 1903, wo er zunächst wenig Beachtung gefunden haben soll. Erst am letzten Messetag bestellte ein amerikanischer Spielwarenverkäufer aus New York dreitausend dieser Bären, und in den darauffolgenden Jahren waren in Giengen und Umkreis »alle irgendwie geeigneten Frauen und Mädchen mit der Herstellung von Teddybären beschäftigt«. Auf amerikanischer Seite gab es offenbar einen Zwilling, der dem Steiff-Bären den Anspruch streitig machte, der erste Teddy gewesen zu sein. Im November 1902 findet sich in der *Washington Post* eine berühmt gewordene Karikatur des Präsidenten und Großwildjägers Teddy Roosevelt mit einem Bärenjungen, die Morris Michtom, einen russischen Einwanderer, der in Brooklyn einen Laden mit Süßwaren und selbstgebasteltem Spielzeug betrieb, anregte, einen Bären aus Plüsch zu nähen. Kaum stand der Bär neben der Zeichnung in der Auslage, war er auch schon verkauft. Das Geschäft gedieh prächtig, und um dem erfolgreichen Geschöpf einen zugkräftigen Namen zu geben, nannte es Michtom angeblich mit Billigung des Präsidenten »Teddys Bär«. Aus diesen Anfängen entstand die Ideal Toy Corporation, einer der größten Spielwarenhersteller Amerikas. Spätestens seit 1907 hat sich die Bezeichnung Teddybär für den »König der Stofftiere« durchgesetzt, und bei Steiff in Giengen schaffte man in jenem Jahr mit über 900000 Teddys einen Produktionsrekord. Heute wird der originale Teddy als ein Design-Klassiker verkauft, der in Amerika zusammen mit sechzig anderen Produkten zu den »schönsten Dingen des Lebens« gekürt wurde.

~

SPINNER(INNEN) stellten durch Ordnen, Zusammenfügen und Zwirbeln von kurzen, dünnen tierischen und pflanzlichen (Einzel-)Fasern einen langen Faden her. Jahrtausendelang spannen unsere Vorfahren Fäden aus Flachs, Baumwolle oder Wolle und stellten daraus ihre Kleider, Decken oder Teppiche her. Als Werkzeug benutzten sie dafür zunächst die rotierende Handspindel und seit etwa sechshundert Jahren das Spinnrad. Im 18. Jahrhundert stieg die Nachfrage nach Textilien stark an. Findige Köpfe begannen die Handarbeit zu mechanisieren. Dem Engländer Richard Arkwright gelang 1769 die Konstruktion einer Flügelspinnmaschine mit achtundvierzig Spindeln, die alsbald als »Waterframe« bekannt wurde. Ein anderer Engländer, der Weber James Hargreaves, versuchte, mit einem Spinnapparat die Bewegungsabläufe der Spinnerin bei ihrer Arbeit mit dem Handrad nachzuahmen. Seine berühmt gewordene »Spinning Jenny« wurde die Maschine der Hausindustrie schlechthin. Der Engländer Samuel Crompton kombinierte schließlich Elemente beider Maschinen und schuf 1779 mit der originellen »Mule« einen wirklichen maschinellen Ersatz für die Handspinnerei. Damit konnten grobe, feine, weiche und feste Schuß- und Kettgarne hergestellt werden. Mit der gleichzeitigen Mechanisierung der Webstühle entstanden ab 1771 in England die ersten Textilfabriken der Welt, zunächst mit Wasserkraft und ab 1780 mit Dampfmaschinen betrieben. Vor allem Frauen und Kinder produzierten das erste »Maschinengarn«, schnell, billig und erstaunlich gut. Die meisten Spinner und Weber der Hausindustrie mit ihren Familien verloren ihren Broterwerb und gerieten in Armut. Folgen des Massenelends waren soziale Unruhen und Maschinenstürmereien, doch die Industrialisierung der Textilproduktion war nicht aufzuhalten.

~

Spitzenklöpplerinnen stellten Klöppelspitzen, im Gegensatz zu Nähspitzen (Nadelarbeit), durch die Verflechtung von vielen Fäden her, die beim Arbeiten auf kleine Spulen, die »Klöppel«, gewickelt waren. In Italien tauchte die Klöppelspitze schon Anfang des 16. Jahrhunderts auf und wurde besonders in Genua gepflegt; von dort verbreitete sie sich über Spanien nach den Niederlanden, Deutschland und Schweden.

Die Gerätschaft, die zur Herstellung von Klöppelspitzen erforderlich war, bestand im Prinzip aus einem Klöppelkissen, den Spitzenklöppeln, einer Art kleiner Spulen aus Holz, dem Klöppelbrief oder Aufwind, einer Musterzeichnung auf steifem Papier, Stecknadeln und der Pikiernadel. Zur Herstellung der Spitzen dienten Leinen- und Baumwollzwirne. Das Klöppeln wurde in der Regel mit zwei Paar Klöppeln ausgeführt. Ein Paar wurde in der rechten, das andere in der linken Hand gehalten. Durch das »Drehen« und »Kreuzen« der Fäden entstanden die Schläge, die mittels Stecknadeln an bestimmten Punkten des Klöppelbriefes angeheftet wurden. Die hierdurch wie offene und dichte Gewebeflächen erscheinenden Fadengebilde führten zunächst zur Herstellung von Grundmustern, und diese unterschieden sich äußerlich nach bestimmten Arten der Verschlingung (Schläge). Es gab Zeiten, in denen Hunderttausende von Menschen durch die Herstellung von Klöppelspitzen ihr Brot verdienten. In Wuppertal tauchten erstmals 1877 maschinengeklöppelte Spitzen auf, die nach dem Prinzip der Handklöppelei gefertigt wurden.

~

Stärke- und Haarpuderhersteller verwendeten Weizen, Mais, Reis und Kartoffeln zur Gewinnung von Stärke (Stärke-, Satz-, Kraftmehl, Amylum), aus der dann Puder oder Haarpuder zubereitet wurde. Stärke diente zum Steifen der Wäsche, zum Leimen von Papier, zum Verdicken der Farben in der Zeugdruckerei, zur Herstellung von Kleister und Schlichte (zum Festigen schwach gedrehter Garne) sowie zur Appretur und fand Verwendung in der Küche und bei der Zuckerbäckerei. Die Kunst, Stärke aus Weizen zu

Spitzenklöpplerinnen. Photographie, um 1890

bereiten, war bereits im Altertum bekannt. Nach dem griechischen Arzt Dioskurides (1. Jahrhundert nach Christus) wurde sie amylon genannt, weil sie nicht wie andere mehlartige Stoffe auf Mühlen gewonnen wurde, und nach Plinius wandten sie zuallererst die Bewohner der Insel Chios an. Im Mittelalter stand die Stärkefabrikation bei den Holländern in großer Blüte; Kartoffelstärke wurde zuerst 1816 in Frankreich hergestellt, etwas später folgte in Deutschland die Verarbeitung von Mais (Maizena) und seit 1870 von Reis zu Stärke.

Der gequollene und zerquetschte Weizen wurde in Quellbottichen mit Wasser der sauren Gärung überlassen. Die entstehende Essig- und Milchsäure lockerte den Kleber so weit, daß sich die Stärke im Tretfaß zunächst mit hölzernen Schuhen an den Füßen austreten ließ. Später verwendete man für diese Arbeit von Pferden angetriebene Quetschwalzen. Die Stärkemilch wurde nun zum Absüßen in Absatzbottiche geleert, worin sich die Stärke am Boden absetzen konnte. Das saure Wasser wurde abgezapft und die Stärke mehrmals mit Wasser angerührt, bis man schließlich reine Stärke erhielt, die in Leinwand eingeschlagen, ausgepreßt und als ziegelsteingroßes Stück getrocknet wurde. Das »saure« Wasser eignete sich vorzüglich für die Schweine- und Rindermast.

Verwendete man Kartoffeln zur Stärkezubereitung, so wurden diese fein zerrieben, und der Brei wurde unter Zufluß von Wasser auf einem Sieb über einem Bottich so lange mit den Händen geknetet, bis die Stärke aus den geöffneten Zellen herausgespült war. Die Rohstärke wurde dann in gleicher Weise wie Weizenstärke verarbeitet.

Den Puder schabte man von der weißgrauen Rinde der getrockneten Stärkeziegel ab, und damit er leichter zerstäubte, feuchtete man ihn mit Weingeist an und ließ ihn langsam trocknen. Sollte er einen angenehmen Duft verströmen, so setzte man dem Puder gestoßene Veilchenwurzeln, Eichenmoos, Lavendel- oder Bergamottöl (aus den Fruchtschalen von Citrus bergamia), auch Moschus zu. In Weiß und verschiedenen Farben wurde Puder zum Einstauben der Haare und Perücken und als Schminke verwendet. Wer vermögend genug war, richtete sich eine eigene Puderkammer ein und ließ sich von Kammerzofen und -dienern »überstäuben«, ansonsten besorgte dies der → Perückenmacher. Das hochgeworfene Mehl rieselte dabei auf die Frisur, oder man bediente sich zum Bestäuben eines ledernen Blasebalgs. »Damit einem aber der Puder nicht in das Gesicht und die Augen falle, wenn man sich pudern läßt, so pflegen einem die Paruckenmacher gemeiniglich eine Tute zu reichen in deren obern oder weitern Theil man das Gesicht hält. In derselben befinden sich Augen von Glase; durch das spitzige Ende holet man Odem, und hält sie gemeiniglich mit der Hand fest«, heißt es in Herrn von Garsaults *Paruckenmacherkunst* (1769). Obwohl der Puder »eine Erfindung aus dem Fache der überflüssigen Dinge« war, wie J. S. Halle 1762 befand, konnte es durch ihn bisweilen zur Spaltung der Gesellschaft in zwei Klassen kommen, nämlich in »gepudert« und »gemein«; so geschehen auf einem Donauschiff von Regensburg nach Wien.

~

STEINBRECHER bauten in Steinbrüchen meist im Tagebau rohe Gesteinsmassen ab, die dann von den Steinhauern oder → Steinmetzen zu Bau- und Dekorationssteinen (Quader, Platten, Säulen, Balustraden, Gesimse, Wimperge, Maßwerke, Treppenstufen) sowie zu Pflaster- und Feuersteinen, Mühlsteinen, Dachschiefern und Schreibtafeln und dergleichen zerteilt und zugerichtet wurden. Gewonnen wurden hauptsächlich Sandstein, Kalkstein, Granit, Basalte, Schiefer und Konglomerate (Grauwacke, Nagelfluh, Tuff und dergleichen), wobei es immer darauf ankam, Massen von beträchtlichem Umfang auf einmal mit dem geringsten Kraftaufwand abzulösen. Dabei wandte man verschiedene Arbeitsmethoden an: das Losbrechen direkt mit Handwerkzeugen wie Keilhauen, Bergeisen, Fäusteln und Brechstangen, die Keilarbeit, die ein Lossprengen (Abschlitzen) der Steinblöcke bewirkte, und das Schießen für die Herstellung kleinerer Steine (Straßenpflaster und -schotter, Rauhmauerwerk).

Lange Zeit war man der (wissenschaftlichen) Meinung, die Erde und im besonderen die Steinbrüche würden entsetzliche Gefahren ausschwitzen wie jenen »metallischen Dampf, so aus dem Marmor und den Steinen ausfähret und die Nasen und Gehirn handgreiflich einnimmt«. Diese Vorstellung stammt von dem italienischen Arzt Bernardino Ramazzini, der in seinem Handbuch *De morbis artificum diatriba* (Modena 1700) den Arbeitern geraten hat, »nie in die Steinbrüche zu gehen, ohne sich zuvor ein Beutelchen an den Hals zu hängen, worin zwey mit etwas Kampfer untereinander gestossene Knoblauchzwiebeln sind und sich das Gesicht mit Kampferbranntwein oder aromatischem Wein, oder in Ermangelung dieser Dinge mit Essig gewaschen zu haben«.

Einer der wohl berühmtesten Steinbrüche befindet sich in Carrara in der italienischen Provinz Massa-Carrara in einem Talkessel der Apuanischen Alpen. Hier wird seit mehr als zweitausend Jahren der feine weiße, manchmal schwarz, gelb und grünlich geäderte Marmor abgebaut.

~

STEINMETZEN (auch Steinhauer) waren besonders gefragt, als sich im Hochmittelalter die Hinwendung vom Holzbau zum teuren, aber dauerhafteren Steinbau bei sakralen Gebäuden, Pfalzen, Burgen, Stadthäusern und Befestigungen vollzog. Ihre Arbeit ging sehr oft in die Kunst der Architektur und der Steinbildhauerei über. Einen technischen wie künstlerischen Höhepunkt erreichte das Steinmetzhandwerk in der Gotik. Die neue Wölbetechnik mit Hilfe von Kreuzrippen und Strebebogen zur Aufnahme des enormen Gewölbedrucks sowie Spitzbogen und Maßwerk (aus geometrischen Formen gebildete stabartige Glieder) als konstruktive Elemente erforderte nicht nur handwerkliches Können, sondern auch ein umfassendes Wissen und einen sicheren künstlerischen Blick. Als Beispiel mag die einflußreiche Baumeister- und Bildhauerfamilie Parler aus Schwäbisch Gmünd dienen, deren Mitglieder als Hüttenmeister an den großen Kirchenbauten in Prag – Peter Parler baute dort ab 1357 auch die meisterhafte steinerne Karlsbrücke –, Wien, Freiburg, Basel, Straßburg und Ulm tätig waren. An diesem Beispiel läßt sich auch der Übergang einer Berufsbezeichnung auf den Familiennamen demonstrieren. Das französische Verb parler für »sprechen«, »reden« ging im Sinne von Sprecher beziehungsweise Vorarbeiter auf den Eigennamen Parler über und lebt im heutigen »Polier« noch fort.

Die für kirchliche Großbauten verpflichteten Baumeister und die angeworbenen Bauleute, darunter die Bruderschaft der Steinmetzen, waren in der Bauhütte vereinigt. Neben den Hüttensteinmetzen arbeiteten auch städtische Steinmetzen, die in der Zunft ihre Organisation hatten und deren Existenzgrundlage zumeist die weltlichen Bauten waren. Zweck aller Bauhütten und der Zunft war die Ausbildung (worüber die beiden rivalisierenden Organisationen gelegentlich in heftigen Streit gerieten) und Beschäftigung tüchtiger Steinmetzen, dann aber auch die Pflege »treuer Freundschaft, religiösen Empfindens und sittlichen Strebens«. Der jährlich nach Tüchtigkeit frei gewählte Vorsteher (Stuhlmeister) hatte »nach Handwerksbrauch und Gewohnheit« Streitigkeiten zu schlichten; die übrigen Brüder waren gleichberechtigt. Die Lehrzeit dauerte fünf bis sieben Jahre, und bei der feierlichen Lossprechung mußte der Geselle unter anderem eidlich geloben, das

Arbeiter in einem Steinbruch im damals österreichischen Oberitalien. Photographie, 1905

Kunstgeheimnis zu bewahren, gehorsam zu sein, auf die Ehre des Handwerks zu halten und sein Steinmetzzeichen nicht zu ändern. Gemeint war ein geometrisches Zeichen, das ihm von der Bauhütte verliehen wurde und ursprünglich der Lohnberechnung, aber auch als Inschrift diente; auch die Meister hatten ihre eigenen Zeichen. Ferner wurde der Freigesprochene in die Geheimnisse des Grußes und Ausweises eingeweiht, die ihm auf Wanderschaft Eintritt in alle Bauhütten verschaffen sollten.

Zum handwerksmäßigen Vorsprechen um Arbeit gehörte auch die entsprechende Kleidung. Der fremde Steinmetz trug einen dunkelblauen, von rechts nach links mit mindestens drei Knöpfen geschlossenen Rock, weiße, zumeist englischlederne Hosen und sogenannte Suffro- (Suwarow?) oder Exkusestiefel, ein schwarzes Halstuch und auf dem Kopf einen Zylinderhut. Der Schnurrbart war bei den Steinmetzen verpönt. In der Hand trug der Reisende den »Exküser«, einen Stock aus starkem braunem Rohr mit schwarzem Hornknopf, ein Geschenk des

Lehrgesellen oder Lehrmeisters, gewissermaßen als Dank für das kostspielige Schmausen bei der Lossprechung. Mit dem »Exküser« hatte er das Recht erworben, »regulär« als »fremder« Steinmetz auf anderen Werkplätzen »zuzusprechen«. Gab es Arbeit, folgte im Begrüßungsraum nun ein recht umständliches und langwieriges Ritual, das als »Ausweis« bezeichnet wurde, mit viel »Exküse« und »Gottes Wohlsein«. Vorher stärkte man sich mit Wein und Weißbrot. Für den »Ausweis« waren die »Stellungen« und die »Abnahme« derselben charakteristisch. Rudolf Wissell erläuterte den fast choreographisch anmutenden Brauch in seinem Standardwerk *Des alten Handwerks Recht und Gewohnheit* (1929): »Durch die Art der Aufstellung der arbeitenden Gesellen wurden bestimmte Figuren markiert, deren Bedeutung im wesentlichen aus der Fußstellung der Gesellen ersichtlich war. Diese Figuren waren durch ›Antreten‹ und ›Abtreten‹ der sie darstellenden Gesellen von dem Fremden abzunehmen. Für irgendeine Stellung waren mindestens zwei Steinmetzen erforderlich. […] Für alle Stellungen war die Haltung des Oberkörpers gleich. Die Arme wurden über der Brust derart gekreuzt, daß die rechte Hand auf dem linken Oberarm und der linke Unterarm auf dem rechten Unterarm lag. […] Die Ferse des rechten Fußes mußte in die Höhlung des linken Fußes gezogen werden, oder umgekehrt, so daß die Füße einen rechten Winkel bildeten.« Je nach Anzahl der teilnehmenden Personen konnte ein stehendes und liegendes Richtscheit, ein Dreieck, ein Quadrat, ein Fünfeck, ein Sechseck, ein Kreis oder andere Symbole gebildet werden. Hatte der Fremde alle Stellungen abgenommen und »seine Sache auch gut gemacht«, wurde »mit Gunst und Erlaubnis« und Händeschütteln die Zeremonie beendet.

Die meisten Steinmetzarbeiten des 14., 15. und 16. Jahrhunderts konnten im wesentlichen mit Hämmern, Schlägeln und Meißeln (Eisen) bewältigt werden, die bereits im Mittelalter verfügbar waren. Die Flächenbearbeitung bestand, vom Groben zum Feinen fortschreitend, im Bossieren mit dem Zweispitz (Picke), im Flächen mit dem Fläch- und Stockhammer sowie mit dem Krönel und im Spitzen mit dem Spitzeisen. Gegen Ende des 15. Jahrhunderts tauchte ein neues Werkzeug mit breiterer Schneide auf, das wie das Schlag- und Spitzeisen gehandhabt wurde: das Scharriereisen. Man konnte damit große ebene Quaderflächen ganz glatt behauen. Alle anderen bekannten Werkzeuge zur Steinbearbeitung, zum Mauern und zur geometrischen Vermessung der Werkstücke beziehungsweise zur Übertragung von Werkzeichnungen erfuhren bis in die Neuzeit hinein nur geringfügige Verbesserungen. Bei Kelle, Stechzirkel, Reißnagel, Meßlatte, den diversen Lotwaagen sowie den zahlreichen Schablonen (Brettungen) gab es keine entscheidenden Veränderungen.

Bleibt noch zu erwähnen, daß die heutige Freimaurerei ihren Ursprung in den Bruderschaften der Steinmetzen und deren Bauhütten hat. Am 24. Juni 1717 vereinigten sich in London vier alte Werkmaurerlogen zu einer Großloge und wählten einen Großmeister. Man behielt den Namen »Freimaurer« bei und auch die alten Erkennungszeichen. Die alten Gesetze (»Alten Pflichten«) der Bauhütte wurden weiterentwickelt und 1723 als Konstitutionsbuch der freien und angenommenen Maurer gedruckt.

~

STRUMPFWIRKER stellten durch Fadenverschlingung Maschenwaren wie Strümpfe, Socken, Schlafhauben, Hosen, Handschuhe aus Schafwolle, Seide, Baumwolle oder Leinengarn her. Das Handstricken soll in Italien schon 1254 bekannt gewesen sein, jedenfalls trug der Leichnam des Papstes Innozenz IV. (1195-1254) gestrickte seidene Handschuhe. Gestrickte Strümpfe setzten sich erst mit der Vorherrschaft der spanischen Tracht seit der zweiten Hälfte des 16. Jahrhunderts durch. In den meisten europäischen Ländern wurden die Strümpfe von Handstrickern sowohl in der Stadt als auch auf dem Land gefertigt, die in Deutschland zünftig organisiert waren. Eine für das damalige technische Niveau geniale Erfindung, nämlich der Strumpfwirk- oder Handkulierstuhl, gelang 1589 dem protestantischen Geistlichen William Lee aus dem Sankt Johannes Collegio in Cambridge. Als »ein Meisterstück der Erfindungskraft und des Witzes, das künstlichste Werkzeug aller Handwerker und Künstler« bezeichnete Johann Beckmann in seiner *Anleitung zur Technologie* (1777) Lees Maschine, die bis in die Mitte des 18. Jahrhunderts nahezu unverändert gebaut

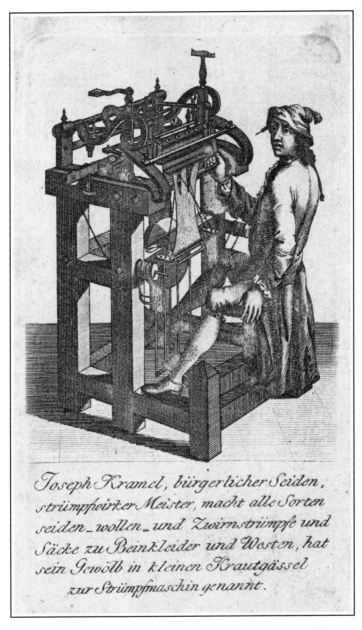

Geschäftskarte des »bürgerlichen Seidenstrümpfwirker Meisters Joseph Kramel« in Wien. Kupferstich, um 1790

und bis in das späte 19. Jahrhundert nur unwesentlich verbessert wurde. Das Wesen dieses Strickapparates, der fast gänzlich aus Eisenteilen gebaut war, bestand darin, den komplizierten Bewegungsvorgang beim Handstricken, bei dem die Maschen durch das Zusammenwirken von Finger- und Nadelbewegungen entstanden, nachzuahmen, was dadurch gelang, daß für jede einzelne Masche eine besondere, mit einem Haken versehene Nadel verwendet wurde.»Dieser Maschenbildungsvorgang war also von dem bisherigen Handstricken grundverschieden. Jetzt konnte man eine ganze Reihe von Maschen gleich in der Breite des Strumpfes auf einmal herstellen und die Reihen zu einem ebenflächigen Warenstück hintereinanderfügen. Die Form erlangte man durch Ein- und Ausdecken der Randmaschen« (C. Aberle, *Geschichte der Wirkerei und Strickerei*).

In England zuwenig unterstützt, begab sich Lee auf Einladung Heinrichs IV. von Frankreich mit seinem Bruder, sechs Wirkern sowie der entsprechenden Anzahl von Wirkstühlen nach Rouen, wo er ein Patent für seine Stühle erwartete. Die Ermordung des hugenottischen Königs machte aber alle seine Pläne und Hoffnungen zunichte, und um 1610 starb er verarmt in Paris. Nach Aufhebung des Edikts von Nantes, das den Hugenotten Gleichberechtigung mit den Katholiken gewährt hatte, flüchteten die protestantischen Wirker samt ihren Werkzeugen unter anderem nach Deutschland und führten dort die Wirkerei ein.

Man wird bei jedem Handwerk und Gewerbe finden, daß derjenige, welcher so mäßig arbeitet, daß er beständig arbeiten kann, nicht nur seine Gesundheit am längsten behält, sondern auch das Jahr über wirklich die größte Quantität Arbeit liefert.

Adam Smith

Theriakkrämer stellten ein (im Mittelalter) beliebtes Universalheilmittel von musartiger Beschaffenheit her, das aus verschiedenen, angeblich giftwiderstehenden Arzneien bestand, die feingepulvert und dann mit Tamarindenmus, Pflaumenmus, Honig oder Zuckerlösung zu einer Latwerge (lat. electuarium = Arzneibrei) angerührt wurden. Noch 1941 verrät die *Pharmacopoea germanica*, das *Deutsche Arzneibuch*, für den Theriak die Bestandteile: Opium, Xereswein, Angelikawurzel, Schlangenwurzel, Baldrian, Ceylonzimt, Meerzwiebel, Zitwerwurzel, Malabar-Kardamom, Myrrhe, Eisensulfat und gereinigter Honig. Angepriesen wurde das schwarzbraune, würzig riechende Mittel als »eine herrliche Artzney, und Schweißtreibend Mittel, wider allen Gifft, und gifftige ansteckende Kranckheiten; ist sonderlich gut wider gifftiger Thiere Bisse, Gehirn-Beschwerungen, Convulsiones, Blehungen, Magen-Beschwerungen, und üble Dauung; äuser- und innerlich.« Paracelsus lehnte diese Art von Medizin, die auch öffentlich auf dem Marktplatz gemixt wurde, ab, und auch Goethe scheint seine Zweifel gehabt zu haben: »Schlangengift und Theriak muß ihm das eine wie das andre scheinen« (nach J. und W. Grimm).

~

TUCHMACHER (auch Wollweber, Wollner, Tucher) verarbeiteten gesponnene, gezwirnte und fallweise schon gefärbte Schafwolle auf Webstühlen zu Wolltuchen. Tuche, die aus gefärbter Wolle gewebt waren, besaßen einen höheren Wert als im ganzen eingefärbte Stücke. In Deutschland, wo (außer in Friesland) bis zur Mitte des 13. Jahrhunderts fast nur leinene Kleidung getragen wurde, hat sich die Verarbeitung der Wolle erst seitdem, aber dann sehr schnell eingebürgert, und viele Städte sind durch die Produktion von Wolltuchen und Leinwand (→ Leinenweber) reich und bedeutend geworden.

Dem eigentlichen Weben ging das Zurichten voraus, worunter man die Vorbereitung der Kette (Zettel, Weft, Schweif, Auszug) verstand. Die Kettfäden mußten zunächst einzeln gespult werden, damit man einen gereinigten, ausgebesserten und zusammenhängenden Faden von beliebiger Länge erhielt. Um rauhe Kettfäden zu glätten und schwach gedrehte Garne zu festigen, tränkte man sie mit Leim oder einer Mischung aus Kleister und Leim, was Schlichten hieß. Schließlich wurden die Kettfäden auf einer breiten Walze, dem Kettbaum, aufgewickelt (aufgebäumt) und ins Geschirr (Schäfte und Kamm) eingezogen. Die Vorbereitung des Schusses (Einschuß, Einschlag, Eintrag) war viel einfacher, weil das meist lockerere und dickere Schußgarn vielfach schon gebrauchsfertig von den Spinnern oder Garnhändlern (Kauderer) geliefert wurde und nur noch angefeuchtet (gedämpft) werden mußte. Beim Weben am Trittwebstuhl, der im frühen Mittelalter aufkam, wurden die Schäfte durch Tritthebel abwechselnd gesenkt und gehoben; dadurch bildeten die Kettfäden ein Fach, durch das der Schützen (Weberschiffchen) mit dem Schußfaden geworfen wurde. Nach dem Eintrag wurde der Schußfaden durch die pendelnd aufgehängte Lade mit dem Webblatt (Kamm), einem rechteckigen Rahmen mit senkrechten elastischen Stahlstäbchen zur Führung der Kettfäden, an das bereits fertige Gewebe angeschlagen. Sodann wurde die Stellung der Schäfte gewechselt (umgetreten), ein neuer Schuß eingetragen und angeschlagen. Wollstoffe wurden meist in Leinwandbindung (mit zwei Schäften) oder in Köperbindung (mit drei oder vier Schäften) gewebt.

Das Wollgewerbe Mitteleuropas stand immer im Schatten der nordwesteuropäischen Tuchproduzenten, die vor allem durch die klimatisch begünstigte Schafzucht eine ideale Rohstoffbasis besaßen. Besonders die sich in England und in den Niederlanden entwickelnde Zeugweberei machte der deutschen Tuchproduktion, die in Köln konzentriert war, Konkurrenz. Als Zeug wurde meistens ein leichtes Wollgewebe bezeichnet, das in der Regel aus Kammgarn hergestellt wurde und billiger war als Tuch. Mechanisierung (1787 gelang dem Engländer Cartwright die Konstruktion eines mechanischen Webstuhls), Verlagswesen (von zünftigen Bindungen unabhängige Produktion) und Manufaktur führten zum Niedergang der handwerklichen Tuchmacherei.

~

TURMWÄCHTER (auch Türmer) standen vielfach im Ruf der Zauberei und Unehrlichkeit,»weil«, so wurde vermutet,»sie ursprünglich oft als schuldbeladene Verfolgte das Asylrecht des Kirchturms in Anspruch genommen haben mögen, teils weil sie in ihrer hohen Einsamkeit zu Sonderlingen wurden«. Ein anderer Grund, warum der blasende Wächter einer Gemeinde als unehrlich galt, mag gewesen sein, daß die Beaufsichtigung fester Türme mitunter den Scharfrichtern übertragen wurde, die den Dienst durch ihre Knechte verrichten ließen. Beide gehörten verachteten Berufsständen an. Recht oft wurden im hohen Mittelalter auch fahrende Spielleute von den Städten als Turmbläser engagiert, und viele von ihnen entschieden sich, als Stadttürmer wie auch als Musiker, Instrumentenmacher, Pfeifer und Trommler seßhaft zu werden. Die Görlitzer Turmwächter des 14. Jahrhunderts beispielsweise waren schon festangestellte Beamte der Stadt und wurden bleser, trometer, bosuner genannt. Hier und da taucht auch die Bezeichnung »Haustaube« auf, wahrscheinlich wegen der hochgelegenen Turmstube des Stadttürmers. Unergründbar bleibt, warum die Unehrlichkeit der Fahrenden dem ansässig und bürgerlich gewordenen Türmer und seinen Nachkommen noch eine gewisse Zeit anhaftete.

Das »Abblasen« der Stunden wie das Trompetenblasen überhaupt war den Türmern zunächst nur von ihren Kirch- und Ratstürmen erlaubt. Keinesfalls durften sie bei»ehrlichen« Hochzeiten, Kindstaufen und Gelagen mit ihren Hörnern und Zugtrompeten aufspielen. In den kaiserlichen Privilegien für Heertrompeter und Heerpauker des 17. Jahrhunderts wird diesen der Verlust der »Kunst«, das hieß des Privilegs, angedroht, wenn sie mit den Gauklern, Haustauben, Türmern oder bei den Glückshäfen und dergleichen Festivitäten gemeinsam bliesen.

Turmwächter und ihre Sturmtüter (Adjunkte der Türmer) mußten Tag und Nacht auf der Hut sein, um ausbrechende Brände und aufziehende Gewitter rechtzeitig anzuzeigen sowie die Ankunft stadtfremder Personen zu melden.

Je mehr der Mensch die Arbeit der Jahrhunderte, die Arbeitsleistung der Welt kennt, um so mehr ist er Mensch.

MAXIM GORKI

UHRMACHER; an der Wende zum 14. Jahrhundert wurden die räderlosen Sonnen-, Stern-, Wasser-, Öl- und Sanduhren von gewichtgetriebenen, mechanisch regulierten Uhrwerken (Hemmungsuhren) verdrängt, die rasch und in wachsender Zahl in die Städte Einzug hielten. Vor allem als Kirchturm- oder Rathausuhren trugen sie wahrscheinlich tiefgreifender zur »Rationalisierung des gesellschaftlichen Lebens« bei als jedes früher oder später erfundene Meßinstrument. Fortan mußte die Zeit nicht mehr »subjektiv« empfunden werden, sondern unterlag dem Diktat eines stetig vorrückenden Uhrzeigers und eines in vierundzwanzig gleich lange Stunden eingeteilten Tages. Die Hersteller der Uhrmechanismen waren vorwiegend Schmiede, Schlosser, Glockengießer und Orgelbauer, die sich nach und nach spezialisierten und als horologiarius oder artifex horologiorum auftraten. Daraus entstanden im deutschen Sprachraum die Bezeichnungen »ormeister«, »urleimacher«, »orglockener«, »zitgloggener« oder »seigerschmied« (für Großuhrmacher, die zuerst 1341 im ältesten Stralsunder Bürgerbuch erwähnt werden).

»Die Uhr war aber nicht nur Symbol«, schrieb Ulrich Troitzsch im Kapitel »Technik und Naturwissenschaft« (*Propyläen Technikgeschichte*, 3. Band), »sondern auch Inkarnation der Technik schlechthin, und in keinem anderen Bereich finden sich bis zu Beginn des 17. Jahrhunderts so viele Verbesserungsinnovationen wie gerade bei den Uhren. Doch es gab auch einen entscheidenden qualitativen Sprung, der diese Entwicklung beschleunigte. Kurz nach 1500 war neben den Gewichtsantrieb der Antrieb durch eine Stahlfeder getreten, was zur Entwicklung von kleinen Tisch- und vor allem von Taschenuhren geführt hatte. Anders als bei der Großtechnik, wo Reibung und unzureichende Materialfestigkeit mancher guten technischen Idee von vornherein einen Riegel vorschoben, konnten die Uhrmacher ihre Phantasien in konkrete Technik umsetzen. Und immer wieder, nicht nur von Karl Marx, ist darauf verwiesen worden, daß man den Formenschatz des industriellen Maschinenbaus en miniature im Uhrenbau grundgelegt hat. Besonders der Zeitraum zwischen 1550 und 1650 gilt als erste große Blütezeit der Uhrmacherkunst, wobei man sich fragt, was mehr zu bewundern ist: die technische Raffinesse mancher Erzeugnisse oder ihre künstlerische Gestaltung. In jener Epoche wurde die Uhr zum Statussymbol besitzender Schichten, die bereit waren, für besonders komplizierte Gebilde, die neben der Zeitangabe noch allerlei andere Funktionen ausführten, viel Geld zu bezahlen, was wiederum zu technischen Neuerungen anregte.«

Der Aufschwung der Uhrmacherei in England und der Schweiz wäre ohne die in Frankreich bis ins 17. Jahrhundert religiös verfolgten und emigrierten Hugenotten undenkbar. Friedrich II. ließ zum Beispiel nach Genf geflüchtete Hugenotten 1765 als Unternehmer und Facharbeiter nach Preußen anwerben, um die Herstellung von Taschenuhren fabrikmäßig zu organisieren.

Jost Bürgi, dem Hofuhrmacher des Landgrafen Wilhelm IV. von Hessen, gelang es zwar, die Ganggenauigkeit von Räderuhren entscheidend zu verbessern, doch erst die 1657 vom niederländischen Physiker Christiaan Huygens konstruierte Pendeluhr erreichte eine Gangabweichung von nur zehn bis fünfzehn Sekunden pro Tag. Mit der Pendeluhr war nun eines der wichtigsten Meßinstrumente für wissenschaftliche Zwecke geschaffen, allerdings mit einem großen Nachteil: Sie war auf schwankendem Schiffsboden nicht brauchbar. Fast zwanzig Jahre später gelang Huygens neuerlich eine grandiose Verbesserung in Form der schwingenden Spiralfeder-Unruh, die bald die Spindel-

**Uhrmacherwerkstatt in Saint-Étienne.
Photographie, um 1910**

hemmung in Kleinuhren ersetzte. Doch bis zur Entwicklung des ersten – von den seefahrenden Nationen für eine exaktere Längenbestimmung herbeigesehnten Chronometers sollten noch einige Jahrzehnte vergehen. Das englische Parlament ernannte 1714 ein »Board of Longitude« und setzte die enorme Summe von 20000 Pfund Sterling für eine Navigationsuhr aus, die eine Abweichung von höchstens 0,5 Grad Länge, das heißt dreißig Seemeilen, auf der Reise von England nach Westindien gewährleistete. Nach fast vierzigjähriger hartnäckiger Arbeit gelang dem englischen Mechaniker John Harrison schließlich der Bau eines solchen Chronometers, einer etwas größeren Taschenuhr mit einem Durchmesser von etwa dreizehn Zentimetern, der diese Kriterien nicht nur erfüllte, sondern sogar übertraf. Trotzdem mußte er bis 1773, kurz vor seinem Tod, gegen Intrigen und Verleumdungen seiner Rivalen kämpfen, um endlich das ihm zustehende volle Preisgeld zu erhalten.

Allmählich breitete sich der einfach gestaltete Zeitmesser, dessen

Herz – die Unruhwelle – immerhin 691 200mal am Tag hin und her pulsierte, im Bürgertum aus und begann, Alltag und Arbeitswelt zu bestimmen. Die große Nachfrage nach Uhren förderte die Arbeitsteilung, so daß nun die Gehäuse vom Uhrgehäusemacher, die Federn vom Uhrfedermacher, die Zahnräder vom Uhrrädermacher und die Zifferblätter vom Zifferblattstecher gefertigt wurden. Lediglich das Zusammensetzen erfolgte in einem zentralen Uhrmacherbetrieb oder einer Manufaktur.

Von zwei Uhren dieses Jahrhunderts soll hier noch die Rede sein, die unbestritten zur Legende wurden. 1930 klagten einige britische Kolonialoffiziere dem vom Handel mit Goldzähnen auf den Verkauf von Uhren umgestiegenen César de Trey ihr Leid, ihre Armbanduhren seien den harten Attacken beim Polo-Spiel oft nicht gewachsen. Der Handelsmann de Trey reiste zum »Nabel der Uhrenwelt«, ins Vallée de Joux im Schweizer Jura, und schilderte einem Meister der exquisiten Uhrenmanufaktur Jaeger-LeCoultre dieses Problem. Resultat dieser Verhandlung war 1931 die »Reverso«, jene hochkarätige Armbanduhr »mit den zwei Gesichtern« im Stil des Art déco, deren Gehäuse erstmals aus Edelstahl in Verbindung mit Saphirglas und drehbar war. Auf eine mit dem Armband aus Straußenleder verbundene massive Grundplatte wurde das Uhrgehäuse so angebracht, daß man es um 180 Grad wenden und damit Glas und Zifferblatt schützen konnte. Und die komplizierteste und teuerste Armbanduhr der Welt, die »Grande Complication« aus Platin mit schwarzem Alligatorlederarmband der International Watch Company aus Schaffhausen, bei der auf kleinstem Raum 659 einzeln angefertigte mechanische Teile zusammenarbeiten, wird nur in einer limitierten Auflage von jährlich fünfzig Stück hergestellt, was die Uhr zu einem begehrten Sammlerobjekt macht.

*Was kunstvoll ist, erfordert Fleiß, Mühe und Arbeit,
bis es aufgefaßt und erlernt ist.*

ALBRECHT DÜRER

VOGELFÄNGER (auch Vogelsteller, Vogler) betrieben das Einfangen von Schmuck-, Sing- und Speisevögeln, das bereits von den Römern geübt wurde. »Täuscht den Vogel doch nicht mit leimbestrichener Rute!«, heißt es in Ovids Fünfzehntem Buch (474), und solche Ruten (virga) gehörten zur Ausrüstung des Vogelfängers. Als Vogelleim benützte man einen klebrigen Stoff, den man durch Auspressen der Mistelbeeren erhielt, mit dem die Reiser zuerst bestrichen und dann auf Sträucher und in die Erde ausgesteckt wurden. In der Nähe aufgestellte Käfige mit Lockvögeln sollten die Tiere ködern. »Finkenstich« hieß der Fang mit einem an langer Schnur gefesselten männlichen Vogel; diesem wurde zwischen die Flügel eine Federspule mit Leimrütchen gebunden, an denen der sich auf diesen Lockvogel stürzende Vogel hängenblieb. Unter Dupfen (Tupfen) verstand man den Fang mit einer langen, zusammensetzbaren Rohrstange (harundo) mit Leimrute, mit der wenig scheue Vögel, wie beispielsweise das Goldhähnchen, berührt wurden. Besonders zum Nachtigallfang bediente man sich der Schlaggarne, kleiner, auf der Erde angebrachter Fallen mit Mehlwürmern als Köder. Der Meisenkasten, ein viereckiges Kästchen aus Holz, konnte mit einem Sprunghölzchen, das das Schlupfloch verschloß, zur Falle werden. Der Vogelfang mit Netzen wurde früher auch in Deutschland im großen betrieben, indem man zum

Beispiel die Vögel abends in große Netzwände trieb oder sie durch Lock-vögel in netzartige Fangvorrichtungen (Vogelherd, Reuse, Finkenherd) lockte.

Wo immer die Kunst blühte, ruhte sie auf dem fruchtbaren Boden des Handwerks.

Friedrich Theodor von Vischer

Wachszieher (auch Wachszelter, Wachskerzler) beschäftigten sich mit der Verfertigung von nicht qualmenden Kerzen, Wachsstöcken und Fackeln oder Windlichtern aus Bienenwachs, ein ehemals außerordentlich einträgliches Gewerbe, in dem, entgegen den damaligen Gepflogenheiten, viele Frauen tätig waren. Bei den Frankfurter Lichtermachern waren bis 1429 sogar mehr Frauen als Männer vertreten. An vielen Orten waren die Wachszieher mit den → Lebzeltern und → Metsiedern in einer Zunft verbunden.

Kerzen wurden gezogen, indem man einen langen Dochtfaden mittels zweier großer Holztrommeln in wechselnder Richtung durch gebleichtes, zähflüssiges Wachs zog. Oder man goß das geschmolzene Wachs mit einer Gießpfanne so lange über die auf einer drehbaren Scheibe hängenden Dochtfäden, bis der gewünschte Kerzendurchmesser erreicht war. Die sehr langen und dicken Altarkerzen wurden weder gezogen noch gegossen, sondern das in warmem Wasser erweichte und auf einem Tisch unter einer Mangel bearbeitete Wachs mit der Hand um den Docht geknetet. Wachsfackeln erhielten einen Docht von gesponnenem Werg, der in geschmolzenes Pech getaucht und hernach mit Wachs überzogen wurde.

Die ersten Kerzen unserer Art scheinen zur Zeit der Christenverfolgungen aufgekommen zu sein. Der antike Schriftsteller Lucius Apuleius unterschied Ende des 2. Jahrhunderts schon Wachs- und Talgkerzen (→ Seifensieder). Wachskerzen waren im 14. Jahrhundert an Fürstenhöfen immer noch recht sparsam in Verwendung, hingegen dehnte die katholische Kirche ihren Gebrauch außerordentlich aus, und erst im 17. Jahrhundert trieben die Höfe mit ihnen großartigen Luxus. Zu den eindrucksvollsten Licht- und Feuerfesten gehörten die Osterprozessionen der mächtigen spanischen Bruderschaft »Zur Allerheiligsten Auferstehung« in Rom, die im Dunkel des frühen Morgens des »Sabato Santo« die Piazza Navona füllten und mit Tausenden Kerzen und Fackeln illuminierten.

Um 1825 gelang es dem französischen Chemiker Eugène Chevreul, Kerzen aus Stearinsäure, die im tierischen Fett (Talg) enthalten ist, herzustellen, die der Qualität von Wachskerzen entsprachen, aber billiger waren, und 1837 stellte Ernest Sellique, ebenfalls in Paris, Paraffinkerzen aus bituminösen Schiefern her.

~

WÄSCHERMÄDEL stellten im Vormärz und noch bis in die Mitte der sechziger Jahre des 19. Jahrhunderts einen ausgesprochenen Wiener Typus dar, bemerkte Vincenz Chiavacci in seinen *Skizzen aus dem Wiener Volksleben* und fügte hinzu: »Die Hantierung mit dem Seifenschaum scheint auch eine regenerirende Kraft auf Herz und Gemüth, sowie auf das körperliche Wohlbefinden auszuüben. Woher kämen sonst die vielen drallen, kerngesunden Mädchengestalten mit dem lauten ›Hamur‹ und dem geschliffenen ›Göscherl‹? Wenn diese schaumentstiegenen ›Venussinnen‹ mit der Butte voll schneeweißer, schön geplätteter Waare durch die Straßen steigen, mit blitzenden Augen, das kastanienbraune Haar mit kecken ›Sechsern‹ geziert, das knappe Röckchen bis unter die Kniee, das tadellose Bein mit einem netten Chaussure bekleidet; da sieht man es ihrem ganzen Gehaben an, daß sie sich ihres Werthes bewußt sind, und die kecken Blicke der jungen Herrenwelt werden von ihnen mit trotzigem, kampfbereitem Lächeln parirt. Wehe dem Verwegenen, der ein freches Wörtlein, eine kühne Zudringlichkeit wagt; eine Fluth von ausgesuchten Kosenamen, die

»Wäschermad'l«. Photographie, um 1873

in keinem Lexikon zu finden sind, ist sein Lohn; jedes Wort ein englisches Federmesser.«

Das verklärte Bild von der feschen und reschen »Venus« hat Reingard Witzmann im Ausstellungskatalog Alt-Wien, herausgegeben vom Wien Museum, gehörig zurechtgerückt:»In den Feuilletons«, schrieb sie, »galt seit der Biedermeierzeit der ›Typ‹ des ›Wiener Wäschermädls‹ als Inbegriff von Natürlichkeit, Lebenslust und Schlagfertigkeit. In Wirklichkeit gehörten die Wäscherinnen einem der vielen aussterbenden Gewerbe an, die im wachsenden großstädtischen Getriebe nicht mehr konkurrenzfähig waren. Sie lebten und arbeiteten unter schwersten und elenden Bedingungen in den sogenannten ›Waschburgen‹, die in der Nähe der Flüsse Wien oder Als lagen. Zusammengepfercht in einer Art ›Kolonie‹, formierten die Wäscherinnen allerdings eine eigenständige kulturelle Identität, die besonders in Gesang, Tanz und Witz zur Geltung kam. Dieses Festhalten der Frauen an ihrer unverwechselbar künstlerischen Ausdrucksweise war Teil ihrer Überlebensstrategie und half, die extremen körperlichen Belastungen zu ertragen, denen sie bei jedem Wetter ausgesetzt waren.«

~

WAGNER (auch Stellmacher) stellten die Holzarbeiten an Wagen für die Güter- und Personenbeförderung sowie an Ackergeräten her und waren früher als Gestell- und als Radmacher getrennt. In der Landwirtschaft verwendete man relativ leicht gebaute Karren sowie Leiter- und Kastenwagen, während die im Ferntransport eingesetzten Frachtwagen größer und schwerer waren. Betrug die Ladung zu Beginn des 17. Jahrhunderts im Durchschnitt bei vier bis sechs Pferden etwa vier Tonnen, so beförderte man im 18. Jahrhundert beispielsweise in England auf guten, ebenen Straßen schon etwa acht Tonnen, allerdings mit bis zu zwölf Zugpferden. Die Grundkonstruktion der Lastfuhrwerke – ein Langbaum, der Vorder- und Hinterachse verband – blieb über Jahrhunderte fast unverändert, und erst die Einführung eiserner Schmierachsen im 19. Jahrhundert belebte die Entwicklung.

Im Mittelalter galt das Reisen mit dem Wagen als unmännlich und war ausschließlich adeligen Frauen, Kindern, Alten, Gebrechlichen und hochgestellten Geistlichen vorbehalten. Noch 1588 untersagte der Herzog von Braunschweig seinem Adel das »Gutschenfahren«, da es zur Verweichlichung führe. Doch die rasche Verbreitung des Kutschwagens als Fahrzeug für den Adel und schließlich auch für das Bürgertum ließ sich trotz Verboten nicht aufhalten.

Seit dem späten Mittelalter benützte man für die Personen- und Warenbeförderung den sogenannten Kübelwagen, bei dem ein Kobel (Verschlag) auf den Wagenboden aufgesetzt war, der keinen Schutz gegen Erschütterungen bot. Die Aufhängung des Wagenkastens mittels Ketten, Seilen oder Lederriemen an Vorder- und Hintergestell war ein erster Schritt, dem Bedürfnis nach größerer Bequemlichkeit nachzukommen. Im Jahr 1457 gelangte als Geschenk unter Königen ein leicht gebauter, leicht zu lenkender und mit Riemen abgefederter Wagen nach Paris, der in dem ungarischen Dorf Kocs bei Raab (Györ) angefertigt worden war. Alsbald bezeichnete man ähnliche Fahrzeuge nach dem Herkunftsort als Gotschiwagen, Coach, Coche oder Kutsche.

Im späten 17. Jahrhundert tauchte ein neuer Wagentyp auf, der von einem italienischen Wagenbauer in Berlin entwickelt worden sein soll und der das eigentliche Zeitalter der Kutsche als Verkehrsmittel einleitete: die Berline. Der Wagenkasten hing nicht mehr an Lederriemen zwischen hohen Gestellbrücken, sondern ruhte mit seiner Unterseite auf Riemen, die an einem Querholz des Vordergestells fest verankert waren, am Hintergestell hingegen über Zahnwinden nachgespannt werden konnten. Die Berline war aufgrund ihrer Konstruktion recht beweglich und wurde in vielen Varianten gebaut. Vom anfänglichen Reisewagen wandelte sie sich mit der Zeit zum bevorzugten Stadtwagen. Ab der Mitte des 18. Jahrhunderts kam es zu beachtlichen Verbesserungen im Kutschenbau. Schmiedeeiserne Achsen ersetzten allmählich die bruchanfälligen hölzernen; bessere Stahlqualitäten führten zur Herstellung von widerstandsfähigen elastischen Blattfedern, die den Fahrkomfort um vieles erhöhten. Als die am meisten verwendete Feder kann die doppelte Druckfeder oder Quetschfeder (Elliptikfeder) angesehen werden, die zwischen Kasten und Radachsen die Stöße abfing. Bei Luxuswagen wurden auf diese Federung oft noch zusätzlich

Wagnerwerkstatt im Freilichtmuseum Neuhausen ob Eck

vier C-förmige Blattfedern aufgesetzt, an denen dann der Kasten hing und die durch einen Langbaum zusammengehalten wurden.

Die lebhafte Aufwärtsentwicklung im Wagenbau äußerte sich nicht nur im Entstehen von Kutschenmanufakturen, sondern auch in einer verwirrenden Typenvielfalt. Es gab, um nur einige zu nennen, zweirädrige Wagen, sogenannte Velocipede, und einachsige Fuhrwerke, die vor allem in Frankreich, England und Amerika gerne gefahren wurden, wie das Gig (Dog-cart), die Charette, den Basket (ein Korbwagen), den Tilbury und die Wagonette. Es gab vierrädrige Phaetons und Americainen mit abnehmbarem Verdeck, Kaleschen, Landauer und Landauletts, steifgedeckte Wagen wie die Berline, Omnibusse zur Beförderung mehrerer Personen, Gesellschafts- und Dressurwagen für Land- und Jagdpartien, Leichentransportwagen und Schlitten.

An der Herstellung von Wagen und Kutschen waren immer mehrere Handwerker unterschiedlicher Profession beteiligt. Die Arbeit des Wagners bestand darin, die Räder – die aus Naben, Speichen und Felgen zusammengesetzt wurden –, die Gestelle und die Wagenkästen aus gut getrockneten Hölzern anzufertigen. Das zähe und elastische Eschenholz eignete sich vorzüglich für Gestellteile, Naben und Speichen, ebenso Ulmen-, Eichen- und das amerikanische Hickoryholz. Für den Wagenkasten und die Radfelgen griff man gern zum Holz der Buche; Fichte, Tanne und Kiefer lieferten die zum Wagenbau nötigen Bretter und Verschalungen, und das Holz der Pappel, Linde und Weide wurde hauptsächlich zu Vertäfelungen benutzt.

Die Bearbeitung der einzelnen Bauteile sowie das Zusammenfügen derselben verlangten natürlich einige Geschicklichkeit, vor allem aber gutes und scharfes Werkzeug. Unentbehrlich war die Hobelbank zum Einspannen und Festhalten der Arbeitsstücke und der Radbock zum Eintreiben der Speichen in die Nabe. Ferner Sägen verschiedener Art, spezielle Hobel wie Stab-, Kehl-, Nut- und Falzhobel, Zugmesser mit gerader und gebogener Schneide, verschiedene Bohrer wie Schnecken-, Löffel- und Zentrumbohrer, die mit Hilfe der Drehleier oder der Bohrmaschine bewegt wurden, Stemmeisen, Schraubzwingen und Schmirgelriemen.

Die Achsen, Federn, Radreifen, Nabenringe, Schrauben, diverse Beschläge, das Schienen- und Stützenwerk und das Hemmzeug (Bremse) lieferte der → Grobschmied; Scharniere, Schlösser, Winkel, Fußtritte, Kotschirme, Bänder, Böcke und Laternenstützen kamen vom → Schlosser; der Sattler sorgte für die Draperie des Kutschbocks, für die »innere Garnierung« (Sitze und Lehnen), für das Verdeck aus lackiertem oder einfachem Leder, für den Bezug der Kotschirme mit Koppelleder und für das Riemenzeug; schließlich wurden Kasten und Gestelle vom Lackierer mit einem Anstrich versehen. Und im Katalog der renommierten Wagenbauer Dick & Kirschten aus Offenbach am Main wurde das Modell eines leichten, steifgedeckten Wagens dann so offeriert: »Zweisitziges Koupee. Blau lackiert. Der Kasten mit feinen, das Gestell mit breiten roten Strichen abgesetzt. Garnitur: Blauen Satin chagriné, feine rote Streifen in der Possamentrie, blauen Teppich mit roten Punkten (kleine Boukettchen). Blaue Stores. Vorn eine große Scheibe zum

Herablassen. Bock mit blauem Tuch. Plattierung: Silber. Mit C- und Druckfedersystem.«

~

WASSERSTIEFELSCHUSTER waren Schuhmacher, die sich neben der Erzeugung des herkömmlichen Schuhwerkes vor allem auf die Wasserstiefelerzeugung spezialisiert hatten. Wasserstiefel verwendeten Fischer, Wasserbau- und Schiffleute, Flößer und Schiffreiter, um die unteren Extremitäten vor den schädlichen Einflüssen des Wassers, vor Schnitt- und Stichverletzungen zu schützen und um sicher auftreten zu können. Wasserstiefel trugen die Arbeiter beim Bau der Adriabauten, des Wiener Kanalsystems, bei der Isonzoregulierung, und sie waren nicht nur das teuerste, schwerste und pflegebedürftigste, sondern auch das kunstvollste Arbeitsschuhwerk. Da nach Ansicht der Wasserstiefelschuster das Wasser mit seinem »feinen Kopf« fast überall durchfindet, konnte man es nur durch eine äußerst genaue Arbeit, bei der jeder Handgriff richtig sitzen mußte, daran hindern, in die Wasserstiefel einzudringen.

Die Wasserstiefeloberteile wurden aus sehr starkem, braunem Kuhleder, aus Kalbsleder, aus den gegerbten Häuten des Zebus oder Bukkelochsen (Kipsen), seltener aus rotbraunem Juchtenleder aus der Haut sibirischer Steppenrinder mit einem rasiermesserscharfen Kneip (Schärfmesser) schräg zugeschnitten. Aus einer gut gestellten Kuhhaut konnten nur die Oberteile eines einzigen Stollenstiefelpaares erzeugt werden. Für jene Bestandteile, die direkt dem Wasser ausgesetzt waren, wie die zwei Schaftröhren, die zwei Vorfüße und die zwei Stöße, wurde nur das Kernstück verwendet. Dieses Kernstück, das ungefähr die Hälfte der Gesamthautfläche einnahm, bestand aus Rücken, Schild und Kratze und besaß das gleichmäßigste Fasergefüge der ganzen Haut. Die Näharbeit, die durch das stark gefettete Leder noch zusätzlich erschwert wurde, war die anstrengendste Arbeit bei der Wasserstiefelerzeugung. Die Schaftröhre, der Vorfuß und der Stoß (Fersenteil) wurden mit Pechdrähten zusammengenäht, zu deren Herstellung man Schusterpech und flächsernes Schuhgarn benötigte. Das Schusterpech war eine schwarzbraune Masse, die durch Verkochen von Schwarzpech mit Holzteer, Wachs, Terpentin und Wasser hergestellt wurde. Der Schuhunterteil wurde nach der Holznagelmethode gearbeitet und bestand aus der Brandsohle, dem Einpappleder, dem Gelenkstück, den Sohlkedern, der Zwischensohle, der Laufsohle (dem Doppler) und dem Absatz. Beschlagen waren die Schuhböden zwecks Erhöhung des Abnützungs- und Reibungswiderstandes mit doppelflügeligen Scheanken um den Laufsohlen- und Absatzrand und mit Mausköpfen oder Pifflnägeln auf der gesamten Sohlenfläche. Zum Schluß wurde der Stiefeloberteil mit über Feuer flüssig gemachtem Spermazet (Walrat), Fischtran, Klauenschmalz, Wachs oder mit weißem Pech kräftig eingeschmiert.

Ein zügig arbeitender Wasserstiefelschuster benötigte für die Anfertigung eines Stiefelpaares drei Arbeitstage mit je zwölf bis vierzehn Stunden Arbeitszeit.

~

WEINZIERLE waren in den Weinbaugebieten ansässige Arbeitskräfte, die zum Teil über eigenen Weingartenbesitz verfügten und daneben unter Mithilfe von Hauerknechten die Weingärten der Stadtbürger, des Adels und Klerus und der nicht in den Weinbaugebieten wohnhaften Grundbesitzer gegen Lohn bearbeiteten und überwachten. Bisweilen werden sie auch als Hauer bezeichnet, obwohl nicht ganz klar ist, ob beide Bezeichnungen tatsächlich gleichbedeutend sind.

Die Bearbeitung eines Weingartens, insbesondere der Rebschnitt und der »Jat«, das Ausbrechen der überzähligen Triebe im Frühsommer, erforderte gewisse Kenntnisse, die bei den teils zugewanderten Hauerknechten vermißt wurden. Die Weingartenordnungen sind voll von Klagen über Schäden, die unerfahrene Arbeiter in den Weingärten anrichteten und für die die Weinzierle geradestehen mußten.

Die Bezeichnung entstand durch Germanisierung des lateinischen vinitor in das mittelhochdeutsche winzurl bzw. winczoril im Althochdeutschen.

~

WERKELMÄNNER gehörten zu den populärsten Wiener Volksfiguren, die auf einer fahrbaren oder tragbaren Drehorgel,»Werkel« genannt, beliebte Musikstücke zum besten gaben. Die ersten Werkelmänner waren invalide Kriegsveteranen aus der Theresianischen Zeit, die aus kaiserlicher Gnade die Lizenz des Berufes eines Bettelmusikanten bekamen. In den späteren Jahrzehnten hat auch der Magistrat solche Lizenzen anstatt einer Unterstützung an invalide Personen vergeben. Vincenz Chiavacci, eifriger Chronist des Wiener Vorstadtalltags, schrieb über die»Volks-Organisten«:»Der Nachmittag in unserem Vorstadthaus gehörte dem Werkelmann und den Hofsängern. Zuerst kam der Invalide mit dem einen Arm, mit dem er die Orgel drehte. Sein Begleiter war ein sehr höflicher Mann, der unablässig grüßend die Kappe schwang, sein ›Habe die Ehre‹ in jedes offene Fenster hineinbrüllte und dazwischen ›danke ergebenst‹ schrie, wenn die Kreuzer herausgeflogen kamen. Inzwischen war es in den Küchen, im Hof und auf den Gängen lebendig geworden. Die Mädchen, von der Tanzwut erfaßt, umschlangen einander und waren eine Viertelstunde selig. Dann kam der wällische Werkelmann; der spielte schmachtende Opernarien; das war wieder fürs Gemüt. Dann kam wieder einer mit Werkel und Tschinellen und einem Affen, der in rotem Röckchen auf dem Werkel tanzte und allerlei Kunststücke ausführte. Viele behaupteten, die Werkelpest gehöre zu den schlimmsten Heimsuchungen, die der ägyptische Josef gewiß seinem Pharao zugedacht hätte, wenn sie damals schon erfunden gewesen wäre. Die anderen aber meinten, diese Hauskonzerte seien für sie eine angenehme Zerstreuung und ein lieblicher Ohrenschmaus.«

~

WILDSCHÜTZEN (auch Wilderer) können als soziale Rebellen und Symbolfiguren des Widerstands gegen landes- und grundherrliche Machtausübung angesehen werden. Als »ein privilegiertes Betätigungsfeld gehässiger Klassengesetzgebung« hat einmal der Geschichtsschreiber der deutschen Rechtswissenschaft, Ernst Landsberg, den Wilddiebstahl bezeichnet. Für Gegner und Verfolger ist der Wilderer, wie Ludwig Fuchs in seinem Buch *Die Bekämpfung der Wilddiebe* (1936)

Werkelmann. Photographie, 1873/75

schrieb, »für gewöhnlich ein Mensch, der die Jagd ausübt, ohne hiezu eine Berechtigung zu haben. Der Wilderer wird in manchen Gegenden auch Raubschütz, Schwarzschütz oder Schwarzgeher genannt. Der Jäger nennt ihn kurz und treffend Lump.« Die Germanen konnten im Fangen von Wild kein Unrecht sehen. Sie ernährten und kleideten sich von dem, was ihnen die freie Wildbahn bot. Erst mit der Anerkennung des Privateigentums einerseits, wonach jedem Grundeigentümer auf seinem Gut die Jagd als Teil seiner grundherrlichen Rechte zukam, und mit dem Entstehen der königlichen Bannforste andererseits verloren die jeweiligen Gemeindemitglieder das Recht zu jagen, taten sie es trotzdem, wurden sie strafrechtlich verfolgt. Wilddieben wurden die Augen ausgestochen, die Hände und Finger abgehauen, die Ohren abgeschnitten, und wenn sie zu Zwangsarbeit verurteilt waren, so verschärfte man die Strafe dadurch, daß sie »in Eisen und Banden« mit einem am Kopf festgebundenen Hirschgeweih schuften mußten. In ihrem Eifer und Haß ließen die Landesherren häufig auch ungesetzliche Strafen vollstrecken. So soll Herzog Moritz von Sachsen befohlen haben, einen Wilddieb in das Geweih eines lebendigen Hirsches zu binden und das verängstigte Tier dann mit Hunden durch den Wald zu hetzen, damit dieser unselige Mensch von den Bäumen und Hecken zerfetzt wurde.

Statt selbst jagen zu dürfen, wurde die bäuerliche Bevölkerung gezwungen, Fronarbeiten bei adligen Jagdpartien zu leisten. Aus den Memoiren des Baron von Wimpfen, eines Höflings des Herzogs Karl Eugen von Württemberg, erfährt man, daß die Bauern für ein Jagdvergnügen nicht weniger als sechstausend Hirsche zum Jagdschloß Solitude zusammentreiben mußten. Genau 21 584 Männer und Knaben mit zusammen 3237 Pferden waren damit wochenlang beschäftigt. Sie erhielten keinen Lohn, mußten sich sogar selbst verkostigen und mit der Bewachung des zusammengetriebenen Wildes ihre Zeit vergeuden.

Der verzweifelte Kampf der Bauern gegen die Tyrannei und den Wildschaden rief schließlich die Wilddiebstahlsbanden mit politischem Hintergrund auf den Plan, die sich als Vorkämpfer der Unterdrückten ansahen und für sich die Entschuldigung rechtmäßigen Handelns in

Anspruch nahmen. Keine dieser Banden ist bekannter geworden als die des Matthäus Klostermaier, der als Bayerischer Hiasl in die Geschichte eingegangen ist und der am 6. September 1771 in Dillingen an der Donau unter dem Jubel der Jägerschaft hingerichtet wurde. Zuerst erdrosselte man ihn, dann wurden seine Glieder mit dem Rad gebrochen; schließlich schlug der Henker Klostermaiers Kopf ab und zerteilte den Körper in vier Stücke.

Das Wildern besitzt also eine lange historische Entwicklung und Tradition, die eng mit der Existenz des bäuerlichen Menschen, besonders mit den Gebirglern, verbunden war und etwa bis in die fünfziger Jahre des vergangenen Jahrhunderts gepflegt wurde. Mit der Überlegung, daß alle Menschen ein Recht an der Jagd hätten, rechtfertigte der Wildschütz sein rechtswidriges Handeln. Auf dieses »ererbte Jagdrecht« bezog sich Anton Schlossar, der Autor des 1879 veröffentlichten Werkes *Österreichische Cultur- und Literaturbilder*, in dem er feststellte: »Der Wildschütz recrutiert sich aus der ganzen männlichen Bevölkerung der Gegend, mit Ausnahme natürlich des berechtigten Jägers, er betrachtet es als eine Verhöhnung der ihm von Gott gegebenen Rechte, daß es verboten sein soll, ›Gamserl‹ zu schießen, und gerade für diese so gefährliche Jagd ist er am meisten eingenommen, und sie pflegt er eigentlich wie der Jäger ununterbrochen, jeder Gang zum ›Dirndl‹ auf die Alm bietet Gelegenheit, offen oder verborgen den Stutzen mitzunehmen, und nicht selten bringt er bei der Rückkunft einen feisten Gamsbock mit, unbekümmert um alle Paragraphen des Strafgesetzes, deren Bestimmungen er nur als eine Entehrung seiner Würde sieht.« Neben dem »ererbten Recht« und der Genugtuung, das herrschaftliche Jagdmonopol zu durchbrechen, war es aber immer wieder die Not und Armut der Bevölkerung, weniger die Jagdleidenschaft, die zum Wildern verführte. Außerdem verschaffte es Ansehen innerhalb der Gemeinschaft junger Männer im Dorf und war ein Beweis für Mut, Unerschrockenheit und Schläue. Der Wildschütz mußte sein »Revier« außerordentlich gut kennen, die geheimen Pfade und Schlupfwinkel, und im Alpenland ein geübter Bergsteiger sein.

Geschah es, daß ein Wilderer von einem Jäger oder Gendarmen ertappt und erschossen wurde, gestaltete sich das nachfolgende Begräbnis meist zu einer Demonstration der Solidarität mit dem Toten. Man trug zum Trotz die Symbole der Jägerschaft, wie den Gamsbart am Hut, warf einen frischen »Bruch«, das grüne Tannenzweiglein, auf den Sarg, und nicht selten schworen die Angehörigen noch am offenen Grab blutige Rache. Die Wirklichkeit des Kampfes Jäger gegen Wildschütz und umgekehrt, die bisweilen recht brutal war, wurde in unzähligen Bänden der Trivialliteratur idealisierend beschrieben, und auch der Heimatfilm nahm sich oft und gerne dieses Themas an.

~

WOLLSCHLÄGER reinigten und lockerten die Wolle durch Schlagen mit dem Wollbogen, um die zusammenhängenden Fasern zu trennen und mehr zu verteilen. Zum Teil übernahmen sie (in Straßburg und Speyer) auch die nachfolgende Bearbeitung: Die Wolle wurde gleichmäßig geölt (geschmälzt), damit sie für das Spinnen weich und geschmeidig wurde, und dann mit dem Wollkamm (Krempel) gekämmt, gestrichen oder kardätscht.

Das Gesetz der Arbeit scheint äußerst ungerecht – aber es ist da, und niemand kann es ändern: Je mehr Vergnügen du an deiner Arbeit hast, desto besser wird sie bezahlt.

Mark Twain

Zeltmacher stellten Zelte her, jenes leichte Obdach aus Fellen, Filzen, später aus wasserdichter Zeltleinwand, das über ein Gerüst von Holz- oder Eisenstäben gezogen und mit Leinen und Pflöcken (Heringen) befestigt und gespannt wurde. In Zedlers Universal-Lexikon (1732 ff.) werden vier Gattungen von Zelten genannt: das Tentorium hortensis für Garten und Feld, das T. theatralis für Schauspielaufführungen im Freien, das T. militaris für Offiziere und Soldaten im Feld und das T. festivalis, das Festzelt. Auch Planen oder Plachen aus Leinen-, Hanf- oder Jutegeweben für Planwagen und zum Abdecken von Gütern und Zug- und Tragtieren gab es. Sie waren an manchen Stellen zum Schutz gegen Durchscheuern mit Leder besetzt und zum Befestigen mit Ösen versehen.

~

Zeug- und Zirkelschmiede waren auf vielen Gebieten der feinen Schmiedearbeit und Metallbearbeitung bewandert und stellten Werkzeuge aus Stahl, vor allem Bohrer, Sägen, Zangen, Hämmer, Hobeleisen, Meißel, Durchschläge, Schraubstöcke, Feilkloben, Schraubenschlüssel, Beile, Nagelzieher, Scheren, Brecheisen, Greifhaken (zum Lasttransport), Türheber (zum Ein- und Ausheben schwerer Türen), Flaschenzüge, Schraubenspindeln, ja selbst einige Haus- und Küchengeräte, wie Bügeleisen, Untersätze, Waffeleisen und mathematische, astronomische und chirurgische Instrumente her. Die Vielzahl und Verschiedenartigkeit der Erzeugnisse drückte sich auch in den örtlich unterschiedlichen Bezeichnungen wie Neberschmied (von Näbiger, Näber, Neber = Nabenbohrer), Bohrer-, Sägen- oder Zangenschmied aus, die aber lediglich auf eine Spezialisierung innerhalb des Berufsstandes hinwiesen.

Die Tätigkeit der Zeug- und/oder Zirkelschmiede bestand im wesentlichen aus der Schmiedearbeit (teilweise im Gesenk), die hier weniger Kraft als Geschicklichkeit verlangte, der mechanischen Bearbeitung (durch Feilen, Schaben, Stanzen, Bohren) und dem Härten (in Regenwasser, Unschlitt, Öl oder Luft). Zuletzt wurde die Oberfläche des Werkstückes am Schleifstein blank gemacht, feinere Werkzeuge und Instrumente mit Schmirgel und Ölstein poliert und durch Anlaufenlassen blau oder durch Lackieren mit Öl oder geschmolzenem Blei und Antimon schwarz gefärbt. Es bestand auch häufig das Bedürfnis, die Werkzeuge durch Ätzen, Eisenschnitt, Gravur oder durch Tauschieren mit Ornamenten zu verzieren. Zur Bedienung zahlreicher Werkzeuge waren Handgriffe, Handhaben, Stiele und Kurbeln notwendig, die aus Zwetschgen-, Birnbaum-, Buchen- und Buchsholz und sogar aus Elfenbein waren.

Im 16. Jahrhundert florierte in Nürnberg und in anderen Städten das Gewerbe der Zirkelschmiede, die mit technischer Raffinesse und künstlerischem Feingefühl mathematische Instrumente wie Zirkel, Setzwaagen, Anlegewinkel, Meßstangen (beispielsweise den Jakobstab für die Winkelmessung), Lochvisiere, Quadranten, Astrolabien, aber auch ärztliche Werkzeuge wie Trepane (Kurbelbohrer), Scheidenspiegel, Stein- und Pillenzangen, Pinzetten und Salbenspateln herstellten.

Herausragende Niederlassungen der Zeug- und Zirkelschmiede bestanden, wie schon erwähnt, in Nürnberg mit seinen bekanntesten »inventiösen« Meistern Hans Lobsinger, Hans Hautsch und den Brüdern Danner, ferner in Schmalkalden, Frankfurt am Main, Augsburg, Köln sowie in Österreich in Steyr und Waidhofen an der Ybbs.

Aus diesem Gewerbe entwickelte sich allmählich jenes der Mechaniker (später nannte man sie dann auch Instrumentenmacher und Feinmechaniker), die in ihren Werkstätten die Ideen der Erfinder oder ihre eigenen praktisch umsetzten und nicht selten wundersame, staunenerregende Apparate und Instrumente wie Erd- und Himmelsgloben sowie Automaten mit außergewöhnlichem handwerklichem Geschick bauten. Der Sohn des schon erwähnten Meisters Hautsch, Gottfried, konstruierte für Ludwig XIV. einen Automaten, dessen kompliziertes Räderwerk Hunderte Soldaten aus Silber Kriegsübungen nachmachen ließ, und erntete dafür begeisterten Beifall. 1788 erregte die Sprechmaschine des aus Preßburg stammenden Wolfgang von Kempelen (1734-1804) großes Aufsehen. Die Sprechmaschine war eigentlich ein Sprechklavier, in dem ein Blasebalg mit Flöten verbunden war, deren Klang dem der menschlichen Stimme ähnelte. Wirklich weltberühmt wurde »der neue Prometheus«, wie Kempelen begeistert genannt wurde, aber durch seinen Schachautomaten, den er auf Anregung Kaiserin Maria Theresias baute. Die Attraktion der Maschine bildete die lebensgroße Figur eines Türken, der die Züge ausführte und unter dessen Gegnern sich selbst Voltaire, Friedrich II. und der »größte Schachmeister aller Zeiten«, François Dunnican Philidor, befunden haben sollen. Das Geheimnis des Schachautomaten wurde erst viele Jahre nach Kempelens Tod gelüftet. Als die »Seele« des Schachtürken erwies sich ein brillanter Schachspieler (wie zum Beispiel Johann Baptist Allgaier, einer der berühmtesten Schachmeister und -theoretiker des 18. Jahrhunderts), der sich geschickt und für das Publikum unsichtbar unter dem Schachbrett zwischen Hebeln und Rädern verbarg, und der Ausgang der jeweiligen Partie hing allein vom Können der »Seele« ab. E. T. A. Hoffmann berichtete 1814 in der *Zeitung für die elegante Welt* über den Schachautomaten, und Edgar Allan Poe hat ihm in seiner Geschichte *Die Entdeckung des Herrn von Kempelen* zu literarischer Berühmtheit verholfen.

»Was der Flötenspieler des Herrn Vaucanson für das Ohr ist, das ist der Schachspieler des Herrn von Kempelen in einem weit höheren Grade für den Verstand und das Auge!« konstatierte Karl Gottlieb Windisch in seinem 1783 in Preßburg erschienenen Werk über die

Schachmaschine. Der erwähnte Jacques de Vaucanson (1709-1782), ein genialer Automatenbauer, fertigte 1737 seinen ersten Androiden, einen Flötenspieler, bei dem der mit einem Blasebalg erzeugte Luftstrom durch den Mund und über die Zunge an das Mundstück der Flöte gelangte, wo tatsächlich der Ton gebildet wurde, den die Finger vorgegeben hatten. Kurz danach konstruierte er die aufsehenerregende watschelnde, schnatternde, mit den Flügeln schlagende, fressende und verdauende Ente. Die aus über tausend Einzelteilen zusammengesetzte Ente war derart perfekt gestaltet, daß sie sogar aus nächster Nähe für lebendig gehalten wurde.

~

ZINNGIESSER gossen aus Zinn Gebrauchsgeschirr und -geräte wie Kannen, Krüge, Teller, Pulverflaschen, Löffel, Leuchter und dergleichen, Prunkgeschirr für das reiche Bürgertum und den Adel sowie Geschirr und Geräte für den kirchlichen Gebrauch. Sogar Abendmahlkelche und Ciborien, die vasa sacra, konnten statt aus Gold und Silber bei ärmeren Kirchengemeinden aus Zinn verfertigt sein.

Zinn (lat. stannum) wurde schon im frühen Altertum verarbeitet, in größerem Umfang aber erst, seitdem im 13. Jahrhundert im sächsischen Erzgebirge Zinnerzlager entdeckt wurden. Die glänzendste Epoche der Zinngießerei für Deutschland, Österreich und die Schweiz lag zwischen 1570 und 1640. Die Geräte dieser Zeit, meist mit figurenreichen Reliefs und Ornamenten, die eingraviert, gepunzt, geätzt, hauptsächlich aber in Formen gegossen wurden, bezeichnete man als Edelzinn.

Gegossen wurde in vorgefertigten Formen, zuerst vorwiegend aus Sandstein und Schiefer, später aus Messing und Bronze oder Gußeisen; anschließend wurden die rauhe Gußoberfläche und die Lötnähte abgedreht und poliert. Zum Gießen eines Zweiliterkruges waren beispielsweise insgesamt dreizehn einzelne Formteile notwendig. Die Vielfalt an Formen, über die ein Meister verfügte (der letzte Zinngießermeister in Wien soll insgesamt 1500 Gußformen besessen haben), erhöhte seine Konkurrenzfähigkeit und trug zu seinem beruflichen Ansehen bei. Neben vielen handlichen Werkzeugen wie Lötkolben, Schmelzlöf-

~282~

Zinngießer. Lithographie, um 1860

feln, Gußkellen, geraden und gebogenen Dreheisen, Feilen, Meißeln, Raspeln, Achatsteinen, Schabklingen, Holzschlägeln gehörten zu der unentbehrlichen Werkstatteinrichtung die Drehlade (zur Verfertigung der Rundwaren), der Schmelzofen und die Schraubbank zum Einspannen der Gußformen.

Die Lehrzeit betrug im Spätmittelalter bis zu sechs Jahren und verkürzte sich später in der Regel auf drei Jahre, wobei beim Eintritt in die Lehre der Nachweis der ehrlichen und ehelichen Geburt gefordert wurde. Als wichtig und obligatorisch galt die Ableistung der Gesellenwanderung, die zwischen zwei und sechs Jahren dauern konnte.

Für Unruhe sorgten die gegen Ende des 17. Jahrhunderts massenhaft nach Mitteleuropa drängenden italienischen Zinngießer, meist piemontesischer Herkunft, die durch ihren hartnäckigen Fleiß und sicheren

Geschmack das bodenständige Gewerbe bedrohten. Der Haß auf die »welschen« Gesellen und Meister fand in Schmähworten seinen Ausdruck. In Österreich zum Beispiel nannte man sie »Katzelmacher«, und die Volksmeinung leitete die Herkunft des Wortes von der angeblichen Vorliebe der Italiener für Katzenfleisch bzw. von ihrem Lieblingsfluch cazzo! (Penis) ab. Die Wissenschaft holte schließlich das Wort aus dem Reich der Phantasie in die nüchterne Wirklichkeit zurück: Der Ursprung sei eindeutig das Wort »Gatzlmacher«, was »Hersteller von Geschirr aus Metall zum Schöpfen von Flüssigkeiten« bedeutet.

BIBLIOGRAPHIE

Georg Adelmann, *Über die Krankheiten der Künstler und Handwerker, nebst einigen allgemeinen Bemerkungen.* Würzburg 1803

Georg Agricola, *Zwölf Bücher vom Berg- und Hüttenwesen (De re metallica libri XII).* Basel 1556 (dt.: Stuttgart 1977)

Louis Edgar Andés, *Verarbeitung des Hornes, Elfenbeins, Schildpatts, der Knochen und der Perlmutter.* Wien 1925

Philippe Ariès und Georges Duby (Hg.), *Geschichte des privaten Lebens.* Frankfurt am Main 1990

Hanns Bächtold-Stäubli (Hg.), *Handwörterbuch des deutschen Aberglaubens.* Berlin und Leipzig 1927-1942

Carl-Friedrich Baumann, *Licht im Theater. Von der Argand-Lampe bis zum Glühlampen-Scheinwerfer.* Stuttgart 1988

Hans Baumgärtel, *Bergbau und Absolutismus.* Leipzig 1963

G. Banse und S. Wollgast (Hg.), *Biographien bedeutender Techniker, Ingenieure und Technikwissenschaftler.* Berlin 1983

Günter Bayerl, *Die Papiermühle. Vorindustrielle Papiermacherei auf dem Gebiet des alten deutschen Reiches – Technologie, Arbeitsverhältnisse, Umwelt.* Frankfurt am Main 1987

Ludwig Beck, *Die Geschichte des Eisens in technischer und kulturgeschichtlicher Beziehung.* Braunschweig 1884-1901

Theodor Beck, *Beiträge zur Geschichte des Maschinenbaus.* Berlin 1899

Johann Beckmann, *Anleitung zur Technologie, oder zur Kenntniß der Handwerke, Fabriken und Manufacturen, vornehmlich derer, welche mit der Landwirthschaft, Polizey- und Cameral-Wissenschaft in nützlichster Verbindung stehen, nebst Beiträgen zur Kunstgeschichte.* Göttingen 1777, Wien und Krems 1823

Johann Beckmann, *Beiträge zur Geschichte der Erfindungen.* Leipzig 1783-1786 (Nachdruck Hildesheim 1965)

Jean-François Bergier, *Die Geschichte vom Salz.* Frankfurt am Main und New York 1989

Walter Bernt, *Altes Werkzeug.* München 1939

Josef Bersch, *Allgemeine Waarenkunde. Handbuch für Kaufleute und Gewerbetreibende.* Wien, Pest, Leipzig o.J.

Wilhelm Bersch, *Mit Schlägel und Eisen.* Wien, Pest, Leipzig 1898 (Nachdruck Düsseldorf 1985)

Martin Beutelspacher, *Kultivierung bei lebendigem Leib. Alltägliche Körpererfahrungen in der Aufklärung*. Weingarten 1986

Wendelin Boeheim, *Handbuch der Waffenkunde*. Leipzig 1890 (Nachdruck Graz 1966)

Almut Bohnsack, *Spinnen und Weben*. Reinbek bei Hamburg 1981

Fernand Braudel, *Sozialgeschichte des 15.–18. Jahrhunderts*. München 1985-86

Charles Bricker und Ronald Vere Tooley, *Gloria Cartographiae*. Berlin 1971

Jobst Broelmann, *Schiffbau. Handwerk, Baukunst, Wissenschaft, Technik*. München 1988

Gustav Adolf Buchheister, *Handbuch der Drogisten-Praxis*. Berlin 1893

Vincenz Chiavacci, *Aus Alt- und Neu-Wien. Skizzen aus dem Wiener Volksleben*. Stuttgart 1910

Ernst Consentius (Hg.), *Meister Johann Dietz erzählt sein Leben. Nach der alten Handschrift in der Kgl. Bibliothek zu Berlin*. Ebenhausen bei München 1915

Alain Corbin, *Pesthauch und Blütenduft. Eine Geschichte des Geruchs*. Frankfurt am Main 1988

Werner Danckert, *Unehrliche Leute. Die verfemten Berufe*. Bern und München 1963

Ludwig Darmstaedter, *Handbuch zur Geschichte der Naturwissenschaften und der Technik*. Berlin 1908

Mircea Eliade, *Schmiede und Alchimisten. Mythos und Magie der Machbarkeit*. Stuttgart 1980

Norbert Elias, *Über den Prozeß der Zivilisation*. Frankfurt am Main 1976

Johann Samuel Ersch und Johann Gottfried Gruber, *Allgemeine Encyklopädie der Wissenschaften und Künste*. Leipzig 1818 ff.

Wolfram Fischer (Hg.), *Quellen zur Geschichte des deutschen Handwerks*. Göttingen 1957

Egon Friedell, *Kulturgeschichte der Neuzeit*. München 1927 bis 1931

Hugo Glafey (Hg.), *Textil-Lexikon*. Stuttgart und Berlin 1937

W. Grassmann (Hg.), *Handbuch der Gerbereichemie und Lederfabrikation*. Wien 1936-1961

Michael Heidelberger und Sigrun Thiessen, *Natur und Erfahrung. Von der mittelalterlichen zur neuzeitlichen Naturwissenschaft*. Reinbek bei Hamburg 1981

Gerhard Heilfurth, *Der Bergbau und seine Kultur*. Zürich 1981

Armin Hermann und Wilhelm Dettmering, *Technik und Kultur*. Düsseldorf 1990-1993

Reginald Oliver Herzog (Hg.), *Technologie der Textilfasern*. Berlin 1927-1935

Moriz Heyne, *Das altdeutsche Handwerk*. Straßburg 1908

Otto Holzapfel, *Lexikon der abendländischen Mythologie*. Freiburg, Basel, Wien 1993

Johann Heinrich Gottlob von Justi, *Vollständige Abhandlung von den Manufacturen und Fabriken* (hg. von J. Beckmann). Berlin 1780

Karl Karmarsch und Friedrich Heeren, *Technisches Wörterbuch*. Prag 1877

Albrecht Keller, *Der Scharfrichter in der deutschen Kulturgeschichte*. Bonn und Leipzig 1921

Friedrich Klemm (Hg.), *Zur Kulturgeschichte der Technik*. Aufsätze und Vorträge 1954-1978. München 1979.

Georg Kohler (Hg.), *Die schöne Kunst der Verschwendung*. Zürich und München 1988

Wolfgang König (Hg.), *Propyläen Technikgeschichte*. Berlin 1991-1992

Otto Krammer, *Wiener Volkstypen*. Wien 1983

Peter Laslett, *Verlorene Lebenswelten. Geschichte der vorindustriellen Gesellschaft*. Wien 1988

Claude Lévi-Strauss, *Die eifersüchtige Töpferin*. Nördlingen, 1987

Otto Lueger, *Lexikon der gesamten Technik*. Stuttgart, Leipzig, Berlin, Wien 1894

Uwe Mämpel, *Keramik. Von der Handform zum Industrieguß*. Reinbek bei Hamburg 1985

Conrad Matschoß, *Männer der Technik*. Berlin 1925

Hans Mommsen und Winfried Schulze (Hg.), *Vom Elend der Handarbeit. Probleme historischer Unterschichtenforschung*. Stuttgart 1981

Edwin T. Morris, *Düfte. Kulturgeschichte des Parfums*. Solothurn und Düsseldorf 1993

Josef Muck, *Der Erdwachsbergbau in Boryslaw*. Berlin 1903

Lewis Mumford, *Mythos der Maschine. Kultur, Technik und Macht*. Wien 1974

Ernst Neweklowsky, *Die Schiffahrt und Flößerei im Raume der oberen Donau*. Linz 1952-1964

Karl-Friedrich Olechnowitz, *Der Schiffbau der hansischen Spätzeit*. Weimar 1960

Akos Paulinyi, *Industrielle Revolution. Vom Ursprung der modernen Technik*. Reinbek bei Hamburg 1989

Jan Peters (Hg.), *Ein Söldnerleben im Dreißigjährigen Krieg*. Berlin 1993

Henri Pirenne, *Geschichte Europas. Von der Völkerwanderung bis zur Reformation*. Frankfurt am Main 1982

Johann Heinrich Moritz Poppe, *Die Technologie in ihrem ganzen Umfange, oder die Kenntniß aller Handwerke, Manufakturen, Fabriken und der übrigen technischen Künste*. Stuttgart 1829

Gustav Radbruch und Heinrich Gwinner, *Geschichte des Verbrechens. Versuch einer historischen Kriminologie*. Frankfurt am Main 1990

Joachim Radkau, *Technik in Deutschland. Vom 18. Jahrhundert bis zur Gegenwart*. Frankfurt am Main 1989

Joachim Radkau und Ingrid Schäfer, *Holz. Ein Naturstoff in der Technikgeschichte*. Reinbek bei Hamburg 1987

Bernardino Ramazzini, *Die Krankheiten der Künstler und Handwerker*. Aus dem Französischen übersetzt, mit Vorrede und Zusätzen von J. H. G. Schlegel. Ilmenau 1823

Reinhold Reith, *Lexikon des alten Handwerks. Vom späten Mittelalter bis ins 20. Jahrhundert*. München 1990

Alexander Freiherr von Reitzenstein, *Der Waffenschmied*. München 1964

Franz Reuleaux (Hg.), *Das Buch der Erfindungen, Gewerbe und Industrien*. Leipzig und Berlin 1889

Moritz von Rohr, *Das Auge und die Brille*. Leipzig 1912

Hermann Waldemar Otto Saltarinos, *Artisten-Lexikon*. Düsseldorf 1895

Sabine Sander, *Handwerkschirurgen. Sozialgeschichte einer verdrängten Berufsgruppe*. Göttingen 1989

Gerlinde Sanford, *Wörterbuch von Berufsbezeichnungen aus dem siebzehnten Jahrhundert. Gesammelt aus den Wiener Totenprotokollen der Jahre 1648-1668 und einigen weiteren Quellen*. Bern und Frankfurt am Main 1975

Johann Christian Schedel, *Neues und vollständiges, allgemeines Waaren-Lexikon*, 4. verbesserte Auflage von Johann Heinrich Moritz Poppe. Offenbach am Main 1814

Carl Schraml, *Das oberösterreichische Salinenwesen*. Wien 1932-36

Franz Selmeier, *Eisen, Kohle und Dampf*. Reinbek bei Hamburg 1984

Richard Sennett, *Handwerk*. Berlin 2008

Heinrich von Srbik, *Studien zur Geschichte des österreichischen Salzwesens*. Innsbruck 1917

Susanna Stolz, *Die Handwerke des Körpers. Bader, Barbier, Perückenmacher, Friseur*. Marburg 1992

Lothar Suhling, *Aufschließen, Gewinnen und Fördern. Geschichte des Bergbaus*. Reinbek bei Hamburg 1983

Ulrich Troitzsch und Gabriele Wohlauf (Hg.), *Technik-Geschichte. Historische Beiträge und neuere Ansätze*. Frankfurt am Main 1980

Jochim Varchmin und Joachim Radkau, *Kraft, Energie und Arbeit*. Reinbek bei Hamburg 1981

Veredarius, *Das Buch von der Weltpost*. Berlin 1894

Helmut Vocke (Hg.), *Geschichte der Handwerksberufe*. Waldshut 1959-1960

Lynn White jr., »Was beschleunigte den technischen Fortschritt im westlichen Mittelalter?«, in: *Technikgeschichte* Bd. 32 / 3 (1965)

Carl Arnold Willemsen (Hg.), *Kaiser Friedrich der Zweite: Über die Kunst, mit Vögeln zu jagen*. Frankfurt am Main 1964

Thomas Winkelbauer, »Von Hüttenmeistern und Glasmachern, Aschenbrennern und Flußsiedern«, in: *Das Waldviertel*, Heft 3 (1992)

Rudolf Wissell, *Des alten Handwerks Recht und Gewohnheit*. Berlin 1929

Heinz Zatschek, *Handwerk und Gewerbe in Wien. Von den Anfängen bis zur Erteilung der Gewerbefreiheit im Jahre 1859*. Wien 1949

Johann Heinrich Zedler, *Grosses, vollständiges Universal-Lexikon aller Wissenschaften und Künste*. Halle und Leipzig 1732-1754

BILDNACHWEIS

akg-images, Berlin: Seite 261

APA-PictureDesk, Wien: 21, 24, 34, 41, 55, 58, 74, 76, 85, 89, 95, 102, 123, 134, 137, 145, 151, 153, 156, 161, 177, 189, 193, 195, 204, 217, 230, 246, 250, 253, 275, 283 (Austrian Archives/Imagno); 210 (Österreichische Nationalbibliothek/ Imagno); 207, 214, 241 (Österreichisches Volkshochschularchiv/Imagno); 106, 267 (Sammlung Hubmann/Imagno)

bpk, Berlin: 129 (Friedrich Seidenstücker)

Ingrid Haslinger, Deutsch-Wagram: 170

Florian Straub, Hinterzarten: 270

Süddeutsche Zeitung Photo, München: 173 (Scherl)

ullstein bild, Berlin: 67 (Felix H. Man), 81, 113, 119, 126 (Robert Sennecke), 167, 202, 234

Alle weiteren Abbildungen stammen aus dem Archiv des Autors oder des Insel Verlags.

INHALT

Vorrede 9

Abdecker 17
Abtrittanbieter 18
Ameisler 19
Ammen 20
Armbruster 22
Aschenmänner 23

Bader und Barbiere 26
Bandelkrämer 30
Bänkelsänger 32
Bartenhauer 32
Baumwollweber 32
Bein- und Horndrechsler 35
Bergarbeiterschaft 37
Bogner 46
Briefmaler 47
Brillenmacher 47
Büchsenschmiede 49
Buntmacher 52

Chagrinmacher 53

Dienstboten 54
Drahtzieher 56

Eichmeister 60
Eisenschmiede 60

Fächermacher 63
Fahrende Leute 64
Falkner 66
Farbenmacher 68
Färber 70
Faßzieher 73
Federschmücker 73
Federschneider 75
Feldschere 77
Fischbeinreißer 79
Flammenrußbrenner 79
Flößer 80
Fratschlerinnen 82
Futteralmacher 83

Gassenkehrer und Bachfeger 84
Glasmacher 86
Glocken- und Geschützgie-
  ßer 92
Goldschlager 97
Gold- und Perlsticker(innen) 98
Graveure 99
Grob- und Hufschmiede 101
Gürtler 103

Haarmaler 105
Hausierer 105
Hofnarren 107
Holzschiffbauer 109
Hutmacher 117

~293~

Kalfaterer 121
Kammacher 122
Kastrierer 124
Kattundrucker 124
Köhler 125
Korbflechter 128
Kupfer- und Kupferhammer-
schmiede 128
Kupferstecher 131

Landsknechte 132
Laternenanzünder 135
Laternenträger 138
Lavendelweiber 139
Lebzelter 139
Lederer 140
Leimsieder 144
Leinenweber 144
Lichtputzer 147
Lithographen 149
Löher 150
Lohnkutscher 150
Lumpensammler 150
Lustfeuerwerker 154

Mandolettikrämer 158
Messer- und Klingen-
schmiede 159
Metsieder 162
Mühlenbauer 163

Nachtwächter 166
Nadler 168

Oberstküchenmeister 169
Öler 171
Öl- und Erdwachsschürfer 172

Papiermacher 175
Parfümmacher 181
Pechsieder 187
Perückenmacher 188
Planetenverkäufer 192
Portefeuillemacher 192
Posamentierer 192
Postillione 196
Pottaschesieder 198
Pulvermacher 199

Rosogliobrenner 201
Roßtäuscher 201

Salamikrämer 203
Salinisten 203
Säumer 208
Scharfrichter 208
Schiffleute 213
Schlosser 216
Schriftschneider 219
Schriftsetzer 220
Segelmacher 227
Seidenweber 229
Seifensieder 231
Seiler und Reepschläger 233
Sesselträger 236
Siebmacher 236
Siegellackmacher 237
Spiegler 237
Spielzeugmacher 238

Spinner(innen) 244
Spitzenklöpplerinnen 245
Stärke- und Haarpuder-
    hersteller 245
Steinbrecher 248
Steinmetzen 249
Strumpfwirker 252

Theriakkrämer 255
Tuchmacher 256
Turmwächter 257

Uhrmacher 259

Vogelfänger 263

Wachszieher 265
Wäschermädel 266
Wagner 268
Wasserstiefelschuster 272
Weinzierle 273
Werkelmänner 274
Wildschützen 274
Wollschläger 278

Zeltmacher 279
Zeug- und Zirkelschmiede 279
Zinngießer 282

Bibliographie 287
Bildquellen 292